我们一起解决问题

社会心理服务体系建设丛书

社会心理服务体系建设

实践应用篇

闫洪丰 等 编著

人民邮电出版社

北 京

图书在版编目（CIP）数据

社会心理服务体系建设. 实践应用篇 / 闫洪丰等编
著. -- 北京：人民邮电出版社，2023.12
ISBN 978-7-115-62746-9

Ⅰ. ①社… Ⅱ. ①闫… Ⅲ. ①社会心理学—心理咨询
—咨询服务—体系建设—中国 Ⅳ. ①C912.6-0

中国国家版本馆CIP数据核字(2023)第175466号

内 容 提 要

　　社会心理服务体系建设是党中央提出的一项重要战略部署，经过三年试点，目前在全国范围内得到普遍推开。它面向个体、群体、社会提供多元化的社会心理服务，并逐步融入社会治理和精神文明建设，融入健康中国、平安中国、幸福中国建设，在实现社会安定和谐进步中发挥重要作用。

　　本书根据社会心理服务体系建设试点情况，坚持融合协同与创新应用，聚焦理论与实践创新，融合多学科视角、理论和方法，与中国国情和中华传统文化相结合，关注民生服务与实践发展，全过程、全方位地展示了社会心理服务体系建设融入经济社会发展各领域、各行业的实践成果，开拓心理学等学科融入社会治理与民众生产生活"心"路径，探索社会治理、平安建设"心"模式，提炼具有时代特征、地域特点、文化特性的中国特色社会心理服务体系建设模式，为实现社会心理服务体系建设更加全面、更高质量、更富活力的发展提供科学的实践范式。

　　本书可供各级政府部门、企事业单位、社会组织、社会心理服务机构等中的社会心理服务体系建设相关从业人员及心理工作者、社会工作者参阅。

◆ 编　著　闫洪丰　等
　　责任编辑　黄海娜
　　责任印制　彭志环
◆ 人民邮电出版社出版发行　　北京市丰台区成寿寺路 11 号
　　邮编　100164　电子邮件　315@ptpress.com.cn
　　网址　https://www.ptpress.com.cn
　　固安县铭成印刷有限公司印刷
◆ 开本：787×1092　1/16
　　印张：20　　　　　　　　　　　2023 年 12 月第 1 版
　　字数：340 千字　　　　　　　　2025 年 1 月河北第 3 次印刷

定　价：89.00 元
读者服务热线：（010）81055656　印装质量热线：（010）81055316
反盗版热线：（010）81055315
广告经营许可证：京东市监广登字 20170147 号

专家指导委员会

编委会

总　序

　　党的二十大报告指出，从现在起，中国共产党的中心任务就是团结带领全国各族人民全面建成社会主义现代化强国、实现第二个百年奋斗目标，以中国式现代化全面推进中华民族伟大复兴。自党中央提出加强社会心理服务体系建设以来，为贯彻落实党中央的决策部署，2018年全国社会心理服务体系建设试点工作拉开帷幕，各地积极响应、有序推进。除国家试点地区外，不少省份开展省级试点，很多地区自行探索推进，我国社会心理服务体系建设呈现出蓬勃发展的大好局面，成为中国式现代化进程中一颗璀璨的明珠。

　　随着全国社会心理服务体系建设迈向高质量发展阶段，此时系统总结全国社会心理服务体系建设试点工作以来的理论与实践经验恰逢其时。习近平总书记多次指出，加快构建中国特色哲学社会科学，归根结底是建构中国自主的知识体系，要按照立足中国、借鉴国外，挖掘历史、把握当代，关怀人类、面向未来的思路，着力构建中国特色哲学社会科学，在指导思想、学科体系、学术体系、话语体系等方面充分体现中国特色、中国风格、中国气派。这为我们建构中国自主社会心理服务理论体系、助力中国特色哲学社会科学体系建设指明了方向。应该说，新时代中国特色社会心理服务体系建设是基于中国国情和文化，在政策规范引领下，运用心理学、社会工作等学科的理论与方法，积极主动预防和解决个体、群体与社会层面的各类问题，提升社会治理效能和民众幸福感，形成全方位、全周期、多元化的社会支持系统。由此可以看出，面向中国式现代化的社会心理服务体系建设必须坚持"顶天立地，四面八方"的基本原则："顶天"即在政策规范引领下，坚持政治性与人民性；"立地"指立足于中国具体实际，坚持实践性与服务性；"四面"指在国情和文化的基础上融合心理学、社会工作、社会治理等理论、技术和方法，坚持科学性与融合性；"八方"即打造以人民为中心，覆盖自我、家庭、亲朋邻里与同学同事、社区（村）与组织（单位）、专业机构与行业组织、政府与法治、社会与文化、生态环境的八层社会支持系统，坚持目标性与系统性。

面向中国式现代化的社会心理服务体系建设核心要义可以用一副对联集中呈现，上联是"一心二合三兼顾"，下联是"四讲五要六内容"，横批是"七方八圆"。具体而言，"一心"是指以人民为中心，提供全方位社会支持；以人民为中心，全心全意为人民服务。"二合"是指两结合，一是和中国具体实际、中华优秀传统文化相结合，二是问题导向和系统观念相结合。"三兼顾"是在具体开展社会心理服务的过程中要兼顾事前、事中、事后，微观、中观、宏观，全体人群、心理亚健康人群、特殊重点人群，微观心理学、中观社会工作、宏观社会治理，防治疾病、维护健康、提升素质，化解社会矛盾、维护社会稳定、提高社会文明。"四讲"是指讲政治、讲科学、讲系统、讲实效，其中讲系统是指社会心理服务体系建设的四大系统，包括教育系统、机关和企事业单位系统、医疗卫生系统、基层社区及农村系统，讲政治、讲科学、讲实效是四大系统建设的要求。"五要"是指人、财、物、机构、机制五大要素，"六内容"是指社会心理服务科普宣传教育体系、测评体系、教育培训体系、咨询服务体系、危机干预与管理体系、保障与评估体系，也指"党委领导、政府负责、部门联动、社会参与、专业支持、群众受益"的长效工作机制。最后，"七方八圆"中的"七方"是指社会心理服务人才队伍培养的七大模块，要融合心理工作、社会工作、社会治理三大基础模块，同时注重根植于中国国情和文化，在政策规范、文化特色、运营服务三大提升模块之上落脚到最后的实践模块，发挥有益效果；"八圆"是指构筑"自我支持 – 家庭支持 – 亲朋邻里与同学同事支持 – 社区（村）与组织（单位）支持 – 专业机构与行业组织支持 – 政府与法治支持 – 社会与文化支持 – 生态环境支持"的八层全周期社会心理服务支持链。

总而言之，社会心理服务体系建设是对全社会、全人群和各领域、各组织进行赋能，以实现更系统的思维方式、更科学的管理方式、更优化的工作模式、更幸福的生活方式，从而构筑完善的社会支持系统。让我们携手并肩系统性地解决当下民众面临的各类心理问题，让我们共同努力为全体国民的健康、平安与幸福提供全方位、多层次、多元化的社会支持贡献智慧与力量，使每一个人都能成为一个顶天立地、获得四面八方社会支持的快乐而幸福的中国人！

前　言

唯有心安，才有民安，方有国安。党的十八大以来，以习近平同志为核心的党中央高度重视社会心理服务体系建设。党的十八届五中全会提出要健全社会心理服务体系和疏导机制、危机干预机制。党的十九大报告提出，"加强社会心理服务体系建设，培育自尊自信、理性平和、积极向上的社会心态。"党的十九届四中全会、五中全会也提出要健全社会心理服务体系和危机干预机制。党的二十大报告指出要"重视心理健康和精神卫生"。党和国家一系列政策方针为全面加强社会心理服务体系建设指明了方向。

为贯彻落实决策部署，近些年在党委领导、政府负责、部门联动、社会参与、专业支持和群众受益的工作机制下，各地政府部门及相关社会组织、机构与人民群众积极响应社会心理服务体系建设，立足问题解决和实践应用进行了各具地方特色的探索。除了国家社会心理服务体系建设试点地区，不少省份还开展了省级试点，并且很多地区自行开展了社会心理服务体系建设，星星之火，已成燎原之势。从整体上看，各地社会心理服务体系建设初步呈现全周期、全过程的特点，从横向和纵向两个层面全过程、全流程地融入社会的各领域和各行业。在横向层面，由教育系统、机关和企事业单位系统、医疗卫生系统、基层社区及农村系统构成的全周期社会心理服务支持系统逐步形成。在纵向层面，由科普宣传教育、测评、教育培训、咨询服务、心理疏导与危机干预、保障与评估组成的全过程服务体系开始呈现。此外，各地政法、民政、街道和社区等社会治理部门在日常工作中逐渐看到了社会心理服务体系在社会治理中的独特价值，逐步探索积极主动预防和解决个体、群体及社会层面的各类心理和心态问题及其他社会问题的工作模式。总体来说，各地的探索实践为社会心理服务体系建设如何走深走实提供了积极而有益的借鉴，增强了社会心理服务体系发展的整体性、协同性、精准性和高效性。

社会心理服务体系建设试点工作结束后，总结社会心理服务体系建设的方式、方法与路径，提炼落地且有效的模式至关重要。同时，试点工作虽然取得了长足进展，但是在思想认识、机制机构和人才培养等方面依然存在较多问题，如认识有待提高、观念有待转变。不少地区的有关部门及从业者认识不足，没有意识到社会心理服务体系是全人群、全领域的系统性工作，导致在不同程度上缩减了社会心理服务体系的应用范围。由此引发的问题包括工作机制需畅通有效，各部门联动亟须强化，尚未形成社会心理服务的合力，未能形成彼此衔接、优劣互补的局面。此外，我们也看到很多地方的有关部门及从业者还处于"不会做"的困惑之中。不少实践者意识到了社会心理服务的重要性，但在开展实践层面存在"本领恐慌"，由于受单一的学科思维或咨询、治疗模式的影响，导致他们难以全面、系统地看待社会心理服务体系建设。这些问题都需要在下一步的工作推进中予以解决，也需要有专门聚焦社会心理服务体系实践或具体做法的图书作为重要参考。

为此，《社会心理服务体系建设实践应用篇》一书应时而生。本书编者由全国各地社会心理服务体系建设的各领域杰出实践者组成，他们将自己丰富、务实的经验和具体做法，经过提炼和总结形成了这本书。本书坚持融合协同与创新应用，聚焦理论与实践创新，融合多学科视角、理论和方法，与中国国情和中华传统文化相结合，关注民生服务与实践发展，开拓心理学等学科融入社会治理与民众生产生活的"心"路径，探索社会治理、平安建设"心"模式，提炼总结并形成具有时代特征、地域特点、文化特性的中国特色社会心理服务体系建设模式，为实现社会心理服务体系建设更加全面、更高质量、更富活力的发展提供科学的实践范式。

在以中国式现代化推进中华民族伟大复兴的新征程中，各级政府部门、社会各类组织机构与广大实践者要审时度势、把握机遇。坚持党的全面领导，以习近平新时代中国特色社会主义思想为指导，坚持守正和创新相统一，准确理解社会心理服务体系的丰富内涵，将科学理论与方法贯穿社会心理服务体系建设的全过程。坚持目标导向和问题导向相结合，在各地区、各行业和各领域实践中不断创新、推进发展，实现社会心理服务体系高质量发展。我们一定要以强烈的历史责任感、使命感和紧迫感，贯彻以人民为中心的发展思想，不断健全和完善社会心理服务体系建设，优化服务流程、提升服务水平、提高服务质量，实现社会心理服务高质量、规范化发展，让社会心理服务体系建设的成果更多惠及全体人民，使人民群众的获得感、幸福感和安全感更加充实、更有保障、更可持续！

目 录

第一章

教育系统中的
社会心理服务体系建设

第一节　高校系统中的社会心理服务体系建设

一、概述

　　高校肩负着人才培养、科学研究、社会服务和文化传承等使命，最根本的任务是立德树人、为党育人、为国育才。其中，保障高校学生心理健康是人才培养的关键，高校应围绕人才培养的中心任务，统筹推进学校心理服务工作，建立健全高校社会心理服务体系，培育身心健康、全面发展的新时代人才。本节基于社会心理服务体系的理论框架，从打造全周期心理服务模式、搭建全覆盖心理服务网络的角度出发，阐述如何推进建设立体科学的高校社会心理服务体系，实现心理服务工作与日常教学工作的有效融合与互动增益，全方位、全周期、全覆盖保障高校学生心理健康。

二、背景

　　心理健康教育是高校立德树人工作的重要内容，是提升大学生心理素质、促进身心健康和谐发展的关键举措。全面提升大学生心理健康教育工作质量和水平，推动建设高校社会心理服务体系是构建全国社会心理服务体系建设试点工作的重点环节。

　　教育部等十七部门联合印发的《全面加强和改进新时代学生心理健康工作专项行动计划（2023—2025年）》的通知强调，促进学生身心健康、全面发展，是党中央关心、人民群众关切、社会关注的重大课题。根据该行动计划，面对越来越复杂的大学生心理危机和心理健康问题，要坚持全面发展、健康第一、提升能力和系统治理的基本原则，全方位开展心理健康教育。为此，相关人员需把握高校社会心理服务体系建设的内容与要求，透彻理解高校社会心理服务工作是干预大学生心理危机、维护心理健康的基础和保障，遵循心理工作中的职业规范和伦理原则，推进理念、内容、措施和体系等的全方位创新，构建符合当代大学生心理发展特点、立体科学的高校社会心理服务体系，促进高校系统社会心理服务工作科学化、体系化、长效化，最终实现对大学生心理健康服务的全覆盖。

三、实践和具体做法

（一）打造全周期社会心理服务模式

1. 实现心理健康教育普及化

高校心理健康教育面向的群体是全体在校学生，通过开展以心理健康为主题的相关课程和活动，向学生宣传、普及心理健康相关知识，培养学生自助、助人、求助和互助的意识，解决学生的发展性问题和心理困扰，促进学生身心健康、全面发展。

（1）完善心理健康课程设置

首先，学校应开设心理健康必修课程，并根据高校学生的心理特点与发展水平开设选修课程，围绕人际关系调节、职业发展规划和亲密关系等学生重点关注的问题丰富课程内容，通过线上加线下、案例教学、体验活动、行为训练和班级团体心理辅导等多种形式，帮助学生掌握心理健康知识，培养学生自助、助人、求助和互助的意识，满足学生的需求。其次，学校要将心理健康教育融入教学和管理服务全过程。教师可以将心理健康教育的原理、知识渗透到课程、教学、管理及各类事件的处理中，帮助学生积极应对学习上面临的问题，提升学生的心理素质。最后，高校应建立一套合理、有效的评价指标体系，以保障心理健康教育课程的教学质量，具体应包括针对课程目标、课程内容、课程实施、教师及学生的评价等。

（2）举办形式多样的心理科普宣传教育活动

为了更好地开展心理健康教育，高校要进行基于问题解决的心理健康实证研究，聚焦学生切实关注的问题，寻找学生的压力来源，并探索应对压力的有效策略。学校要把上述研究结果转化成具体的心理健康教育内容，并基于传统的心理健康教育形式（包括开设课程、举办讲座、开展团体辅导等）进行融合创新。近些年，一些高校结合自身优势和特点发展出一套别具一格的"心教育"模式，如举办"爱国、励志、求真、力行"主题教育晚会、心理舞台剧、心理情景剧、心理绘画大赛和心理摄影大赛等。这种模式紧贴当代大学生的思想和个性特点，并将价值观教育、艺术欣赏、艺术体验、公益行动和心理教育有机结合，通过艺术涤荡心灵，将自信、乐观、韧性与希望等优秀品质生动形象地传递给学生，帮助他们从深层次构建积极的心理品质。与传统心理健康教育不同，"心教育"立足于新时代，既有深度又有广度，在形式多样性和创新性方面独树一帜，将轻松活泼的心理科普和严肃认真的思想引领深度融合，提升了学生的获得感。

2. 推动心理健康测评常态化

对高校系统的社会心理服务体系而言，开展心理测评工作尤为重要，这项工作是加强学生心理健康教育、预防学生心理危机的重要内容，也是学校开展社会心理服务的基本措施和手段。

（1）前期准备

首先，学校在开展测评或筛查工作之前，可以通过心理健康活动、科普讲座、心理健康课程，有意识地主动构建积极健康的心理氛围，普及心理健康知识，同时借助学校网站、校内通知公告、班级会议和微信公众号推文等多种方式向学生、家长和教职工介绍心理测评的目的、重要性、相关信息及具体流程，引导大家正确看待心理测评。其次，学校在开展测评前应明确测评的目的，并以此选择对应的测评量表，优先选择那些经过多次大规模实测、大量研究反复验证、信度和效度较高的测评量表，并鼓励相关人员结合我国国情和传统文化，开发出更具实效化、接地气，更贴合中国人心理发展特点的测评量表。最后，高校要严格选拔实施测评的教师，并对其进行专业的培训与指导。测评教师要详细了解测评量表的题目、实施方法、计分方法及评定标准，并在测评过程中严格执行相关规定和要求，保证测评的科学性和有效性。

（2）测评实施

高校可以通过静态筛查与动态观察相结合的方式开展心理测评工作。静态筛查既涵盖教师统一组织学生线下施测，也包括让学生通过手机等移动设备参与线上测评，两者都要求心理测评教师运用标准化的测评量表，统一指导语、统一时限、统一评分等，保证测评工作系统化、科学化、规范化开展。动态观察是指在静态的量表测评结束之后，结合班主任、任课教师、辅导员、心理委员的观察和反馈进行的后续评估，一方面是对测评结果的进一步检验，澄清和修正测评误差，防止出现学生乱答或对题目理解有误、因测试操作不当导致错误等情况；另一方面可以帮助教师确认学生心理危机风险的程度，从而较为精准地识别近期和长期发生心理危机风险较高的学生，以便及时干预和预防校园心理危机事件的发生。

（3）评分和结果解释

首先，心理测评的结果有助于教师了解学生的心理健康状况，但是过分夸大或贬低测评的作用都有失偏颇，并且心理测评的结果不具有医学或精神病学诊断的作用，不能将二者混为一谈。其次，测评结果需要与线下访谈和学生日常行为表现相结合，进行综合分析与判断，对结果的解释务必谨慎。最后，心理测评的内容和结果涉及学生的个人隐私。因此，参与心理测评的所有人员均需严格遵守保密原则，无论是公开场合还是私下，都不能随意讲述或传播心理测评的过程和结果；针对确实需家长和相关人员知情或配合干预的情况，应由心理教师根据结果进行转述，不建议直接向学生呈现测评结果。

（4）后续干预

高校实施心理测评的目的不仅仅是掌握学生的心理健康状况，而是更好地利用测评所获得的信息开展后续工作。高校应科学分析、合理应用测评结果，建立学生心理健康档案，分类制定心理健康教育方案，后续有针对性地开展主题课程、个体咨询、团体辅导、专题讲座和心理危机干预等多种形式的心理服务工作，为学生身心健康保驾护航。首先，针对在测评中筛查出有潜在心理危机的学生，教师要第一时间上报至学校心理负责人，同时向当地教育行政部门和市（区、县）级心理健康中心备案，启动学校心理危机干预机制，切实保障学生的心理健康。其次，针对在测评中显示有预警风险且存在一定心理困扰的学生，学校应协同学校心理中心、学工部、专职心理教师、辅导员、学生家长和心理委员予以持续关注。定期对这些学生进行复测，测评可采取更换测评量表或动态观察评估的形式，了解学生心理状况的变化及心理课程、心理活动和心理咨询对学生的干预效果，动态调整学生的心理健康档案。最后，针对在测评中显示不存在心理健康问题的学生，学校应积极开展心理健康教育，通过举办心理科普讲座普及自我情绪调节、自我关怀等心理健康知识，加深学生对自己心理健康状况的了解与认识，提高学生识别和应对心理危机的能力。

3. 加强心理咨询服务专业化

大多数高校每年都有大量的心理咨询个案，按照问题的严重程度这些个案可被划分为三类。首先是程度较轻、较为普遍的发展与适应问题，包括学业、人际关系、恋爱、网络与游戏成瘾、性取向等，这些问题可以通过短期的心理咨询或心理健康教育得到解决。其次是心理问题，包括强迫行为、社交焦虑等，这些问题需要通过心理咨询才能得以解决。最后是精神疾病，包括边缘型人格障碍、抑郁障碍、精神分裂症等，这些问题需要高校的心理咨询中心将学生转介至专门的医疗机构，以便其接受进一步的药物和心理治疗。在推进高校社会心理服务体系建设的过程中，为保障高校心理咨询服务的专业性，具体可从以下几个方面着手。

（1）线上和线下全面结合

首先，在线下，高校要强化心理咨询服务平台的建设，设立心理辅导室、积极心理体验中心、团体活动室和综合素质训练室等，为开展个体心理咨询与团体心理辅导提供优质的实时实地服务。其次，针对部分学生缺乏线下求助的动机，高校要不断创新咨询服务方式，积极搭建线上服务平台，开通24小时网络预约、服务专线与咨询邮箱等服务，做好常态化心理咨询服务。最后，建立与精神专科医院的合作转介机制，针对需要心理危机干预或药物治疗的学生，及时进行干预或医治。

（2）配备专业的服务人才队伍

高校应当配备适当数量的专职或兼职心理咨询师及学校社会工作者。采用"送出去，请进来"的方式，对专职或兼职心理咨询师及学校社会工作者开展系统培训和专业督导。

同时，学校要配备适当数量的专职辅导员，针对辅导员队伍开展系统化的心理培训，尤其要针对新入职辅导员进行专业化培训和跟班实习。培训内容从危机识别到干预技能，从评估访谈到深度辅导技巧，从个案心理辅导到团体心理辅导，涵盖辅导员心理工作的方方面面，还要实行辅导员的个案督导制度。督导应坚持"三固定"原则，即参加人员相对固定、督导师相对固定、督导时间相对固定（每月至少1次）。督导的主要方式是辅导员分享自己参与处理的典型案例，分小组进行讨论，心理咨询师和督导师进行专业点评与指导。

此外，针对心理服务能力相对较弱的班主任、任课教师和班级心理委员等且在学校兼任其他职务的服务工作者的培训，主要集中在危机预防、识别、追踪和保障等方面，通过开展讲座、讲授课程、发放相关材料和实操演练等方式，切实提升他们预防危机发生的能力。有条件的高校还可以统合医疗系统和当地的专家资源，组建精神病学、心理学和公共卫生等多领域专家组成的团队，为开展大学生社会心理服务工作提供规范化、专业化、系统化的指导和支持。

（3）遵循咨询服务的伦理规范

与高校心理咨询服务相关的各部门的工作人员应依照《中华人民共和国精神卫生法》和《中国心理学会临床与咨询心理学工作伦理守则》的相关条款，明确自己的职责范围，遵守法律法规，恪守伦理规范，组织各方资源和人力做好学生心理危机干预和心理咨询工作。

由于高校的特殊情境，部分高校的心理健康中心（或心理咨询中心）归学工部管，作为学生思想政治教育和教育管理工作的延伸与补充，心理服务工作者常常拥有多重身份，这使高校心理服务工作经常陷入伦理困境。除此之外，出于对学生的安全和教育管理的考虑，部分学校领导会要求心理服务工作者透露来访学生的个人隐私，致使咨询过程的保密原则被严重破坏，违背心理咨询工作的伦理。因此，对高校心理服务工作者而言，应结合高校实际开展社会心理服务工作，充分尊重和维护寻求专业帮助的学生的权利，避免对学生造成伤害。对涉及打破保密原则的情况，心理服务工作者有责任告知学生的合法监护人、可确认的潜在受害者或相关部门。

除常规线下心理咨询要严格遵循的职业伦理和工作规范外，新形式的心理援助热线和网络咨询也对热线咨询员和在线咨询师提出了相应的要求。中国心理学会临床心理学注册工作委员会发布的《心理热线伦理规范实施细则》指出，"心理热线服务包括一般心理问题的咨询、心理应激干预、心理危机干预等。热线咨询员应遵循伦理总则，包括善行、责任、诚信、公正、尊重，以增进求助者的利益和福祉为目的，以避免伤害为基本出发点，充分考虑热线媒介属性及其影响，保持足够的伦理敏感性，遵守相应的伦理规范。"另外，热线机构和心理咨询中心也应遵守相应的机构伦理，并对接线员和咨询师进行培训、督导和伦理监督。

4. 保障心理危机干预工作全面化

由于高校心理危机事件的数量和复杂性都呈上升趋势，而专职心理咨询师的数量和精力有限，这就导致一部分需要立刻进行干预的学生得不到应有的帮助。因此，高校可以增加心理热线这一求助渠道，它既是对现有心理危机干预体系的有效补充，也可以作为心理危机干预的常规措施，为有一般心理问题的来电者提供短程咨询与支持。其主要优势在于为现有心理危机干预系统"减负"，并增加一条处理危机的通路；给需要帮助的学生提供及时的资源与支持；对存在一定心理困扰的学生而言，拨打热线电话是一种比亲自前往心理咨询中心更加方便、可行的干预方式。

心理热线一般采用 24 小时全天运营的方式。接听人员是招募来的兼职热线接线员，辅以学校社会工作者、实习心理咨询师、专业心理咨询师、学校专职辅导员等。接线员要经过严格的选拔，并且要接受系统的接线技能培训，具体包括热线概况与危机处理流程、热线中自杀来电评估与干预、接线技术、困难来电处理、热线实操演练、高危来电具体个案讨论和专业伦理等，之后可增加关于会谈技术、精神症状的识别和评估等培训。心理热线的职能在于危机发生的即时干预，并不承担咨询预约等常规职责。为了完成这项职责，接线员应能迅速与保卫部、相关院系、派出所、学工部相关人员取得联系。除此之外，心理热线也为一般心理问题的来电者提供短程咨询与支持。

（二）搭建全覆盖社会心理服务网络

1. 构建"校－院－班－舍"四级预警网络

近年来，不论从统计结果上看，还是根据学生工作者的实践经验，在高校中发生的心理危机事件日趋增多，具体表现为数量增加、种类增多、隐蔽性增强。因此，筛查出心理危机个体并给予有效干预已成为高校心理工作的重点和难点。高校要健全和完善学生心理危机四级预警网络，依托班级心理委员、宿舍长、辅导员和班主任等多渠道收集有关学生心理状况的信息，做好心理危机早期识别预警工作，在发现心理危机情况后进行风险评级并及时报告，启动心理危机干预，发挥家校联动共同干预危机的合力。

（1）建立宿舍一级预警

宿舍长要主动了解、及时掌握本宿舍学生的心理健康状况，在遇到心理危机时及时、主动地为学生提供支持与关心，并向班级心理委员、班主任、辅导员报告。

（2）建立班级二级预警

班级心理委员需积极配合学校开展丰富多彩的心理健康教育活动，宣传心理健康的基本常识，提升学生的心理健康水平。同时，班级心理委员还需协助班主任、辅导员做好学生心理健康状况的调查，对班级中可能或即将发生的心理危机事件，要及时向上级汇报，避免极端事件发生。

（3）建立院系三级预警

各学院或系成立学院或系心理健康教育工作领导小组，学院或系领导担任组长，辅导员为成员，负责落实各学院或系心理危机预警防控机制。此外，班主任、辅导员要积极主动参加学校组织的心理健康讲座与培训，学习相关知识和技能，知晓并掌握学院或系心理危机干预处置流程。班主任、辅导员及时了解学生的生活、学习、思想及心理健康状况。当发现潜在的心理危机事件时，班主任、辅导员应立即找到当事人了解具体情况，并向有关部门汇报，针对其采取相应的应急干预措施。

（4）建立学校四级预警

成立校级学生心理健康教育工作领导小组，负责统筹和指导学生心理健康教育、评估筛查、心理咨询及危机干预工作。首先，在全校范围内开展心理健康教育讲座、课程等，提升学生的心理素质，预防心理危机事件的发生。其次，对已经出现心理危机的学生，心理健康服务中心需立即介入，通过心理咨询、心理治疗等方式解决学生的心理问题。最后，心理健康服务中心要对问题已经得到解决的学生进行后期回访，避免问题再次发生。除此之外，当学生因心理问题在校发生意外事件时，学校相关部门要立即启动应急工作预案，第一时间联系学生家长，并在当地相关部门的指导下开展相应的工作。针对可能引起的社会关注，学校应争取所在地相关政府部门的支持，做好舆情管控工作。

2. 引入家长－学校－社会的干预联动机制

首先，学校辅导员、心理教师等应积极主动采取措施，当发现学生有危急情况时，要先确保学生的生命安全，由教师或同学对学生进行陪护，陪护者不少于2人，即使在该学生需要上卫生间时也需由同性教师或同学陪护。尽可能安排该学生待在安全楼层，如一楼或平房。隔离危险物品，并采取其他必要的安全措施，如暂行保管宿舍里的刀具、绳索、药物等。

其次，联系监护人并做进一步处理，在家属的授权下，学校协助家属将学生送交相关部门进行进一步干预。经过学校心理咨询中心专业心理咨询师评估，如果确认该学生存在自伤、自杀、伤人的风险，或者患有精神分裂症、双相情感障碍等重性精神疾病，则由相关人员联系家长，并要求家长到校履行监护责任。如果家长未能到校或拒绝到校且学生情况有危险时，要取得家长的授权书，授权学校代理履行监护责任。

如果家长未能到校或拒绝到校且不愿意授权学校代行监护责任，或者不同意将学生转送相关部门处理，学校应要求家长提供知情同意的免责声明书。如果家长完全拒绝与学校合作，或者无法联系到学生的法定监护人，而经学校心理咨询中心或相关医院、卫生机构评估学生确实需要门诊、住院或其他校外机构参与处理，可依法报警，警察依法采取必要措施保障学生安全并进行记录。

最后，学校要进行跟踪随访，学生在心理危机期过后返校时，需要对其保持持续的关注和随访。学校应要求家长在学生返校前与辅导员联系，告知学生目前的情况；返校时必须由家长陪同，办理相关手续后方可返校。当学生渡过心理危机后，学校相关人员应与学生进一步讨论以后遇到类似困难时该如何处理，可以通过哪些途径寻求帮助，促进学生自我成长和自我保护。

四、展望未来

高校社会心理服务体系正日趋完善，全国已有部分高校构建起了由心理危机干预、心理咨询及心理健康教育等多个子系统构成的学校心理服务体系。其中，心理危机干预主要服务于极少数遭遇严重心理困扰的学生，是社会心理服务体系中的底线工作，是学生心理的紧急救援中心，它的稳定存在是学生生命的保护屏障；心理咨询主要服务于少数有一般心理问题的学生，是预警机与导航员，针对学生的心理问题起到预防和辅导作用，对心理问题进行关键而有效的介入；心理健康教育则是针对全体学生，是传递希望的播种机，将心理健康相关知识通过学生喜闻乐见的方式传递给他们，通过举办心理健康相关活动，提高学生对高校社会心理服务体系的信任感，从而打通求助通道，增强求助意识，降低求助压力，更有效地解决学生的发展性问题和心理困扰。

目前，我国大部分高校社会心理服务体系建设依然存在一定的局限。一是把其当成安全工作的一部分，当学生存在较为危险的心理问题时，学校才会重视；二是把其当成思想政治工作的一部分，融入大思政工作。这两种思维方式是导致目前高校社会心理服务体系建设遇到瓶颈的重要原因。对此，学校要采取系统思维，认识到心理危机是个体因心理冲突而产生的一种负面行为，是心理问题比较极端的表现形式。然而，从出现心理问题的苗头到心理危机，再到实施负面行动，是一个连续发展变化的过程。因此，学校要防患于未然，不能出现问题了才重视。另外，对心理危机的干预，不能仅仅采用思想政治教育的方法，要将"德、智、体、美、劳"五育和心理健康教育相结合。在宏观上，帮助学生树立正确的世界观和价值观；在微观上，用心理学的方法帮助学生探索其内在需要，疏通心理情结。

总体来讲，参与高校社会心理服务体系建设的主要人员包括分管校领导、学生工作部部长、心理咨询中心主任、心理咨询师、学校社会工作者、专职辅导员等。学校领导要在人、财、物上对高校社会心理服务体系建设给予足够的支持，尤其要配置一定数量的专职和兼职心理咨询师及辅导员，建立健全心理咨询师和辅导员的薪酬待遇体系和晋升机制，确保各方面人员的稳定性。与此同时，加大经费投入，在硬件设施、培训督导、网络大数据和人工智能识别系统方面给予足够的支持。学生工作部部长应当设置好学校社会工作者、专职辅导员的岗位，建立上岗培训、工作督导制度，推进上述人员与心理咨询师的联动机制，协调各部门支持心理咨询中心的工作，并且建立心理问题学生的家、校、社、医协同共育体系。心理咨询中心主任要推动开展全体新生的心理测评，运营好日常咨询、心理热线和危机干预工作，做好学生心理档案、心理咨询个案和心理危机个案的管理，设计和实施有趣且有效的心理健康教育活动，进行学生共性问题及其应对的实证研究，针对心理咨询师、学校社会工作者、专职辅导员等开展有针对性的培训和督导。各方共同协作、扎实推进高校系统社会心理服务体系建设，切实保障高校师生的心理健康。

未来，我们希望高校社会心理服务工作者需要更加熟练地掌握心理危机干预工作中的各项技术，更加主动地适应科技时代的特点，拓展网络咨询，提升心理咨询水平，培养以问题为导向的实证研究能力，进一步拓展突破传统、开展创新性心理健康教育的思路，建设出更加适应当代大学生的高校社会心理服务体系。只有打造出立体科学的高校社会心理服务体系，才能切实有效地帮助大学生提高心理调适能力和适应社会生活的能力。通过心理健康教育活动提升学生的成就感与获得感，降低心理问题的发生频率和严重性，从而进一步降低心理危机的伤害性。通过层级应对的模式，合理配置心理资源，预防和解决心理问题，最大限度地减少校园心理危机事件。维护每名学生的身心健康，是高校社会心理服务体系建设的初心与使命。

第二节　中小学系统中的社会心理服务体系建设

一、概述

中小学是个体成长发育的关键时期，加强中小学系统中的社会心理服务工作对保障中小学生身心健康具有重要意义。本节基于各试点地区中小学系统中的社会心理服务体系建设的优秀做法和实践经验，从搭建统筹管理机制、强化"家－校－社－医"多方合力、构建系统健全的管理体系、线上和线下全面覆盖、落实组织保障等不同维度，阐述构建中小学系统中的社会心理服务体系的机制和具体做法，为推动社会心理服务体系建设在儿童和青少年群体落地及长效化发展提供参考和借鉴，为培育自尊自信、理性平和、积极向上的社会心态，不断推进健康中国、平安中国、幸福中国建设贡献力量。

二、背景

党的十八大以来，党中央高度重视心理健康与精神卫生工作，明确提出加强社会心理服务体系建设，主动提供面向个体、群体和社会的多元化社会心理服务。当前，我国中小学生的心理健康问题日益突出，促进学生身心健康、全面发展，是党中央关心、人民群众关切、社会关注的重大课题。教育部等十七部门联合印发的《全面加强和改进新时代学生心理健康工作专项行动计划（2023—2025年）》的通知要求"促进学生思想道德素质、科学文化素质和身心健康素质协调发展，培养担当民族复兴大任的时代新人"。由此我们可以看出，国家越来越重视中小学心理服务工作的开展，各地结合实际情况陆续出台了一系列配套文件、制定了一系列措施，对保障儿童和青少年心理健康起到了促进作用。但在调研中我们发现，各地相关部门在具体工作中仍存在管理机制不健全、经费不足、专业性不强、师资严重匮乏等问题。我们应结合这些问题有针对性地推动工作开展，切实健全和完善中小学系统中的社会心理服务体系建设。

目前，各地方教育部门、学校开展心理服务的场所叫法不一，如成长与发展中心、心理咨询中心、心理健康服务中心和心理辅导中心等，但其承担的职责和开展的具体工作是一致的。在这里，我们统称这些场所为"学生心理服务中心"。

三、实践和具体做法

（一）多维联动，统筹推进

1. 强化顶层统筹，推动"部署安排"

市政府统筹成立"心理健康教育服务工作指导委员会"，将学生心理健康工作纳入对教育部门及相关部门履行教育职责的评价，纳入学校改革发展整体规划，纳入人才培养体系和督导评估指标体系，作为各级各类学校办学水平评估和领导班子年度考核的重要内容。相关部门应统筹资源、制定发展规划、组织协调、调研指导等工作，同时要明确责任分工，完善"党委政府统筹、教体局部门牵头、多部门协作、属地积极配合、社会广泛参与"的统筹管理机制。

2. 强化运行机制，守好"心理防线"

首先，成立区域内"心理健康服务专家指导委员会"，由心理专家、中小学骨干心理教师、社会机构组织中专业水平较高的心理工作者、特邀高校及科研院所相关专家共同组成。专家指导委员会负责制订工作计划、工作方案，指导各学校心理服务工作的具体开展。其次，各中小学成立学校心理服务工作领导小组。学校主要负责人担任组长，分管负责人负责日常工作，心理服务工作负责人担任联络员，学校相关部门负责人为成员，配合学校心理服务工作的有序推进。最后，完善班级心理服务工作机制，各班级以班主任为核心，各学科任课教师、家长代表、班级心理委员、学生代表及校内外心理教师共同组成班级心理服务工作小组，负责班级学生心理测评、日常观察、问题介入、矛盾处理和心理危机转介等工作。

（二）学校主导，"家－社－医"协同

1. 增强家庭与学校的互动

以学校为依托，以家庭为主体，在家庭教育指导工作专门开设家庭心理健康教育课程，增强家长对学生身心健康特点与成长规律的了解，促进家长与孩子之间的有效

沟通，防止因家庭矛盾或教育方式不当造成孩子出现心理问题。学校应拓展资源共享平台，建立学校与家庭之间的多渠道、多层次沟通机制，采取调查问卷、电话等多种形式，使家长了解学校、关注学生、畅通渠道。相关教师根据学生在学校的心理状况定期开展家访，重点关注经济困难、父母离异等遭遇生活变故的学生。

2. 促进社会与学校的联动

以学校为主导，社区为依托，整合相关职能部门资源，全面贯彻落实《中华人民共和国家庭教育促进法》，广泛宣传家庭教育和家风建设方面的政策法规，宣传家庭教育和科学育儿方面的知识，引导家长关注孩子的心理健康，了解孩子所处年龄阶段的心理特点和发展规律，同时也帮助家长学会自我心理调节，保持积极健康的心理状态，树立科学养育观念，积极营造有利于学生身心健康、全面发展的社会环境。

3. 加强医院与学校的沟通和反馈

学校可以与医疗卫生机构开展合作，如学生心理问题评估、开通绿色通道、综合心理干预、心理危机干预、信息资源共享和心理问题研究等，及早发现高危学生，进而进行干预，共同制订康复计划。除此之外，学校和医院还可以定期组织双方心理工作者开展培训和交流活动，共同提高心理工作者的专业水平和服务质量。

（三）构建系统的工作内容体系

1. 开展心理健康科普宣传教育，提升学生心理素质

（1）完善心理健康教育课程设置

心理健康教育课程是学校开展心理服务工作的核心，必须推进心理健康教育课程的健全与完善。首先，中小学校要将心理健康教育纳入校本课程，根据不同年龄阶段学生的身心发展特点及课程面向的群体（学生、家长、教师）设置相应的课程内容，包括生命教育、安全教育、青春期教育、亲子关系、人际关系、学习指导和生涯规划等，帮助学生树立心理健康意识，掌握心理保健常识，提高自我心理调节能力。其次，教育部门应统筹相关专业机构组织，分学段开发中小学心理健康教育读本，作为学校心理健康教育课程统编教材。最后，心理健康教育不仅要普及心理健康知识，更要从中小学生的实际出发，结合他们的兴趣、爱好、个性、特长，在心理健康教育课中开

展心理训练活动，可以从情绪管理、应急处理、心态调整和传统文化研习等方面设置训练内容。同时在训练方法上可以结合外部指导训练、自我训练等多种形式开展，充分调动学生的积极性，提升学生的心理素质。

（2）举办形式多样的心理服务活动

中小学校应开展形式多样的各类心理服务活动，把心理健康教育元素融入各类活动。例如，通过争创明星班级和评选校园小明星，引导学生树立正确的价值观；开展心理游园、心理开放日和心理剧展示等活动，引导学生学会主动进行心理调节，激发内在成长潜能；广泛宣传心理健康科普知识，进而营造良好的校园文化氛围。

（3）将心理健康教育融入学科教学

课堂教学是学校教育的基本形式，学生获得知识、发展能力、形成品质和塑造性格等均与课堂教学活动密切相关。因此，在课堂教学过程中需充分融入心理健康教育，让学生身心健康成长与获得知识有机协调发展。一是创造温馨和谐的学习环境。建立良好的师生关系是营造和谐教学氛围的核心，在课堂上教师要以平等、包容、支持的态度，尊重学生间的个体差异，积极鼓励学生大胆质疑和创新，加强与学生的沟通、交流，交流内容不局限于课本知识，可以涉及生活、成长发展、生涯规划等，使学生能够敞开心扉，保持积极乐观向上的健康心态，促进学生成长和成才。二是利用生活化的情境，增强学生的熟悉感。生活是知识的源泉，在教学中，教师要从学生熟悉的现实世界出发，充分利用生活中直观、形象、具体的东西或生活经历，使学生从中感受知识、理解知识和应用知识，获得积极的情感、学习和心理体验。三是将心理学的知识灵活应用于教学方法中。首先，在教学中，教师应因材施教，根据学生各自擅长的学科，帮助他们成立兴趣小组，让他们自发地开展研究，充分发挥他们的创造力、想象力；其次，对没有掌握正确学习方法的学生，应及时予以鼓励、帮助，使他们在心理上消除自卑感及消极情绪，增强学习的自信心；最后，在教学中，教师应主动调动学生的积极性，如安排学生自己讲解题目、鼓励学生站在讲台前讲述自己对题目的理解和看法，加强学生间的交流和互动，增进学生的学习信心和动力。

2. 建立心理测评预警机制，提高及早发现问题的能力

（1）构建完善的测评工作机制，定期开展常态化的心理测评

地方教育部门要牵头组织区域内中小学校开展心理健康测评工作，如果专业力量不足，可以通过委托或购买第三方服务的形式开展。学校应将学生心理健康教育工作纳入学校改革发展整体规划和督导评估指标体系，并作为各级各类学校办学水平评估和领导班子年度考核的重要内容，保证学校心理测评工作的有序开展和有效实施。心理测评可以通过线上或线下的形式进行，线上的形式需搭建心理测评软件系统，其中包括信息整理、综合测评、结果分析、问题预警、线上咨询、线上心理危机干预和个人心理健康档案的生成等多个子系统，实行"市（区、县）–学校–班级"分级管理；线下则由学校统一部署和安排，科学开展心理测评工作。相关人员结合心理测评，建立班级学生心理健康档案，针对需要被关注的学生，落实"一生一策"，充分利用学校资源加强对学生的关心、关爱。

（2）建立线下工作和支持系统，负责指导与规范心理测评工作

应由拥有丰富的心理学知识且能熟练运用测评工具的心理教师承担学校心理测评工作，在施测前应结合学生的年龄、需求选取合适的测评量表，同时在施测过程中确保测评的标准化、科学化，以使测评结果准确可靠。针对有些学生抵触心理测评、消极作答或在结束测评后产生负面情绪的情况：第一，实施测评的心理教师应充分考虑测评量表中的一些描述和敏感用词会对学生造成的影响；第二，应对学生的心理测评结果进行保密，不得擅自公开个人数据，不可随意传播；第三，学校在开展心理测评工作前可通过组织心理健康主题班会、印发心理科普手册等形式，引导师生科学看待心理测评。

（3）科学分析、合理应用测评结果

分类制定心理健康服务方案，包括对心理危机实施干预、为教育部门提供决策依据、开发心理健康教育方案等。其中，筛选心理健康高危个体是重点工作，根据之前对心理测评结果的分析和日常观察，筛选出高危个体，及时开展后续心理治疗或转介工作。医院可以联合学校派出专家指导学校心理教师开展学生心理测评后续服务工作，并结合需要及时对学生开展心理疏导，及时化解学生的心理隐患，预防危机事件发生。此外，针对疑难问题，学校要尽快联系医疗卫生机构制定分级、分类干预方案，集合专业力量帮助学生尽早康复。

3. 加强心理咨询辅导服务，科学解决学生心理健康问题

（1）完善学校心理辅导场地建设

良好的心理辅导环境对学生心理健康发展具有潜移默化的作用，中小学校要推进心理辅导室的建设，设立心理发展辅导室、积极心理体验中心、团体活动室和综合素质训练室等，充分发挥各个场地的作用，为学生开展个体心理辅导与团体心理辅导提供优质的场地服务。同时，学校还可以根据学生的心理发展及年龄特征，在心理辅导场地中灵活运用师生的作品作为装饰元素，如可以将学生的水墨画、书法对联等作为点缀，给学生在心理辅导的过程中带来温暖、舒适、惬意的情感体验。

（2）采取多种模式开展心理辅导

首先，可以采用个体心理辅导与团体心理辅导相结合的形式为学生提供心理服务。在个体心理辅导中，让学生敞开心扉、畅所欲言，引导他们学会与老师、朋友、同学进行友好沟通，与家人和谐相处，养成良好的学习、生活习惯。在团体心理辅导中，可以以班级的形式进行，通过团体心理辅导帮助学生积极应对在日常生活、学习中遇到的困扰，建立灵活应对心理困扰及其他生活问题的有效模式。其次，可以根据学生的性格特征及心理问题的种类采取同质人群组模式。在日常心理辅导服务工作中，将同类问题或同类性格特征的学生组织在一起开展心理辅导以提升辅导进度和效率。再次，采取家长共同参与的模式。围绕学生与家长在亲子关系、有效沟通和信任关系建立等方面设计辅导的内容，在辅导中让学生与家长充分参与，让家长充分了解学生成长和发展的规律及家长在此过程中所起的作用。最后，采取朋辈辅导模式。朋辈辅导是帮助学生学会自我教育、自我管理，促进学生自我成长的助人与自助相结合的好办法，学校可以积极开展朋辈心理辅导，积极发挥朋辈群体的作用。

4. 完善心理危机干预机制，筑牢学生心理健康防线

（1）全员预防

在家庭、学校和其他场所，如图书馆、博物馆、国学馆和心理健康校外教育基地等，为学生建立全周期的心理健康支持系统，培养学生自尊、自信、自强、自立、积极乐观、健康向上的心理品质，促进学生的身心可持续发展。

（2）心理危机发现

建立全校学生心理健康预警机制，密切关注监测师生的心理状况，及时发现并干

预和转介有心理问题倾向的学生。可考虑建立三级预警机制，一级预警机制以学校教学班级为单位，通过心理测评及班主任、任课教师、同学的日常观察，重点预警存在心理问题倾向的学生，对其实施初步的保护和干预；二级预警机制以学校为单位，对班级上报的存在心理问题的学生进行筛查；三级预警机制通过学校延伸至校外，由学校、家庭、社会组成，进行信息上报和反馈，及时发现并妥善干预存在心理危机的学生。

（3）心理危机干预

第一，由班主任组织班级心理工作小组成员对出现心理问题的学生实施初步的评估、支持与稳定工作；第二，将班级不能解决的问题转交至学生心理服务中心予以干预；第三，当学生心理服务中心难以解决学生的心理问题时，再将其转介至市（区、县）心理服务中心予以进一步的综合干预；第四，若市（区、县）级心理服务中心仍无法妥善解决，再联合专业机构对学生心理问题进行具体分析并制定后续干预方案；第五，针对疑似有严重精神障碍的学生，及时将其转介至医疗卫生机构进行治疗。在以上五个步骤中，每一阶段都由心理教师、班主任、家长为主体，同伴、社会组织、属地联动配合，专家及时指导，必要时转介至医疗部门，最终实现"分层干预""多方联动""家–校–医"配合的多元心理危机干预机制。

（4）跟踪反馈

心理问题和其他一些生理疾病一样，具有易复发的特点。在对学生的心理危机进行干预后，必须进行长期追踪，及时发现问题，并开展后期干预。心理危机干预学生在返校之前，家长应提前与班主任联系，详细告知学生的情况。在返校时，学生需由家长陪同，在办理相关手续后方可返校。在返校后，学校应针对不同心理危机程度个体，采取不同层次的追踪干预措施。例如，针对在校就读的学生，班主任需定期与其谈心，通过心理朋辈互助员了解其心理状况，做好成长辅导工作和记录，并定期向上级领导汇报；针对存在心理疾病及自伤、自残、他伤行为的学生，学校应对其实行全程追踪反馈，直至毕业。

（四）线上加线下全面覆盖

1. 在线下建立中小学社会心理服务工作的据点

在市（区、县）级设立学生心理服务中心，指导全市（区、县）各级各类学校开展学生心理服务工作，集中开展心理筛查与评估、心理咨询、心理危机干预等服务，承接各学校转介过来的有严重心理困扰学生的心理辅导，开展案例督导；各学校要成立学校心理服务中心，由学校专职心理教师、兼职心理教师、优秀班主任、优秀家长代表和特聘心理专家等共同组成，负责全校心理服务各项工作方案和活动的设计，指导各年级和各班级开展心理健康教育。

2. 不断拓展线上平台支持

学校心理服务中心可以面向全校师生开发线上读物和微视频，宣传和普及心理健康知识，解答学生的心理困惑，为学生提供一个积极向上、播撒阳光的精神空间。此外，学校可以搭建 24 小时心理服务热线和线上服务平台，充分利用学校现有的专职或兼职心理教师资源，以"一带一"的形式对有需要的师生、家长开展宣传教育、情绪疏导及心理咨询等服务。同时，也为性格内向、对线下心理咨询持有抵触情绪的学生提供一个沟通、交流的平台。教育部门要充分利用数字技术建设中小学心理健康大数据平台，实现线上建档、线上分析、线上识别、线上统计，促进心理服务智能化、全维度管理。

（五）落实组织保障

1. 加强政策扶持

相关政策可以帮助我们在教育体系中建立心理服务工作的框架和机制，明确部门的工作职责，促进心理服务与教育部门、各学校工作的有机融合，同时也为中小学校提供必要的资源，为持续开展心理服务工作提供有力支持。

2. 落实经费保障

各地要加大统筹力度，优化支出结构，切实加强中小学社会心理服务体系建设的经费保障。学校应在年度预算中统筹各类资金，保障社会心理服务工作基础经费，满足学生社会心理服务工作需要，确定生均标准，足额按时拨发，并视情况建立增长机制。要健全多渠道投入机制，鼓励社会力量支持开展学生心理服务工作。例如，安徽省宿州市埇桥区每年落实区未成年人心理健康辅导中心运转经费 60 万元，充实师资队伍，充分发挥区未成年人心理健康辅导中心在心理服务工作中的统筹、示范、引领和服务作用。

3. 师资培训定期化、常态化和实效化

当前制约学校心理服务工作发展的最大瓶颈是师资匮乏，组建一支专业化的社会心理服务师资队伍是中小学社会心理服务体系建设的关键。一是要加强对心理教师的学习和培训。每周定期开展心理教研，切实提高专职、兼职心理教师的基础理论、专业知识和操作技能水平；二是要加强对班主任的培训。通过每周例行的班主任会议和班主任培训主题讲座，帮助班主任掌握沟通、共情和倾听等一般心理技术，提高对学生心理问题的早期识别与应对能力，有效提高其心理健康水平和开展心理服务的能力；三是要加强对全校教职工的心理培训。定期开展心理培训主题讲座，提升教职工的心理健康水平，培养为学生提供心理服务的意识。

四、展望未来

1. 开发更实用、更有效、更科学的线上管理平台

当前各类心理云平台很多，大多包含管理、测评和信息归纳处理等内容。但是测评时所使用的测评量表多来自对西方量表的翻译和修订，不适合我国中小学生的实际心理状况，并且平台的管理设计较为简单，只是初步的分级管理，信息归纳版块与实际需求不完全相符。未来，应充分利用智能化技术，由数字技术专家、心理工作专家和一线工作者，根据我国中小学生的心理特点、特征和心理需求的现状及其喜爱偏好，注重用户需求与体验，开发出中小学生喜爱、教师实用的心理云平台。

2. 构建常态化、制度化的心理服务队伍培训机制

当前制约心理服务工作成效的最大瓶颈是专业教师匮乏，下一步要不断加大师资培训力度，形成常态化培训机制，在中小学体系内持续不断地开展多层级培训，在心

理教师、班主任、任课教师中常态化开展心理服务能力培训。同时，地方教育部门应完善心理教师评价制度，组织研制心理健康教育教师专业标准，形成与心理健康教育教师资格制度、教师职称制度相互衔接的教师专业发展制度体系。

3. 推进心理服务融入地方发展规划

未来，全社会对社会心理服务体系建设的重视程度将逐渐增加，各级政府、行政部门、社会组织和家庭等要把心理服务融入日常生活和工作，作为一项重要指标将其纳入各项社会发展规划。中小学校要将学生心理健康工作纳入学校改革发展整体规划，纳入人才培养体系和监督评估体系，作为评估各级各类学校办学水平和学校领导年度考核的重要内容。

4. 探索医教合作的服务模式

未来，我们可以进一步探索医教联合模式，通过教育与医学专业结合的方式，帮助中小学校提升和完善对学生心理问题识别、心理危机预警等服务工作水平，建立学生就诊的绿色通道，做到对精神疾病早预防、早识别、早干预，全方位切实保障学生的心理健康。

第三节 "家－校－社"协同：
筑牢儿童和青少年心理健康防线

一、概述

随着经济社会快速发展，儿童和青少年的成长环境不断变化，其心理素养不断提升，但心理健康问题也日益凸显。如何协调落实家庭、学校和社会等各方的职能，形成定位清晰、机制健全、联动紧密、科学高效的"家－校－社"协同机制，促进儿童和青少年身心健康成长、全面发展，是当前社会关注的重大课题。本文以社会心理服务体系核心理论框架为基础，从强化家庭教育主体责任、发挥学校协同育人主导作用、增强社会服务有效支持和促进机构部门协同联动等方面阐述如何科学、有效地发挥各方育人主体的职能，建立健全"家－校－社"协同机制，从而更好地为促进儿童和青少年心理健康保驾护航，为推动健康中国、平安中国、幸福中国建设奠定基础。

二、背景

儿童和青少年的心理健康关乎国家民族复兴的壮阔蓝图。党和政府历来高度重视人民群众尤其是儿童和青少年的心理健康，要求将心理健康服务融入社会治理体系和精神文明建设，融入健康中国、平安中国建设。《"健康中国 2030"规划纲要》提出，坚持预防为主、突出重点、问题导向、注重实效的原则，强化党委政府领导和部门协作，建立健全服务网络，加强重点人群心理健康服务。《关于印发健康中国行动——儿童青少年心理健康行动方案（2019—2022 年）的通知》要求，探索形成针对青少年学生的学校、社区、家庭、政府各部门、专业医疗机构联动的健康服务模式。《教育部等十七部门关于印发〈全面加强和改进新时代学生心理健康工作专项行动计划（2023—2025 年）〉的通知》指出，要切实把心理健康工作摆在更加突出位置，统筹政策与制度、学科与人才、技术与环境，贯通大中小各学段，贯穿学校、家庭、社会各方面，培育学生热爱生活、珍视生命、自尊自信、理性平和、乐观向上的心理品质和不懈奋斗、荣辱不惊、百折不挠的意志品质，促进学生思想道德素质、科学文化素质和身心健康素质协调发展，培养担当民族复兴大任的时代新人。

近年来，儿童和青少年心理问题突出，心理危机事件时有发生，由此可见其心理健康面临一些困难和挑战，心理健康教育的短板和不足就暴露了出来，这使得探索和建设儿童和青少年社会心理服务体系成为当前的迫切需求。如何切实提升针对儿童和青少年的社会心理服务水平，保障儿童和青少年的健康成长，关系到国家的未来。目前，针对儿童和青少年开展的社会心理服务工作主要存在以下局限。

（一）"重矫治、轻发展"，过于关注心理问题

目前，我国绝大多数中小学校中，心理服务工作基本上还停留在"重矫治、轻发展"的工作模式阶段，以对部分存在心理困扰学生的矫治作为工作重点，没有形成面向全体学生的普遍性心理教育理念，无法兼顾大多数学生的需求，忽视儿童和青少年心理健康素质的培养。一方面在具体实施过程中，大多数学校没有设置固定的心理健康教育课程，无法实现对中小学生心理健康的系统培养。另一方面许多儿童和青少年

表现出对心理健康知识的无知与茫然，把心理问题等同于心理疾病，不敢主动求助，拒绝主动就医。

（二）"家 – 校 – 社"三方缺乏系统性的整体合力

"家 – 校 – 社"协同体系的构建需要各行动主体间平等协作、深度协同，即家庭、学校与社会应根据儿童和青少年的心理状况和发展过程中所面临的问题，整合、调用一切可用的资源，共筑儿童和青少年心理健康的防线。但是现在，"家 – 校 – 社"三方更多的是"单兵作战"，造成家庭、学校、社会三方资源的分散与冗余，无法形成合力。例如，一些学校在联合社会专业机构开展面向儿童和青少年的心理健康教育和科普宣传教育活动时，因时间、地点及课程安排的限制，课程和活动很难融入学校心理健康教育工作，活动也大多流于形式；此外，许多基层社区没有充分意识并运用自身已有的资源，与学校共建、共享教育资源，开发具有地域特色的心理健康教育课程，主动服务有需要的家庭；在家庭层面，一些父母由于工作、生活的原因导致参与度不高，没有足够的时间和精力参与孩子的教育及学校、社会的沟通协作中。由于缺乏客观的评价体系，家长、学校、社区、专业机构及政府等各协同主体间没有形成统一的评价标准和正向激励，影响各方开展和参与心理健康教育活动的积极性。

（三）重视外部资源，忽视内部资源

过于依赖社会和成人的力量，而忽视了儿童和青少年的内部资源。我们要有意识地培养儿童和青少年的自我意识，帮助其了解自己的身体感觉、情感和思维方式，引导并鼓励他们观察、描述和表达自己的想法和情绪，提升其独自解决问题和应对挫折的能力。每个人是自己心理健康的第一责任人，我们在发挥外部资源的同时，要激发儿童和青少年个人积极、向上的原动力。

三、实践和具体做法

（一）强化家庭第一育人环境

家庭教育是学校教育和社会教育的基础，它不仅是家长向孩子传授各种知识，更

是一种价值观的传承与培养，在儿童和青少年的成长过程中，家庭教育的作用不可替代。

1. 创建温馨和睦的家庭环境

家庭是人生的第一所学校，家长是孩子的第一任老师，要给孩子讲好"人生第一课"，帮助扣好人生第一粒扣子。家长应当切实履行家庭教育的主体责任，提升家庭教育水平，坚持以身作则、言传身教，培育向上向善的家庭文化，构建和睦的家庭关系，为孩子的心理健康成长创造良好的家庭环境。

个体在童年时期的成长环境，对其日后心理健康有不可忽视的影响。在心理学中，有一个概念叫"无效家庭环境"，是指孩子的感受、喜好在家庭中得不到家长的呼应和认可，孩子的内心感受常常被忽视。例如，在一些家庭中，家长只强调学习成绩，而忽视了孩子的情感体验，孩子的一些自我感受、情绪会被压抑；此外，一些家庭会对孩子的行为和心理予以控制，要求孩子在行为上听从指挥，通过生气、批评和表达不满等方式引发孩子的内疚感，进而迫使孩子变得听话。在这样的家庭里长大的孩子，在成年之后会习惯性地否认自己的想法、判断和情绪，最终可能导致心理困扰和疾病的产生。

2. 多措并举帮助孩子树立正确的价值观

家长必须重视帮助孩子建立起正确的价值观。父母是孩子成长道路上最重要的引导者之一，他们的言传身教对孩子的成长和发展有着至关重要的作用。为了引导孩子树立正确的价值观，家长不仅要注重言传，更要以身作则，做孩子的榜样。除此之外，家长还可以通过参加社区、学校和专业机构等举办的家庭教育课程，学习儿童的阶段性发展特点、教养方式、倾听与沟通等相关知识，从而为帮助孩子树立正确的价值观、人生观和世界观，营造良好的家庭氛围。

3. 建设家庭文明新风尚

动员社会各界广泛参与，推动形成爱国爱家、相亲相爱、向上向善、共建共享的社会主义家庭文明新风尚。家庭和睦，社会才能和谐；家教良好，未来才有希望；家风纯正，社会风气才会充满正能量。首先，家长需要积极引导孩子体验社会生活，充分认识社会实践大课堂对孩子身心健康发展的重要作用，根据孩子的年龄，利用节假日、休息日等闲暇时间带领或支持孩子通过多种方式体验社会生活。例如，四川省绵阳市在已有基础上推出"心沐计划"，以公安、武警、消防力量资源为载体，建立儿童和青少年"营地体验"基地，"零距离"体验武警官兵日常工作生活，组织儿童和青少年体验消防生活，引导儿童和青少年奋发图强、爱国崇军。其次，要弘扬优良家风，孕育社会好风尚。社区及相关部门应结合自身特点，积极组织开展家庭文明建设活动，大力宣传优秀家庭典型案例，动员社会各界广泛参与，以千千万万家庭的好家风支撑起全社会的好风气。

此外，针对在一些离异家庭、失独家庭等家庭教育功能略有丧失的环境下成长的儿童和青少年，可以联动多方组织和机构开展针对困境儿童和青少年的心理援助项目，从个体、朋辈、社区和学校等不同维度，通过开展心理评估、团体心理辅导、专题讲座、主题活动、一对一帮扶工作，贴合困境儿童和青少年的特点和需求，为其提供心理辅导、情绪疏解、家庭关系调适及专业的心理支持和情感陪伴。例如，海南省三亚市社会心理服务体系建设试点工作领导小组积极开展针对困境儿童和家庭的帮扶工作，运用心理学的技术和方法、社会工作的服务模式及社会治理的思维，一方面紧紧围绕困境家庭开展心理评估、一对一心理辅导、团体心理辅导；另一方面三亚市民政局联合社工、社区等部门开展帮扶。此外，三亚市心理学会还联合学校领导、班主任成立同学阳光互助小组，为困境儿童和青少年提供长时、系统的心理服务，帮助他们恢复正常的学习和生活。

（二）发挥学校主阵地作用

学校教育是"家–校–社"协同机制的核心组成部分，同时也是家庭教育和社会教育的重要支撑。学校是教书育人的主阵地，在提升儿童和青少年心理健康水平过程中，学校应当履行职责，发挥自身的主体作用。

1.构建"预防–疏导–治疗–追踪"全过程学校心理服务体系建设

以全体学生的心理需求为导向，提供相应的心理健康服务，贯穿"预防–疏导–治疗–追踪"全过程，构筑从发展性预防、专业心理疏导到严重心理疾病专业治疗的闭环。

（1）打造心理健康教育的预防机制

一是强化日常预警防控。首先，学校要针对全体学生的心理发展需求，带动全校所有教职员工与家长共同关注学生的心理状况，预防心理问题的发生。尤其需要重点关注面临学业或就业压力、经济困难、情感危机、家庭变故和校园欺凌等风险因素的学生，以及校外实习、社会实践等学习生活环境变化的学生。例如，学校可以构建"三级预防体系"，第一级以学校党支部书记、校长为第一责任人，组织全校开展各种形式的心理健康知识科普宣传，使教职员工懂得如何与学生沟通，从心理层面支持学生，使绝大部分学生的心理困惑得到解决；第二级是以学校心理健康服务中心为主体，结合学校心理健康测评系统的筛查与日常观察，把存在一定心理困扰的学生转介至服务中心进行疏导和干预，解决少数学生的心理问题；第三级则是由学校行政部门牵头，邀请当地教育主管部门、专业医院等，共同组建心理健康工作联合办公室，畅通交流渠道，促进社会资源共享，帮助解决极少数存在严重心理障碍的学生。二是开展常态化心理健康教育。心理健康教育是促进儿童和青少年心理健康的重要措施。对学校而言，要积极帮助学生完成各阶段的心理发展任务，提高学生对心理问题的认识，发展出自助及助人的能力。同时，学校要坚持以积极心理品质为导向开展心理健康教育，突出对积极心理品质的培养，打造全校性的心理支持氛围。具体而言，可以从两个方面着手。健全心理健康教育课程体系。学校要把心理健康教育课程纳入整体教学计划，针对不同年龄阶段的儿童和青少年，提出相应的心理健康教育教学目标与要求，形成符合各年级学生特点的教学模式。积极组织心理健康知识科普宣传。学校应定期举办心理健康知识讲座和形式多样的心理活动，提高学生对心理健康和一般心理健康问题的认知，增强其对心理危机的预防意识和敏感性。

（2）打造专业化的心理疏导机制

一是做好心理测评工作。学校应当建立完善的心理测评机制，不断完善心理测评筛查方式，自行组织或依托相关专业机构定期开展面向全校学生的心理健康测评工作。同时，学校要科学运用学生的测评结果，结合多方面的总体评价，为每名学生建立心理成长档案并形成完备的心理调查及辅导记录。针对部分存在心理问题的学生，通过定期普查和早期干预，尽早进行心理辅导，防止问题进一步恶化。二是加强心理咨询服务。第一，地方教育部门要建立区域性的中小学生心理辅导中心，积极开展线上、线下多种形式的咨询辅导服务，定期面向所在区域中小学校提供业务指导、技能培训。

第二，学校可以开通微信、QQ、电话等多种形式的心理热线，聘请专业心理咨询师轮流提供心理咨询服务，全天 24 小时守护师生的心理健康。第三，学校可以联合社区、医疗卫生机构、家庭等建立合作机制，为学生提供更全面、更及时、更有效的心理咨询服务。

（3）建构"医教结合"的心理危机干预联动机制

针对极少数具有严重心理疾病的学生，通过校内外联合协商合作，建立医教结合的心理危机干预联动机制，开展医教结合的联合评估、联合干预，通过资源与方法的共享，实现医疗资源与教育资源在心理服务体系的整合。

一是校内危机干预团队（包括学校领导、一线教师、心理委员和心理学专业人员）。心理教师组织心理测评危机筛查，对学生进行心理危机等级评估和开展心理干预工作，同时为整个心理危机干预和自杀预防提供干预方案。学校领导负责统筹组织，协调调度宿舍、保卫等各方资源，给予人力、物力、财力等支持。同时参与监护、做好家长的心理工作，如汇报和告知学生的家人。班主任密切关注学生的近况，协助联系家长等行动干预。负责发现有心理危机的学生，并初步评估学生的问题，配合监护、陪伴和安抚学生。班级心理委员在心理危机干预过程中的定位是日常预警、提供初步的支持并及时上报情况。班级心理委员应积极配合和协助班主任、心理老师完成学生心理危机情况的监测和上报工作，根据实际情况为出现心理危机的学生提供初步的心理支持与安抚，稳定其情绪。如果发现学生出现极端情况，学校相关工作人员应及时联系其父母或其他监护人，保证学生的生命安全。二是校外联动心理危机干预机制包括学生家长和医院精神科。家长参与治疗，陪伴就医，负责了解学生的心理健康问题和心理健康状况，做好和学生的沟通，给予理解与支持。医院与学校开通心理问题转介通道，保障学生享有便捷、优质的就诊绿色通道服务，方便学生和家长就医。同时对需要干预的学生制定分级、分类干预方案，集合专业力量为学生提供医疗服务。当学生康复后，应在学校心理教师、班主任和医生的评估下，帮助学生重新回到学校学习。社区内的卫生站及心理服务中心主要负责对所在辖区的儿童和青少年的心理健康状况进行检测和预警，当发现有心理危机事件发生时，要第一时间联系相关部门和心理专业机构，做好转介工作。同时，社区在日常生活中要积极开展心理健康知识的科普宣传，提高居民识别与应对心理问题的能力，提升其心理健康素养。三是建立追踪随访机制。因心理问题休学的学生复学后，学校可以单独组织心理教育或心理辅导等活动，为其提供心理支持和指导，并安排班级心理委员、辅导员等对其进行持续的关注与追踪，及时了解其心理健康状况。

2. 加强心理服务人才队伍建设

一是学校要强化专业人才的引进和培养，将心理教师纳入教师招聘计划，积极引入心理学专业人才。二是学校应将心理健康教育纳入教师分层分类培训计划，鼓励专职、兼职心理教师等积极参与相关培训，提升专业水平，为学校心理服务工作提供强有力的专业保障。三是地方教育部门应完善心理教师评价制度，组织研制心理健康教育教师专业标准，形成与心理健康教育教师资格制度、教师职称制度相互衔接的教师专业发展制度体系。四是班主任和班级心理委员的职责定位主要是学习并宣传心理健康知识、观察班级学生心理状况，在发现异常情况时提供初步的支持和帮助，并及时上报至学校心理健康服务中心或心理教师。因此，针对班主任、班级心理委员的培训要以系统的心理理论和知识框架为基础，以实用技能和实际案例为重点，提升他们心理服务的能力水平。

3. 落实场地和经费保障

一是市（区、县）教育部门要为所在区域中小学社会心理服务中心配备专门的场地、空间及软硬件设备，推动中小学建立健全社会心理服务中心。社会心理服务中心应在心理教师的专业指导下建设，按照相关政策文件要求保证软硬件设施的配置，制定保密规范，保护和尊重儿童和青少年的隐私。二是学校要加强学生心理健康教育工作经费保障，应将所需经费纳入预算，满足学生心理健康教育工作需要。同时，学校要健全多渠道投入机制，积极联合社会力量支持开展学生社会心理服务工作。

（三）推进社会支持，打通儿童和青少年社会心理服务"最后一公里"

家庭教育和学校教育的延伸与拓展是社会教育。在这里，社会并不特指某种单一的育人主体，而是指向除家庭和学校两类教育主体之外的所有场所，是无数育人主体的集合，其中包括基层社区、专业的医疗机构和心理咨询机构、企事业单位、协会等，协调整合这些社会资源，可以有效地丰富和完善家庭教育和学校教育的服务内容，为儿童和青少年心理健康培育沃土。

1. 聚合社区教育资源

社区可以主动发起、组织家校合作，承担家校合作的主体责任。一方面，社区可以与学校共建"社区教育资源圈"，成为学校教育阵地的延伸，主动为学校开放公共设施；另一方面，作为连接学校与家庭的纽带，社区可以作为平台，结合区域资源、心理教育需求和社会需求，利用校内资源探索校外心理健康教育的新模式。例如，社区可以结合学校的特点和优势、学生的兴趣和需要，建立公益教育、生命安全教育及心理健康教育等校外教育实践基地。

2. 推进社会资源开放共享

各类爱国主义教育基地、科普教育基地、图书馆、博物馆、展览馆、科技馆和儿童活动中心等具有教育性质的场所要面向儿童和青少年免费或优惠开放，同时这些场所可以利用自身已有的资源为学校和家庭提供学生课后心理服务场地支持。例如，地方图书馆可以按照分级、分众阅读理念，结合儿童和青少年的心智成长规律，为未成年人及家长开展心理健康科普服务体验活动，通过科普宣传教育、引导阅读等方式开展心理服务。同时，图书馆还可以针对不同年龄阶段的未成年人和家长定期开展心理专题公益活动，打造高质量的亲子关系，助力孩子健康成长。

3. 积极争取专业机构协作支持

一是市（区、县）级教育部门要加强与卫生部门的协同联动，建立精神卫生医疗机构对学校心理健康教育及心理危机干预的支持协作机制，为所在区域中小学提供医疗帮助。此外，学校要与医疗卫生机构建立起线上咨询、线下心理危机干预转介机制，制定心理援助线上咨询、转诊转介、线下干预、康复训练、复学复课等全流程操作指南和技术规范，为就诊学生开辟绿色通道。二是要加强理论建设，强化专业支撑。鼓励有关高校、科研机构、专业团体协同开展针对儿童和青少年心理健康、"家－校－社"协同育人的理论与实践研究。

（四）构建"家－校－社"三方协同机制

1. 加强党委领导、部门协作

政府相关部门要强化党委领导、政府统筹，将儿童和青少年心理健康纳入重要议事日程，形成党委统一领导、有关部门各负其责、全社会积极参与的儿童和青少年心理健康工作机制。

一是妇女和儿童工作机构负责组织、协调、指导、督促做好家庭教育工作，推动社区家庭教育指导服务站点建设，引导家长关注孩子的心理健康，树立科学养育观念。二是教育部门负责指导学校切实发挥协同育人主导作用，强化与家庭、社会密切沟通协作。其他有关部门在各自职责范围内做好儿童和青少年心理服务工作。

2. 建立沟通衔接机制

学校要重视"家－校－社"合作，创建基于问题导向的"家－校－社"沟通机制，多形式、多渠道、多层次密切"家－校－社"沟通，共同促进学生心理健康。

一是，学校要定期组织开展不同主题的家长课堂、家长心理沙龙、家长讲座，提升家长育人理念与亲子沟通技巧，打造支持性的家庭成长氛围。二是，学校要加强与家长的沟通、交流，如通过调查问卷、学校网站、微信公众号和家访等方式进行，尽可能地让家长了解学校、关注学生。对家长而言，应掌握正确的家庭教育方法，主动协同学校，积极参加学校组织的家庭心理健康教育指导和家校互动活动，自觉学习心理健康教育的相关知识，主动参与家长委员会的相关工作，重视孩子身心健康协同发展。

3. 建立智能化监测服务机制

加快建设所在区域中小学生心理预警与大数据服务云平台，实现教育部与卫健委、政法委、妇联、共青团和社区等部门的数据联通联建，重点监测、实时保障学校和家长能够及时了解学生的心理健康状况，提前预警，建立"事前发现－事中干预－事后服务－信息保障"的学生心理危机工作链条，形成"预警－落地识别－帮扶处置－反馈"的闭环机制。依托信息技术开发智能化心理健康服务系统，制定科学化、精准化测评工具和个性化服务包，以智能化手段推动儿童和青少年心理健康"监测－服务－干预－康复"的全链条管理。

4. 完善评估反馈机制

一是将儿童和青少年心理服务工作成效纳入政府履职评价、教育质量评价、文明创建活动、未成年人思想道德建设和未成年人保护工作考核体系。二是推行奖惩目标责任制。对在儿童和青少年心理健康教育、"家－校－社"协同育人工作中做出突出贡献的单位和个人，给予表彰和奖励。三是鼓励各有关单位、部门积极宣传政策举措、工作成效及典型案例，营造全社会关心支持构建心理健康教育共同体的良好氛围。四是完善考核评价机制。加强《中华人民共和国家庭教育促进法》的贯彻落实和"家－校－社"协同育人机制建设各项工作任务的日常监督检查，成立"家－校－社"协同工作督导组，每季度至少开展一次随机检查或暗访督导，对工作推动落实不力的单位或个人进行专题约谈、通报批评、责令整改。

四、展望未来

1. 重视心理工作、社会工作、社会治理的融合

社会心理服务体系建设的目标就是基于心理学、社会工作等相关学科的理论与方法，结合中国国情和文化的特点，积极主动地预防和解决个体、群体、组织及社会中存在的各类问题，尤其是由心理因素引起的各类问题，形成全方位、多层次、多元化的社会支持系统。因此，针对儿童和青少年开展的社会心理服务也要积极融入心理工作、社会工作、社会治理的元素。社会心理服务工作者不仅要掌握心理知识、技术和方法为儿童和青少年科普心理健康知识、压力管理和情绪疏导技巧，为有严重心理困扰的学生提供心理诊疗转介与心理危机干预服务，还要掌握利他救助、权益维护、资源链接等社会工作的实务方法和常用技术，更要在法治框架和底线思维的约束下开展具体工作。

2. 推进人工智能技术的普及和应用

随着科技的进步与发展，人工智能技术的广泛应用有利于促进教育资源共建共享，有效帮助家庭、学校、社会充分了解、洞察儿童和青少年的心理状态，不断完善"家－校－社"联动机制，提升协同工作的科学性和精准性。在学校与社会联动方面，学校在未来可以依托周边社区、高校和企事业单位，共同建设云端课堂，有效解决学校心理健康教育实施中时空受限、资源不足等问题；在家庭与社会联动方面，未来可通过线上教学平台、网上家长学校等资源开展家庭教育和家风主题宣传活动。同时，在保障伦理原则的基础上，通过网络课堂、咨询辅导等形式提供个性化、多元化指导，

助力家社联动；在家庭与学校联动方面，未来可以教育信息化搭建家校协同育人新平台，为家校常态化密切联系提供支持。

3. 加大对网络舆情的管控力度

网络安全部门应对网络暴力、网络欺凌和网络谣言等误导和侵害未成年人的网络行为和内容进行专题净化和严肃打击；完善打击网络暴力和利用网络诱导未成年人犯罪、自伤、自杀等行为的立法，确定入罪标准；加强对网络运营商的监管，强化网络运营商落实强制报告制度，固定相关证据，并向相关部门举报或报案。

第二章

机关和企事业单位系统中的
社会心理服务体系建设

2

第一节　机关单位中的社会心理服务体系建设

一、概述

机关职工是党和国家事业发展的中坚力量，肩负着国家和社会责任，行使着管理国家的权力，其心理健康状况不仅关系到个人状态、整体素质，而且从根本上影响公共行政管理水平，最终决定国家与社会的发展。因此，机关单位必须加强社会心理服务体系建设，确保人、财、物、机制、机构五大要素齐全，创新机关单位社会心理服务模式，优化服务流程，涵盖科普宣传教育、测评、教育培训、咨询服务、心理疏导与危机干预、保障与评估六大内容体系，将社会心理服务与干部"选、育、管、用"全链条工作相结合，打造一支高素质机关干部职工队伍。

二、背景

国家机关是指从事国家管理和行使国家权力的机关，而机关职工尤其是公务员，负责统筹管理国家经济社会秩序和公共资源，维护国家相关法律规定。机关单位社会心理服务体系建设既有一般社会心理服务体系建设的特点，也具有其本身的特殊性。第一，机关职工既是为人民服务的公仆，又是社会心理服务的对象。因此，保持自身身心健康及提升身心素养是机关职工能够有效为民众服务的重要前提。第二，作为党的忠诚卫士，机关职工的政治站位更高，思想觉悟更高，并且国家对其管理有着严密的制度规定，理论上机关单位更易推进社会心理服务体系建设工作，也更易取得成果。第三，机关职工是实现国家治理现代化的重要推动者，是推进中国式现代化的先驱者，是实现中华民族伟大复兴和中国梦的关键力量。因此，机关单位中的社会心理服务体系建设尤为重要。

经过多年的实践，我国探索出一套机关单位的心理服务模式，但也存在一些问题。第一，服务供不应求。一方面，公开统计数据显示，截至 2016 年年底，我国公务员数量达到 719 万人。另一方面，据调查，公务员抑郁风险检出率在就业群体中处于中等偏上水平。由此可见，机关单位中社会心理服务对象数量多且需求大，而服务供应相对不足。第二，资源配置不均衡。服务对象的心理需求具有差异性，为此需要投入大量人力、物力、财力以培育心理专业人员并完善相应设施。但是，机关单位预算有限、心理人才不足，而如何配置资源达成目标成为一个亟待解决的难题。第三，服务缺乏连续性。许多机关单位往往缺乏专职、专业人员持续开展心理服务工作，并且不同领导对心理服务工作的认识与重视程度不同，从而导致机关单位社会心理服务过程缺乏持续性、系统性。

因此，机关单位应坚持守正创新，以问题为导向，以目标为引领，统筹人力、物力、财力等各类资源，加强人才队伍建设，确保社会心理服务体系建设工作持续深化，从而维护和提升职工身心健康，发挥其先锋模范作用，以中国式现代化全面推进中华民族伟大复兴。

三、实践和具体做法

机关职工社会心理服务的核心目标在于维护心理健全、提升心理素质及促进心理协调。为达成这一目标，机关单位需构建全面的社会心理服务体系，确保人、财、物、机构、机制这五大要素齐备，采取"一线 – 二网 – 三级 – 四环节 – 五原则 – 六体系"的服务模式，优化和完善服务流程，从而为职工提供全过程、全方位、全周期的服务。

（一）一线：心理热线

开通一条 7×24 小时机关职工公益心理热线，并组建由资深心理咨询师、家庭教育指导师和志愿者等人员构成的热线服务团队。接线前，需做好准备工作。首先，根据接线员专业特长，进行分类设置，接听不同类型的求助电话，让求助者自主选择接线员。其次，为接线员配备专门的手机或电话，或者由通信运营商将被叫主号直接分配到接线员的手机号码或网络账号上。接线时，经过热线疏导、预约服务、系统咨询三个环节，匹配专业人士与求助者进行面谈或电话咨询，并及时记录求助问题类型、接线数量等信息，围绕职场困惑、婚姻问题、亲子教育和心理危机干预等主题，为机关职工及其亲属（配偶、子女等）提供服务。接线后，进行热线服务满意度调查，定期收集服务对象对热线服务的意见和建议，对接线情况进行统计分析，并对下一阶段职工的心理状况进行研究和预测，从而优化和调整原有的热线服务方案。

（二）二网：人才供给网＋互联网

党的二十大报告强调，必须坚持科技是第一生产力，人才是第一资源，创新是第一动力。对于机关单位，人才和科技都是心理服务体系建设的核心要素。

密织人才供给网，即由心理专家、心理治疗师、心理咨询师、家庭教育指导师、志愿者等社会心理服务从业者组成的服务团队。首先，组建专家团队。通过与高校、精神卫生中心、学会和协会等组织合作，邀请专家顾问对工作进行督导，设计人才培训课程内容，定期评估重点心理服务案例，并提供全面和有效的解决方案解决职工的心理困扰。其次，组建专业团队。依托心理治疗师、心理咨询师等专业力量，通过专职和兼职等多种方式，为机关职工及其家属开展常态化专题讲座、心理测评和心理咨询等服务，以贴近生活的、寓教于乐的形式为其传授心理健康知识。再次，组建志愿团队。通过政府购买等方式，动员社会志愿者、社会工作者参与或开展活动，将心理服务带进机关、带进单位。同时，定期开展心理健康专题辅导活动，通过绘画、音乐欣赏和心理情景剧等多种形式，提供个体和团体辅导服务。最后，组建内部团队。在单位内部，挑选一批具有责任心、服务意识强、洞察能力强的基层工会干部或人事干部并对其进行短期培训，建立一支能够承担宣传员、示范员、报告员、联络员和指导员的心理服务队伍，构建集评估、预警、干预和提升等功能于一体的社会心理服务网络。

巧用"互联网＋"创新服务。汇聚心理专家、社会工作者、心理咨询师及志愿者等多元人才力量，开发互联网及微信服务平台，为机关职工提供全天候心理测评、自我心理调适、心理咨询、心理危机干预等服务。这些平台的主要功能包括：通过专栏以图文形式科普与宣传心理健康常识，提高职工对社会心理服务的接受度，从而为后续工作的开展奠定基础；心理专业人士可以根据自身情况在平台安排可预约时间，职工预约后可通过文字、语音或视频与专业人士在线沟通、交流；为职工及其家属提供线上测评，即时生成专业测评报告，通过定期测评建立并更新心理健康数据库。

（三）三级：三级服务人群

经过深入调查研究，以心理测评结果为基础，将服务对象划分为一般健康人群、心理问题人群、精神障碍人群三级，并针对不同人群的心理需求，提供相应的社会心理服务。

对一般健康人群，为其提供心理健康知识科普宣传、心理培训和心理测评等服务，目的在于防止身心疾病、维护身心健康、提高身心素质。机关单位开展形式多样的心理健康知识科普宣传活动，向职工传授心理自助技巧，如积极自我暗示、放松训练、阅读相关书籍和参加体育活动等，从而培养职工的自我调适和压力管理能力，引导其自我探索和成长。此外，为职工提供常态化心理测评服务，及时发现和解决潜在的心理问题，预防心理疾病的发生。

对心理问题人群，主要通过个体咨询和团体辅导相结合的方式为其解决心理问题，目的在于实现心理自助、消除心理困扰、促进身心和谐。其中，个体咨询重视深度挖掘心理困扰，在相对私密的环境下，通过专业心理咨询师的帮助，引导职工敞开心扉、厘清头绪，从而提升解决问题的能力。而团体辅导则更注重社会融入，通过集体讨论、角色扮演等形式，让职工互相分享个人经历和体验，寻找共鸣，从而提升其沟通能力和协作能力。

对精神障碍人群，实时关注其心理动态，必要时迅速对其进行心理危机干预，并提供转介服务，目的在于及时发现问题、及时转介治疗、预防心理危机事件。具体来说，在发现异常情况时，依据实际情况，调整其岗位或让其休息，同时第一时间进行转介和心理危机干预，并通知其家属，联系医疗机构，确保精神障碍患者得到及时、有效治疗。此外，定期组织康复训练课程，对患者的情况进行跟踪管理，帮助其恢复社会功能。

（四）四环节：四个关键环节

机关单位社会心理服务体系建设不能脱离日常管理工作，应当基于干部"选育管用"全链条工作机制，从加强干部职工队伍心理能力建设的目标出发，培育职工良好的心理品质。

1. 完善机制——"选"

在选拔任用职工时，不仅要关注其业务能力，还要考察其德才表现。要坚持正确用人导向和用人标准，采用科学有效的心理测评工具，评估职工的心理素质、自我调适能力和岗位胜任能力，重点关注其人格特征、价值观、信念及品质特征等方面。同时，完善心理测评档案管理制度，建立职工心理数据库，并对其测评结果进行保密，确保结果能够真实、全面地反映机关职工的综合素质，从而为选用、培养和任用优秀职工奠定坚实基础。

2. 创新方式——"育"

一是坚持党建引领、心理护航，实现两者充分融合。实际上，思想政治工作包括谈心谈话、思想交流、心理疏导、纾解情绪和关心关爱等内容。机关单位可以依托党校、警示教育基地等，开展爱国主义、业务知识和党内法律法规等教育活动，弘扬伟大的建党精神，厚植爱国主义情怀，培育机关职工积极乐观、自信自强的心态。二是针对不同工作性质，为机关职工提供有关的业务和心理技能培训，将提高职业素养与增强心理能力相结合。针对行政管理岗，通过案例分析、工作坊等方式，着重从公文写作、会务安排和接待礼仪等多方面对其进行培训。同时，通过心理健康讲座、团体心理辅导等形式，提升其心理素质和抗压能力，如情绪管理、时间管理和问题解决等能力，提高行政部门职工的工作效率和协同能力。针对教育、卫生等民生部门，在培养机关职工专业技能的同时，提升其沟通、协调和服务能力，从而帮助其更好地倾听服务对象的声音，了解服务对象的需求，提供有针对性的解决方案。此外，面对自然灾害、事故灾难、突发公共卫生事件和社会安全事件等紧急情况，机关职工应具备较强的应急处置能力和心理素质，以便迅速采取有效措施，保护民众生命财产安全。针对公安、检察院和法院等司法部门，可以联合专业机构，重点关注职工的工作压力、职业倦怠等问题，帮助其调整心态，提高抗压能力。

3. 强化监督——"管"

健全机关职工沟通机制、关爱机制、考核机制，完善心理卫生保障体系。一是建立沟通交流机制。加强日常谈心谈话，拓宽倾诉渠道，如设置内网留言板、匿名信箱等，帮助职工疏导情绪，缓解工作、生活压力。同时，定期与职工进行集体会谈、个人谈话，通过有效沟通，关心职工近况，帮助职工科学应对心理困扰，避免不必要的误会和冲突发生。二是全方位关心关爱职工，即从思想、工作和生活等各方面关心职工及其家属。在思想方面，持续开展教育引导工作，引导职工将个人职业发展与国家和社会发展目标相结合，坚定理想信念，加强精神文明建设。在工作方面，定期举办职业规划讲座、培训等活动，帮助职工提升自身能力和素质，为其职业生涯发展做好准备。在生活方面，为职工及其家属提供关爱与帮助。例如，将单位的心理健康服务对象延伸到职工家属，解决职工的家庭关系、亲子关系等问题。三是建立科学考核机制。从德、能、勤、绩、廉五个维度对机关职工进行考核和评估，并将心理素质作为考察职工德才的重要内容，要注重德才兼备、以德为先，全面提升职工整体素质。同时，公开考核流程、考核标准等相关信息，并及时将考核结果反馈给职工，鼓励职工提高工作绩效，从而激发职工的工作热情。四是完善机关单位社保制度。将心理筛查、心理咨询、心理评估等服务逐步纳入社会保险、社会救助、社会补贴等项目中，建立心理卫生三级防御，完善心理卫生保障体系，从而提升职工的身心健康素养，维护其身心健康。

4. 注重实践——"用"

坚持把基层一线作为职工成长的"练兵场"，提高其心理抗压能力和应变能力。同时，针对急、难、险、重等在岗人员，密切关注其心理动态，预防其产生心理疾病，做好事前预防、事中干预、事后保障全过程工作。例如，作为应急维稳的中坚力量，公安民警肩负着打击犯罪、保障民众安全、维护社会治安等重要职责，并且因工作压力大、工作时间长、接触的社会阴暗面多，以及案发现场视觉冲击力强等可能会产生一定的心理问题，因此需做好民警的社会心理服务工作。首先，在日常做好心理健康科普宣传活动，并建立完善的民警家庭支援系统，设立民警家属互助会和家庭关怀热线等。同时，定期对其进行健康检查，预防并及时发现潜在的身心健康问题，从而有效避免因心理问题导致的工作失误。其次，在执行任务时，民警可能会遇到嫌疑人突然逃脱、突发事件发生等紧急情况，在保证任务正常执行的情况下，机关可以派遣心理援助小分队跟随民警执行任务，或者在执行完任务的调整期，由心理专家及时提供服务，及时发现并干预可能存在的心理问题，采取相应措施减轻其心理负担，确保其心理状态不受影响。最后，任务结束后，若民警出现应激反应，需及时对其进行心理疏导和人文关怀，以帮助其调整心态、恢复心理平衡。

（五）五原则：五项基本原则

1. 政策性原则

政策性原则是社会心理服务体系建设的基础和保证。为深入贯彻落实中共中央办公厅关于《关于进一步激励广大干部新时代新担当新作为的意见》的决策部署，机关单位的社会心理服务体系建设必须坚持有策可依、有据可查，严格遵守相关政策规定，确保体系发展与国家和社会的发展方向相一致，通过部门密切配合、共同推进，从而激励广大机关职工新时代新担当新作为。

2. 专业性原则

专业性原则要求机关单位在体系建设过程中，运用专业心理学知识、社会工作的模式及社会治理的思维，按照服务对象的需求，提供专业化服务。因此，机关单位要注重专业人才的培养和引进，加强与高校、科研机构等专业机构的合作，组织专业培训和研讨，提高服务人员的专业素质和服务能力。

3. 实效性原则

实效性原则强调机关单位社会心理服务工作需具备实践性、可行性。职工的心理健康状况关乎政府机关的运营发展、国家职能的履行情况，以及人民对党和国家的信任。因此，机关单位应整合现有资源，优化资源配置，重视职工的心理健康问题，追求服务可操作性，确保服务实施见成效。在开展体系建设工作时，机关单位应当以提升服务效果为导向，充分考虑服务对象的需求和特点，结合实际情况制定个性化服务方案。同时，实时跟踪和评估服务过程，及时调整服务策略，以提高服务的实效性。

4. 针对性原则

机关单位社会心理服务体系建设必须遵守针对性原则。第一，心理服务体系的设计与实施需紧密围绕机关单位的实际情况及需求，充分考虑其组织架构、工作性质和人员特征等因素，因地制宜、因人而异，制定合理的服务内容体系、活动方案等，使社会心理服务能有针对性地解决机关单位职工存在的各类问题。第二，确保社会心理服务着力解决机关单位职工的共性问题及特有问题。也就是说，服务既要解决机关单位职工中共有的问题，也要针对职工本人及其家属解决其特有问题，点面结合，促进机关单位职工的心理健康。

5. 保密性原则

保密性原则是心理服务的基础原则，也是社会心理服务从业者的基本职业道德。此外，因为社会心理服务人员难免会接触机关单位重要部门及成员的信息，所以机关单位社会心理服务对保密性的要求更高。这就要求在收集和处理个人隐私数据时，必须严格遵循保密性原则，制定并实施完备的信息保密制度，运用有效技术和管理措施，防止相关信息泄露。另外，必须对服务对象进行教育和引导，增强其信息安全意识。

（六）六体系：六大内容体系

1. 科普宣传教育体系

通过专题讲座、编印科普图书等形式多样的心理宣传教育活动，引导职工正确看待、科学认知心理问题，增加其对心理科学的了解，鼓励职工主动接受并应用社会心理服务。相关活动的形式多种多样，主要列举以下几种。一是广泛开展心理健康巡讲活动。定期进行心理健康巡讲，包括职场减压、亲子关系和婚姻家庭等主题，以提升职工对心理健康知识的认知，强化心理科普和心理保健意识，从而有效消除其顾虑和误解。二是编辑并出版心理健康科普图书。编印心理健康相关手册，引导员工通过阅读解决日常生活中面临的情绪困扰等问题。三是持续组织大篷车活动，充分利用大篷车活动集科普、体验、咨询于一体的功能，将权威科研机构设计研发的科普展板和心理学仪器设备运送到各机关单位，通过心理学仪器、游戏等将心理学知识外化、可视化，让广大职工通过亲身体验，了解心理学知识，增强心理健康意识。四是发展互联网科普。依托微博、微信公众号、头条和知乎等新媒体平台，建立公众订阅号，由心理咨询师等定期编写并发布心理健康相关的图文、漫画、音频和短视频等。职工可以利用碎片化时间进行学习，帮助其便捷、快速地获取相关知识和信息，从而提升身心素养。五是开展考察体验活动。组织职工到实验室、心理咨询中心和心理健康教育研究基地等进行实地考察。通过参与心理科普讲座、参观心理学实验室等，了解心理学相关的科学研究和实际应用。六是推动建设"心理空间"。根据职工的需求，设置"休闲区""体验区""赋能区"等，并配备相应仪器和设备，提供能够放松身心、减压赋能的心理服务。

2. 测评体系

心理测评是心理服务开展的基础和前提。一是研发移动心理测评平台，如心理健康网络服务平台、网络心理评估系统和心理健康微信服务平台等。机关单位可通过自主研发或政府购买等方式，开发一体化服务平台，在手机端、PC 端响应职工的各种个性化需求，为其提供快捷、专业的心理测评服务，帮助其了解自身心理健康状况，实现心理自助。二是定期为职工提供心理测评福利。首先，采用线上测评、问卷调查、面对面访谈及情景测试等方式，对职工进行心理测评。其次，根据职工心理健康状况，将其划分为前文所述的三级人群，并及时向职工反馈科学客观的评估报告，鼓励有需要的职工寻求专业帮助和心理支持，降低心理危机事件发生的可能性。此外，向组织提供整体报告，以便领导和相关部门能够及时了解职工的心理动态，从而发现新趋势、新问题，为机关职工管理及相关决策提供有力的依据。三是建立职工心理健康数据库。收集职工心理数据并进行归类留存。同时，结合职业特点和岗位要求，从心理压力、情绪调节、人际沟通和家庭关系等方面，构建并更新职工心理健康评估指标体系和常模，这有助于实现对职工心理状况的全面掌握和有效干预，为维护职工身心健康提供数据支持。

3. 教育培训体系

在机关单位组建一支内部兼职心理服务队伍，有力推动社会心理服务体系建设工作的开展。一是培训内部心理服务人才，即进行心理健康辅导员培训。该培训旨在为学员提供包括心理学在内的多学科的理论知识和实践技能，通过专家讲座、技术研讨和结业考核，提高学员的情绪调节、压力管理及自我疏导等能力，提高其对潜在问题的识别和应对能力。该培训主要在三个层面发挥作用：在个人层面，帮助学员学会应对压力、解决心理困扰、缓解心理不适的技巧，从而提高职工的工作效率和生活质量；在家庭和人际关系层面，向学员传授改善家庭和人际关系的方法，促进不同成长背景人员的沟通协作，有效控制和减少负面情绪的传播；在组织层面，帮助学员和组织及时发现心理问题或障碍的高风险人群，并采取有效措施防止心理危机事件的发生，激发组织活力，改善组织氛围和工作环境，从而提升职工工作满意度。二是开展心理专题讲座培训。针对不同群体的突出问题和需求，开展心理减压、情绪调节、人际沟通、亲子关系和家庭婚姻等专题讲座培训。要注意合理安排培训时间和场地，邀请心理专家和专业讲师进行授课，采用课堂讲座、小组讨论、案例分析和角色扮演等方式，并借助在线课程、视频直播等现代化教学技术，提高职工的自我调节和抗压能力。

4. 咨询服务体系

运用心理学的方法，对产生心理困扰的职工提供有效的心理援助和专业帮助。一是广泛宣传心理热线和咨询。通过开展热线宣传活动、发放心理咨询宣传册等方式推广心理热线和专业咨询活动，引导有需求的职工积极主动寻求心理支持，及时获得心理咨询服务。二是打造线下服务平台。由专业机构、学会、协会和高校等成立专门的服务机构，采用政府购买方式，做好常态化心理疏导、答疑解惑等工作。同时，依托各级社会心理服务中心或各级工会，成立员工心理关爱中心，配备沙盘室、团体活动室和测评室等各类功能室，配套生物反馈、全息互动和虚拟现实等先进技术设备，提供综合性、科学性社会心理服务。此外，利用当地公园、旅游景区或红色教育基地等资源，建设特色户外活动基地，鼓励职工参与素质拓展、户外团建等活动，缓解其工作压力，建立和谐的人际关系，进一步提高工作效率和生活质量。三是提供心理咨询服务。为每位职工设定每年享受免费咨询的次数。一方面可以为主动寻求咨询的职工及其家属提供专业有效的帮助；另一方面为机关单位提供心理危机干预支持，预防心理危机事件的发生，并在心理危机事件发生时迅速有效地处理。

5. 心理疏导与危机干预体系

根据职工心理测评数据及心理风险程度，建立分类管理机制，构建危机干预体系。一是完善应急管理机制。处理危机事件会涉及卫生、公安等多个部门，因此机关单位应建立应急协作机制，对机关职工因心理危机引发的突发事件，积极做好事件调查、善后处置等工作，确保各部门间信息畅通、快速响应，共同解决心理危机问题。同时，及时公布事件信息并告知当事人家属，妥善应对心理危机极端事件，正确引导社会舆论，积极消除负面影响，对当事人的亲属、同事等相关人群做好安抚工作。二是制定并落实危机干预方案。组建心理危机干预团队，制定详细的干预方案，包括流程、方法、目标人群、时间、场地、设备和物资等。发现职工的受挫问题和所罹患的心理疾病后，根据不同程度的心理健康状况划分适用对象和重点对象，及时采取有效措施进行心理疏导和干预，对发现有严重心理疾病的职工，要及时安排休息和治疗。三是建立职工心理援助机制。坚持和完善谈心谈话制度，密切关注心理危机对象的所思所想和情绪反应，耐心听取职工个人诉求，及时帮助其调整心态、排解困惑、疏通心结。发挥基层党建作用，引导职工进行合理的宣泄和心理减压。建立兼职心理辅导员制度，拓宽心理援助途径，有针对性地对不同心理状态的职工进行心理帮扶。四是建立评估与监测机制。为干预对象建立个人危机干预档案，详细记录干预过程中的关键节点、干预措施及实际效果。定期对干预效果进行评估，了解干预措施改进空间，有针对性地进行调整，从而提升心理危机干预的有效性和专业性。同时，及时识别和发现可能的心理危机，发现问题立即启动心理危机干预预案；建立常态化监测机制，对心理危机对象进行后续跟踪，防止危机再次发生。

6. 保障与评估体系

一是加强保障，提升效能。为了确保机关单位社会心理服务体系的长期稳定运行，必须在各个方面予以全面的支持与保障。党政领导保障：机关单位社会心理服务工作要始终坚持党的领导，服务于改革开放的大局，全面贯彻党的政策精神。政策保障：各机关单位应深入研读相关政策文件，并将社会心理服务纳入年度重点工作和党建工作。资金经费保障：在财政预算中列支心理健康费用，以确保机关单位职工心理服务工作有足够的经费支持。人才队伍保障：与专业机构、当地高校等达成合作，引入外部专业人员，并积极培养内部心理人才，为机关单位社会心理服务的顺利开展提供人力资源和专家支持。二是科学评估，总结经验。要充分考虑职工的年龄、性别、职务、工作岗位和心理需求等因素，全面开展职工满意度调查工作，鼓励职工对心理服务工作的不足之处提出建议和意见，以便今后加以改进和完善。此外，在组织领导下，通过科学检验，由第三方评估机构对机关单位社会心理服务体系建设工作的流程、服务内容和服务质量等方面进行全面考核，并总结经验以改进心理服务的内容和方式，为职工提供更好的心理服务。

四、展望未来

经过多年的探索与实践，我国机关单位社会心理服务模式已取得明显成效，具体表现在以下几个方面：职工心理健康水平逐步提升；严重焦虑的职工人数比例略有降低；职工心理健康意识逐步增强；在突发事件发生时，主动请求心理援助行为数量逐渐增多。未来，机关单位社会心理服务体系建设工作仍需注意以下几点。

1. 促进思想政治工作与社会心理服务的融合

根据党建实际，制定《机关职工心理健康发展纲要》，将社会心理服务工作与思想政治工作相结合。同时，针对实际情况开展工作，督促各部门关注职工的思想动态，引导其形成积极向上的心态。

2. 探索心理理论研究与实际应用的结合

结合实际情况，通过定期开展机关职工心理健康状况调查，研究问题成因，分析职工心理规律，积极探索机关职工心理服务工作的服务原则和运行机制，重点研发具有特色、反响良好、效果显著的心理服务项目，运用科学的理念和方法引导职工以积极乐观的心态面对工作和生活，并努力应对在全面深化改革任务中所面临的挑战。

3. 关注身心健康与端正从政心态相结合

身心健康是机关职工保持良好工作状态的基础，不仅关乎其个人的职业成长，而且影响着政府工作的效率和公众对政府的信任度。因此，应将预防身心疾病、维护身心健康及提升身心健康三个目标相结合，帮助机关职工以坚定的政治立场、高度的政治责任感和严谨的工作态度，完成政府工作的目标和任务，全心全意为人民群众服务。

4. 推动社会心理服务体系建设内外部相结合

由于机关单位服务群体的规模庞大，仅靠专业心理服务力量难以满足需求。因此，在机关单位中，还需要灵活调动内部心理服务人员，充分发挥其在科普、宣传、联络、指导和示范等方面的作用。

第二节　企事业单位中的社会心理服务体系建设

一、概述

　　企事业单位是社会心理服务体系建设的重要领域，关系员工生活成长、企业经营发展与社会安定和谐。面向中国式现代化的企事业单位社会心理服务体系建设，需坚持本土化、时代化，深入调查研究，以心理学等学科的技术和方法作为柔性手段，优化"事前预防、事中干预、事后服务"的策略，组建专业化人才团队，积极赋能内部员工，建立健全心理危机干预、保障与评估机制，构建"自我－家庭－亲朋邻里与同学同事－社区（村）与组织（单位）－专业机构与行业组织－政府与法治－社会与文化－生态环境"八层社会支持系统，提供全周期、全流程、全方位社会心理服务，实现员工需求与企事业单位需求相结合，员工目标与企事业单位目标相统一，从而满足员工的多样化需求，为员工美好生活赋能，提升组织管理效能，促进企事业单位高质量发展。

二、背景

　　员工是企事业单位的核心，而企事业单位是社会的重要组成之一。加强员工及其家属的心理服务，既能提升员工的安全感、幸福感、获得感，又能提升企业运营效率，促进企业稳定可持续发展，从而为社会提供更多就业机会、创造更大经济效益，有利于社会进步与和谐稳定。由此可见，健全和完善企事业单位社会心理服务体系，功在当代，利在千秋，对提升员工心理健康水平与幸福感，实现企事业单位治理现代化至关重要。

　　为此，2016 年，《关于加强心理健康服务的指导意见》明确要求普遍开展职业人群心理健康服务。全国社会心理服务体系建设试点工作于 2018 年正式启动。此后连续几年，国家卫健委等多部门多次联合发文明确每年试点工作的重点任务。2019 年，健康中国行动推进委员会公布《健康中国行动（2019—2030 年）》文件，在"（五）心理健康促进行动"的针对社会的 4 项行动措施中，也明确提出了对员工心理健康服务的相关内容。同年，《健康企业建设规范（试行）》提出，"鼓励设立心理健康辅导室。制订并实施员工心理援助计划，提供心理评估、心理咨询、教育培训等服务。"2022年，国务院办公厅发布《"十四五"国民健康规划》的通知，在"（四）加强职业健康保护"中，强调"强化职业健康危害源头防控和风险管控""完善职业病诊断和救治保障""加强职业健康促进"。从上述国家政策可以看出，企事业单位社会心理服务体系建设强调融合心理工作、社会工作和社会治理，兼顾微观、中观和宏观，创新设计出全方位、多元化、综合性的配套服务项目，为我国员工心理健康与幸福感提升保驾护航。

回顾过去，员工帮助计划（Employee Assistance Program，EAP）已进入中国20余年。作为一项面向员工及其家庭成员提供的系统且长期的心理援助和福利计划，EAP服务是社会心理服务在企事业单位的一个缩影。EAP服务为社会心理服务体系建设做出了巨大的贡献，但是，我们也从EAP服务中看到企事业单位社会心理服务目前存在的挑战，主要包括以下三个方面。一是观念挑战，涵盖管理团队和基层员工的观念。大部分企业管理团队没有意识到社会心理服务的重要性，但无论对员工个人还是企业发展，心理服务都大有裨益。此外，社会心理服务在组织内部的实施，也需考虑基层员工的认知和态度。许多企业员工对社会心理服务认识不足，没有意识到其对个人身心健康、家庭幸福及职业成长方面的益处。二是专业性挑战，包括服务人员不足及其使用的方式或方法专业度不够。为企事业单位提供社会心理服务，需要融合管理学、心理学和经济学等多学科的技术方法。然而，国内同时具备并熟练运用多学科理论和实践技能的人才短缺，且心理学专业人士大多采用一对一的心理服务模式，不符合企事业单位基层员工人数多、构成复杂的特点，导致心理服务成效低、见效慢。三是成本挑战，尤其是人力成本。社会心理服务本质上是一种服务方式，而服务的最大成本往往就是人力成本。在目前的工作中，由于信息化与数字化技术应用的不足，导致人力成本比例较大，服务项目整体成本居高不下，从而给企事业单位投资心理服务项目带来更大的困难。

因此，接下来我们要推动EAP服务本土化建设，也就是面向企事业单位的社会心理服务体系建设。具体而言，在政策规范的引导下，运用专业的心理学技术，社会工作主动利他的工作模式及社会治理的底线意识和系统思维，根据不同企业的实际情况与文化特色，通过加强服务与实践，构建起以员工为中心的全方位、全周期、多元化的社会支持系统，其全面支持、全员参与、全周期、全覆盖等特征及优势恰好弥补了现有服务的不足与缺陷，有利于达到促进员工身心协调发展、提升企业核心竞争力、推动全社会各行各业高质量发展等目的。

三、实践和具体做法

（一）加强工作体制机制建设

企事业单位社会心理服务工作要有强有力的组织领导，上下联动、共建共育，从而确保整个体系建设工作扎实推进。

1. 工会搭台

中华全国总工会（以下简称总工会）依托各基层工会加强与企业、专业机构的共建，将关注员工心理健康融入工会日常的员工教育、关怀和维权等工作中。由总工会整体布局、制订计划，通过购买服务等形式整合内外部资源为企业提供专业心理服务，由各级基层工会落实执行各项具体工作，有序推进、定期交流并改进服务。例如，广东省广州市黄埔区总工会积极探索建设员工心理健康服务体系，三级工会共建、工会与专业机构共建、工会与企业（联合）共建。工会干部及联络员通过系统、专业的心理培训与认证，将所学技能应用于工会工作，创新工会工作方法，做员工矛盾的"侦察兵"，做员工与组织之间的"润滑剂"。

2. 自助模式

尚未组织成立或加入工会的企事业单位应当自行在内部成立领导小组或其他相关运作部门。由负责人担任总指导，人力、安全等部门协调联动，将企事业单位社会心理服务写入制度中，明确各级各部门的职责。通过职能划分及人员配置，推动运行体系各项制度更好地贯彻落实。例如，由公司董事长担任总指挥，联动工会、人力、党委办公室共同发力，设立专项资金以保障工作推进，健全稳定可持续的投入机制。

（二）构建围绕员工的全方位支持系统

瞄准员工心理需求的最大"公约数"，画出企事业单位社会心理服务体系建设的最大"同心圆"，构建一个以员工为中心的全方位、全周期、多元化的社会支持系统。

1. 员工自我支持

发挥前端预防作用，创新心理健康科普宣传教育的内容与形式，号召每个人都成为自己身心健康的第一责任人。一是培养员工自主学习心理学知识的习惯。通过推荐心理学图书，以及开展线上阅读分享活动等，引导、鼓励员工阅读、学习，并促进员工定期分享、交流学习心得。二是支持员工心理自助。建立心理服务自助机制，如心理沙龙、自助心理测试等，帮助员工调整认知、培养习惯，引导员工在需要时使用放松训练、合理情绪疗法和精力管理等技术，学习自我调适、压力管理及情绪调节等方法，提升心理健康水平。

2. 家庭支持

家企共建，稳定家庭"大后方"，让员工更安心地全力投入工作。一是开展各类家庭活动，如家庭工作坊、员工子女夏令营和亲子运动会等，为员工建立亲子沟通互动的平台，让员工家属走进来，了解员工的工作环境和工作日常，增强家庭对员工工作的支持。二是建立员工家访机制，对困难员工、需帮扶员工等定期进行上门家访，与员工家属进行深入沟通和交流，获得家属支持，对有心理困扰的员工要了解其问题产生的深层原因，帮助员工化解心结、排忧解难。

3. 同事互助支持

引导同事间的相互接纳、互助共情，为彼此提供心理支持、满足心理需要、排解心理困扰，改善个体的亚健康状态。建造活动室、阅览室和咖啡间等场所，成立乐队、球队和社团等组织，因地制宜地开展户外团建、体育比赛和文艺晚会等文体活动，促进员工间的沟通、交流，营造出员工之家的温馨氛围。以同事间的互帮互助，助推员工个人的心理健康，促进员工之间、员工与组织之间和谐相处，预防和减少不良心态和极端行为的出现。

4. 组织支持

根据员工需求和企业需要，以社会心理服务提高员工身心素养，优化组织管理。一是提供链条化、精准化心理服务。基于调查研究结果，识别和发现企业与员工的心理服务需求，探索建立适合企业文化和员工发展的社会心理服务项目，通过事前预防和宣传教育、事中干预和治疗、事后保障和评估，提供链条化、精准化心理服务。二是打造员工互助、自组织的生态模式。首先，通过参与各类活动，员工能够锻炼自身技能，提高专业素养，实现自我管理。其次，通过充分整合组织内外部的资源，员工结交新友，互帮互助，拓展人脉资源。最后，根据兴趣和需求，员工发挥专长，协同创新，实现共同发展。

5. 专业机构支持

企事业单位可通过购买服务的形式，让专业机构发挥专业力量开展社会心理服务工作。一是制订服务计划。专业机构应该根据服务对象的实际需求，制订详细的服务计划，确保员工能够享受全面、细致的心理服务。二是建立专业团队。组建专业心理服务团队，团队成员应拥有专业的心理学知识与丰富的实践经验。三是建立合作关系。专业机构和服务对象应建立长期稳定的合作关系，通过定期沟通和反馈，不断优化调整心理服务内容和方式，提高服务质量。四是注重隐私保护。专业机构应与服务对象签订保密协议，明确双方的责任和义务，确保在提供心理服务的过程中保护好员工的个人隐私。

6. 政府与法治支持

政策文件和法律法规可在宏观层面为企事业单位社会心理服务体系建设给予指导和支持。例如，2020 年，福建省龙岩市总工会、卫生健康委员会制定的《龙岩市企业员工心理健康服务工作实施方案》明确了员工社会心理服务体系建设的目标任务，并从全面开展心理健康促进与教育、全面开展员工社会心理服务、做好心理危机预防和干预、做实重点人群社会心理服务等四个方面部署了具体工作。

7. 社会与文化支持

良好的企业文化与社会环境能够激发员工的工作积极性，从而提升企业核心竞争力。企业文化由内而外分为精神层、制度层和物质层三部分。一是精神层，包括管理哲学、企业道德和企业价值观等。企业可以通过思想政治工作、内部员工培训和心理健康宣传教育等，激发员工的主人翁意识，增强其对组织的认同感、信任感和责任感。二是制度层，包括企业规章制度、行为准则等。企业可以制定与社会心理服务相关的规章制度及实施方案，规范社会心理服务的流程和标准，确保社会心理服务的质量和效果。同时，通过制度建设，弘扬中华传统美德，从而规范员工的自身行为。三是物质层，如办公设施、场地和软硬件等。例如，将中华优秀传统文化元素融入心理服务室等软硬件的建设，打造沉浸式文化育人环境。

8. 生态环境支持

坚持天人合一、万物共育的生态理念，把心理健康科普、情绪压力疏导和心理团辅活动等融于户外空间，让员工在游玩、散步、观景的过程中放松身心、舒缓压力、自然疗愈。一是发挥植物带给人的生命力和感染力作用。通过自然景观、园林景观和园艺活动等，降低自然缺失症，增强对现实的理解力和掌控感，获得关于生命、生长、生活的体悟。二是发挥优美自然环境对人的滋养作用。通过来自视、听、嗅、味、触的五感刺激，感受人与自然的和谐共生，探索文明、健康、绿色、环保的生活方式。通过构建人与自然生命共同体，在自然生态中调整心态，修心养性，涵养道德，把理性平和的心态融入生活、工作、事业，提升员工的获得感、满足感和幸福感。

（三）提供全流程社会心理服务

社会心理服务体系覆盖事前、事中、事后全链条、全周期的整个工作机制。在企事业单位中开展社会心理服务体系建设工作，需基于调查研究且有针对性地采取措施。同时，做好常态化预防，以心理服务赋能管理工作，并且及时处理心理危机事件。最后，加强评估机制建设，实现服务流程的闭环。

1. 做深做实调查研究

从员工工作满意度调研和心理服务需求调研两方面入手，采用访谈、问卷和观察等多种形式，及时发现问题，撰写专业、科学的调查报告，为后续工作提供依据。一是工作满意度调研。通过对工作满意度的调查，可以深入了解员工对待外部环境、组织公平性等的看法，及时通过沟通的方式解决部分误会或矛盾。同时，工作满意度调查可以反映出导致员工不满意的因素，从而帮助管理人员进行查漏补缺，及时调整工作实施方案。二是心理服务需求调研。通过线上问卷、线下走访等方式开展专项调研，倾听员工心声，摸清员工心理需求、思想动态与发展诉求。同时，定期为员工进行心理测评，全过程监测并及时更新员工心理状态数据，建立员工个人心理档案。最后，有针对性地出具专项调研分析报告，为后期资源合理化配置和定制化服务设计提供建议及参考数据。

2. 做好常态化预防

（1）加大科普宣传力度

与思想政治工作相结合，通过"线上＋线下"双平台大力开展心理健康科普宣传活动，提升员工对社会心理服务的知晓率与接纳度。在线上，通过在微信公众号、官方网站等多平台开设心理专栏，定期发布与心理学、时事政治热点等内容相关的文章和视频；开通心理热线电话并张贴于宣传栏或员工手册上，由专业社会心理服务工作者轮流值班，及时为存在心理困扰的员工提供心理辅导；开通邮箱24小时留言功能，为员工提供隐秘的诉求平台。在线下，通过播放企业文化宣传片、张贴宣传海报、发放宣传折页、开展"5·25"心理减压活动和组织举办专题讲座等方式进行广泛的宣传，提高员工对心理咨询、心理疏导等服务的接受度。通过线上和线下心理健康宣传教育活动，提升员工对心理健康的关注度和认知；开展团体辅导、绘画解压和心理游戏等体验活动，帮助员工在轻松欢乐的活动氛围中加深对自我的认知、识别人格特质、了解负面情绪与压力来源，并学习应对方法。

（2）加强信息化建设

充分利用先进的数字技术、智能技术，不仅有助于减少人力成本，而且可以促进员工工作提质增效。一是利用移动互联网技术，提供快捷、跨地域的整体服务交付。可自主或依靠专业机构研发社会心理服务一体化平台，集科普宣传、心理测评、心理咨询、培训和效果评估等功能于一体，实现早期发现、早期预防、早期应对，为企事业单位提供一站式、全周期的服务。同时，该平台还需具备清晰、成熟的服务流程，即每个流程环节有合理的可检验里程碑事件。比如，初期里程碑事件可以是服务需求诊断报告书；中期事件可以是员工使用率回顾与改进报告书；后期事件可以是项目效果评估报告书。二是利用人工智能大型对话模型，提升服务效率和质量。人工智能大型对话模型是一种基于深度学习技术的自然语言处理模型，能够根据用户输入的内容生成流畅、连贯、有逻辑的对话。利用人工智能大型对话模型，在社会心理服务一体化平台上，提供在线咨询、问答和指导等服务；在心理自助技术上，提供情绪急救、精力管理等自助方法，并根据用户反馈进行调整和优化；在团体活动上，提供互动游戏、故事创作和音乐生成等多媒体内容，增加用户的参与度和乐趣；在数据收集和评估上，提供问卷调查、心理测试和效果评估等工具，提高数据的质量和可信度。

3. 完善人才队伍建设

为确保企事业单位社会心理服务可持续发展，企事业单位应组建内外两支队伍，建立培训机制，加强心理服务的自我造血能力。首先，外部队伍主要由心理咨询师、心理治疗师、精神科医生和家庭教育指导师等人员组成，按照统一标准，设计和实施社会心理服务方案，所提供的服务主要包括心理测评、心理咨询、心理健康宣传教育和心理危机干预等，帮助员工解决心理困扰并保持良好心态，从而提升其工作积极性。其次，由董事长、部门经理、部门主管和基层组长等各级管理人员组成一支内部队伍。组织管理者负责教育指导下属及带领团队，同时进行自我管理提升，需要从员工、团队及自身等多方面做好日常工作。对于员工，管理者必须具备一定的亲和力、观察力，与员工建立信任关系，关注其心理动态，从衣、食、住、行等各方面关心关爱员工。同时，运用需求层次理论、公平理论、期望理论和行为矫正理论等心理学理论，增强员工成功的自信心。对于团队，管理者应设置清晰及有一定挑战性的目标，明确团体规范，促进团队内的良性竞争与友好合作，从而增强团队士气和凝聚力。同时，拓宽沟通反馈渠道，避免出现群体极化现象。对于管理者自身，需综合考虑员工特征、环境及与下属的关系等因素，选择适合的领导性格、作风和行为等，正确使用权力性与非权力性两种影响力，提升领导与管理艺术，从而提高员工的忠诚度，优化领导工作效能。

4. 优化组织效能

（1）与党建工作结合

首先，通过实施员工心理健康教育，加强党建工作的宣传与普及，将党建工作的思想引领、价值导向等元素融入心理健康教育活动，引导员工在心理层面学习党的优良传统和作风，从而激发员工的工作热情，坚定理想信念，促进党建工作的顺利推进。其次，在党员日常理论学习中，开设心理学课程，通过学习心理学基本理论，引导学员积极探索、认识自我，从而明确个人目标、坚定信念。同时，向他们传授压力管理、情绪调节等相关心理技术，提高其在解决问题时的抗压能力、应对能力和自我调节能力。最后，深入了解干部情况，及时掌握干部的思想动态和心理状态。把干部的心理素质作为考察干部德才的重要内容，把心理调适能力作为衡量干部综合能力的重要方面。

（2）与人力资源管理工作结合

第一，选人时，运用职业能力测试、面试评估等方法，针对岗位需求，全面考察员工的性格特点、专业技能和沟通协作能力等，选拔合适的人才，增强人岗匹配度。第二，用人时，以人性化的管理方式激发员工的工作积极性和创新能力。同时，建立健全内部晋升机制，综合考虑员工的绩效结果、团队协作能力、专业技能和创新意识等，完善人才选拔机制。第三，育人时，通过心理测评工具了解员工的心理需求和发展潜能，为其提供职业指导、咨询服务及专业培训。培训内容主要包括专业类和认知类两方面的课程，由此可以帮助员工提升职业素养，处理人际关系，维护身心健康。第四，留人时，以良好的同事关系为员工提供心理支持，以公平的薪酬制度给予员工保障，以强有力的组织领导稳定员工情绪。具体而言，注重团队建设，通过举办比赛、培训等活动，加强同事间沟通与协作，增强员工凝聚力、向心力；建立合理的薪酬制度和福利体系，从衣、食、住、行等方面关心员工，提升员工归属感、认同感；当进行组织变革时，要对员工进行心理调适，帮助其度过变革期，培养员工信任感、忠诚度。

（3）与安全生产管理工作相结合

在日常工作中，要标准化、及时性地开展心理筛查与追踪，预防员工在工作过程中出现个人心理危机进而导致安全事故的发生，对潜在的安全隐患进行排查。此外，要做好安全培训、安全教育，在传授安全工作技巧的同时，开展压力应对、工作与生活协调、自我调适和挫折应对等专题培训或咨询，帮助员工掌握提高心理素质和心理能力的方法和技术，提升其心理韧性。发生生产安全事故后，要第一时间通知医疗机构救治和安抚伤者，同时对当事人进行心理危机干预，努力将心理伤害降至最低。此外，及时联系当事人的家属、同事等相关人员，做好心理安抚和疏导工作。持续关注事故经历者及相关人员的心理动态，发现或识别问题后及时提供心理疏导和咨询服务，帮助其尽快回归正常生活。

5.构建心理危机干预机制

（1）建立心理预警分类机制

即根据员工心理风险程度，将其分为轻、中、重三个等级，从而构建三级心理预警管理体系。同时，针对不同级别预警需组建不同的工作小组。一级预警情况下，基层管理人员需定期开展心理科普宣传工作，在日常生活中关心关爱员工，实时关注其心理动态，第一时间消灭心理风险的苗头；二级预警情况下，中层管理人员需经常与员工谈心谈话，为员工提供额外假期、弹性工作和家庭关怀等一系列福利。同时，在发生紧急情况时，及时联系保卫、工会等各部门并且协同处理，密切关注员工的异常心理，及时干预超出保密例外的紧急情况，无法解决时上报为三级预警；三级预警情况下，立即引入专业机构开展心理测评、定期追踪和治疗干预等工作，必要时打破保密原则，启动心理危机干预，协调专家开展具体工作。

（2）解决一般心理困扰

主要有个体心理辅导和团体心理辅导两种类型。一是开展个体心理辅导。在工作方面，职业生涯规划不清、工作风险高和对薪资分配不当等情况有可能引发员工的心理问题。在生活方面，员工可能会因夫妻矛盾、邻里不和及亲子教育等问题导致出现失眠、焦虑。在平衡工作和生活方面，家庭角色、职场角色等常产生冲突，尤其是如何平衡事业和家庭成为大多数员工面临的问题，难以适应多重角色也有可能使员工产生心理困扰。专业人员应针对不同情况提供个性化服务，为员工疏导情绪，解决问题。例如，对于处于业务繁忙期的员工，向其传授减压技巧，引导其按照时间管理"四象限"法则自行安排工作，帮助其理清工作思路；对于从事高危行业的员工，引导其模拟伤害，通过体验身体部位受伤害后可能产生的不便，增强其安全防范意识，达到警示教育的作用；对于婚姻存在问题的员工，可以通过家访上门调解，为员工及其配偶提供沟通和倾诉的桥梁，消除误会。二是开展团体心理辅导。以多媒体教学和现场模拟相结合的方式开展团体辅导，采用经验交流、小组讨论、案例分析、角色扮演、心理沙龙和拓展训练等体验式活动，确保活动有趣且富有挑战性。团体成员可以围绕某一主题，分享自己的看法并理解和回应他人的观点，提出各种想法和解决方案，从而提高员工的沟通能力并激发其创新思维。同时，通过互相帮助与支持，员工间能够迅速打破人际壁垒，建立友谊，为员工创造充满关爱和支持的工作环境。活动结束后，及时收集团队成员的反馈意见，了解辅导活动的效果。同时，对辅导活动进行总结，提炼成功经验和不足之处，为今后的团体心理辅导提供参考。

（3）应急处理心理危机

首先，心理危机事件发生时，应迅速组建危机应急小组、召开会议，对危机对象实施 24 小时监护，及时与危机对象的同事、家属取得联系，给予解释说明并保持有效沟通。其次，专业人员进行心理危机干预评估与现场心理救援，单位工作人员进行事后追踪和处理，心理危机干预专家组负责提供专业意见，对危机干预过程及预后进行督导，宣传部门负责舆情应对。若经专业人员诊断，危机对象患有精神疾病，及时联系医疗机构进行治疗，并做好相关记录。最后，进行危机后跟踪管理。对已经渡过心理危机的员工，仍需要对其进行心理疏导和心理评估，通过定期沟通与反馈，了解其在恢复阶段遇到的问题，并及时给予当事人及其家属一定的物质和精神支持，帮助其重返工作岗位。

6. 强化保障与评估

一是完善保障机制。加强组织领导，即由专门的领导小组统筹规划，明确分工和权责，主要负责社会心理服务项目的规划和管理、社会心理服务供应商的选择和评估、员工心理健康状况的持续监控、社会心理服务一体化平台的日常维护，以及各类心理服务项目的运营策划等工作；培养专业人才，通过遴选、培训和考核等持续培养社会心理服务专业人才，从而提高社会心理服务工作者的专业性；加强经费保障，设置专项资金支持社会心理服务工作的开展；设立心理服务室，配置沙盘游戏室、心理测评室、阅览室和音乐放松室等活动室，并开发一体化平台等社会心理服务产品；引进专业机构以提高社会心理服务的专业性和科学性，内外兼施，从而完善社会心理服务体系建设；建立健全全周期、全流程企事业单位社会心理服务工作机制，坚持问题导向与目标导向相结合，将事前的预防和宣传教育、事中的干预和治疗、事后的保障与评估结合起来，运用系统思维以全局视角解决问题。二是健全评估机制。首先，建立员工信息反馈机制，及时了解员工对社会心理服务的意见和建议，并加以改进和完善。其次，与外部机构合作，对企事业单位社会心理服务实施效果进行评估，制定季度或年度效果评估方案等，定期有针对性地回顾企事业单位采取的干预措施带来的成效，并总结经验，及时有效地反馈评估结果。最后，在评估企事业单位绩效的过程中，可以把社会心理服务效果作为其中的一个关键指标，并从员工心理健康状况、员工工作表现和团队凝聚力等方面来衡量，从而反映单位对员工心理健康的关注程度和投入力度，为后续的社会心理服务工作提供有力的依据。

四、展望未来

企事业单位社会心理服务体系是一项针对员工心理健康而设计的创新服务。目前，我国企事业单位结合自身实际情况和特点，在社会心理服务体系建设方面有一定成效，未来仍需注意以下几个方面。

1. 微观层面

一是丰富服务内容，不仅包括心理咨询、心理危机干预和心理测评等传统项目，还包括情绪急救、精力管理等前沿技术，以及团体活动、公益互动和文化建设等多维度服务，让员工在丰富多彩的活动中提升心理素质。二是创新服务形式，不仅利用电话、视频和面对面等传统渠道，还利用人工智能大型对话模型等，为员工提供在线咨询、问答和指导等服务。三是可视化服务效果，不仅通过问卷调查、满意度评价等传统方式，还通过数据收集、分析和展示等科学方式，为员工和企事业单位提供服务使用率、效果评估和风险预警等数据支持。

2. 中观层面

在企事业单位内部，设置专门负责社会心理服务体系建设的部门或小组，明确职责分工，制定工作计划和目标。同时，完善沟通和协作机制，不仅要加强与其他部门和单位的沟通与协作，还要与专业机构保持沟通，及时将组织和员工对社会心理服务的感受和建议反馈给专业机构，让其根据实际情况调整和优化服务内容和方式，共同推动社会心理服务体系建设工作。

3. 宏观层面

加强政策支持和立法保障，建立完善的法律法规体系，明确企事业单位在社会心理服务体系建设中的责任和义务，从而提高企事业单位对该工作的重视程度。同时，鼓励企事业单位进行社会心理服务体系建设的创新和实践，为其他企事业单位提供借鉴和参考。

第三章

医疗卫生系统中的
社会心理服务体系建设

3

第一节　卫生健康部门与社会心理服务体系建设

一、概述

卫生健康部门作为国家心理健康和社会心理服务体系建设的推进部门，有着完善心理健康相关政策、民众心理健康监测和评估、心理问题防治和建立健全社会心理服务体系等重要作用，是建设健康中国、平安中国、幸福中国的关键环节。本节基于山东省青岛市城阳区卫生健康部门对社会心理服务体系建设工作经验的概括，讲述如何搭建社会心理服务网络、打造全链条服务模式及开展全生命周期社会心理服务，形成全面、深入、有效的社会心理服务体系，提升人民身心素质与幸福感。

二、背景

当前，我国正处于经济社会快速转型期，人们的生活节奏明显加快，竞争压力不断加剧，个体心理问题及其引发的相关社会问题日益凸显。国民心理问题引起社会各界广泛关注，党的二十大报告指出，要重视心理健康和精神卫生，提高国民心理素质，保障国民身心健康。

2016 年，中共中央、国务院印发的《"健康中国 2030"规划纲要》指出，要加强心理健康服务体系建设和规范化管理，加强常见精神障碍和心理行为问题的干预，对重点人群心理问题进行早期发现并及时干预，致力于提升全民心理健康素养。这明确提出了解决国民心理问题的方法和路径，即加强心理服务体系建设，提升全民心理健康素养。党的十九大报告明确指出，要加强社会心理服务体系建设，培育自尊自信、理性平和、积极向上的社会心态，确立了以社会心理服务体系建设为核心的国民心理健康推进方向。由此可见，加强本土社会心理服务体系建设是加强和创新社会治理的必然要求，积极探索适应社会治理需要、社会发展需要的社会心理服务新模式、新思路、新方法。因此，作为在社会心理服务体系建设中起协调与推进作用的部门，卫生健康部门有责任联动各部门工作，搭建社会心理服务网络，建立健全心理服务模式，提升国民心理素质，维护社会的和谐稳定。

近年来，在卫生健康部门与其他有关部门的通力合作下，许多地区的社会心理服务体系建设取得了一些成绩，填补了当地社会心理服务的空白，提高了民众保持身心健康的能力，降低了心理问题引发极端事件的发生率，丰富和完善了社会心理服务体系建设的内涵，为国民心理健康做出了重大贡献。

三、实践和具体做法

（一）坚持体系化构建，搭建社会心理服务网络

1. 建立责任明确的管理制度

建立责任明确的管理制度是建设社会心理服务体系的重要一步。以山东省青岛市城阳区为例，通过成立"一组一办一专班"，由当地政府部门主要领导兼任社会心理服务体系建设领导小组组长，构建起党委领导、政府主导、部门参与、社会协同的发展格局。领导小组办公室设在卫生健康局（可根据当地情况设在其他部门），负责社会心理服务体系建设日常管理工作，包括但不限于定期召开会议，制定工作规划、年度计划和工作方案，组织开展技术指导、督导检查和培训等，及时汇总、上报工作信息，协调解决建设工作重点难点问题。领导小组办公室下设工作专班，抽调业务骨干，实体化运转。

而后在"一组一办一专班"架构基础上，建立完善心理诊疗服务网络与人才管理机制。成立心理健康专家指导组，负责该地区心理健康和精神卫生防治技术指导和工作督导，为突发公共事件开展心理危机干预和心理援助提供技术支持。加强精神专科医院建设，普及心理诊室，通过医疗联合体建设[①]，发挥精神专科机构的技术优势。建立人才管理中心，收集具有心理健康服务资质的专业社会心理服务人员信息，发掘并培训相关人员，为区域社会心理服务体系建设和社会心理风险防控能力提升奠定人力

---

① 将同一区域内的医疗资源整合在一起，形成一个医疗互助与共享的系统。通常是由区域内的三级医院与二级医院、社区医院和其他医疗组织等，共同组成一个医疗联合体，形成一个区域内分级诊疗的上下联动的互助医疗组织与系统。

资源基础。通过培训、带教、实操，强化医疗机构心理门诊、心理咨询室与专业人才的专业服务水平，提高社会心理服务能力。

2. 健全线下服务网络

加强各部门协调合作，各司其职，带动其余线下服务网络的构建和运行。通过面向各政府部门、单位及相关机构组织，招募心理健康、精神卫生、教育、社会工作和公共管理等各领域人才，进而构成心理人才库，并对其中的人员开展心理技术的培训和督导，提高其从事心理服务的能力和水平，为心理健康服务工作储备力量；建立社区心理服务平台，为社区居民开展心理健康评估和心理疏导服务，保障民众心理健康；针对各类人群（如老幼少孕残、存在心理问题或疾病的人群等），在相关部门建立社会心理服务场所，并与社区社会心理服务平台建立联系，加强对各类人群心理状况的了解，开展个性化社会心理服务；构建医院与社区、单位和学校等互联互通架构，定期派遣医生和社会心理服务人员为民众展开心理科普讲座、心理疾病筛查和心理咨询等。以山东省青岛市城阳区为例，依托部门协作、心理专业人才培养、心理服务场所搭建三条路径，健全线下服务网络，聚焦破解社会心理服务运行模式单调枯燥的突出问题，推动了社会心理服务体系建设，走出了社会心理服务高质量发展新路子。

3. 推动线上心理服务

数字化技术的发展对社会心理服务建设有着极其明显的推进作用，卫生健康部门可以基于数字技术构建线上社会心理服务平台，为民众提供更为便捷、多元的社会心理服务。通过录制心理网络课程，鼓励民众学习心理健康相关知识，提高民众对心理健康的认知水平；邀请专家入驻网络平台，民众可通过网络与专家实现远程心理咨询；设立心理健康测试问卷，民众可通过问卷结果，选择多元化的社会心理服务方式；通过大数据与网络平台为民众建立心理健康电子档案，实时监测民众心理健康数据，做到及时筛查、及时发现、及时干预。以山东省青岛市城阳区为例，通过建设社会心理服务智慧云平台，民众可通过云平台获取心理测评、心理咨询和心理问答等一系列社会心理服务，建立了覆盖心理问题的早期筛查、风险分层和危机干预体系，为推进网格化、精细化、数字化的社会治理模式及社会心理服务体系建设提供有力支撑。

（二）坚持专业化服务，打造全链条服务模式

建立健全社会心理服务体系，为人民打造专业化的全链条服务模式，需要各部门间协调合作、共同构建。以山东省青岛市城阳区为例，在卫生健康部门的协调安排下，教育、民政、社区、公安和医院等各司其职，全面开展科普宣传、心理咨询、评估、干预、治疗、康复全链条社会心理服务。一是科普早预防。依托社会心理服务网络，通过"线上＋线下"服务模式，全面开展心理健康科普工作。通过政府购买服务等形式，为每个社区配备专职和兼职社会心理服务工作者，开展日常心理科普讲座和团体活动，实现专业服务全覆盖。二是评估早发现。医疗机构应主动为儿童、孕产妇和老年人等重点群体进行心理评估，将评估结果异常的人员根据实际情况分别纳入心理咨询或干预治疗等服务范围。同时通过政府购买服务等形式，开展全体居民心理健康评估等服务。三是咨询早指导。健全社区、单位、学校和专业机构四位一体的社会心理服务网络，各地公办及民营心理咨询服务机构组织及中小学校心理辅导室等，按需开展心理咨询工作，逐步形成心理咨询"15分钟服务圈"。四是干预早跟进。卫生健康部门持续推出24小时免费心理热线，健全心理危机干预机制，成立心理援助办公室、专家组、医疗组和热线组，24小时值守，确保突发事件心理援助响应及时率达到100％。五是治疗早开展。依托综合医院心理门诊或精神科、精神专科医院，提供心理咨询、心理治疗和药物治疗等服务，并建立与基层医疗机构心理咨询门诊双向转诊机制。开展严重精神障碍患者救治，在册严重精神障碍患者逐一落实服药、入院治疗、居家监护情况，建立一人一档，依法做到"应收尽收、应治尽治、应管尽管"。六是康复早介入。将康复技能训练作为患者的常设课程，依托社会组织、康复机构等，与基层医疗机构共同开展康复随访工作。

（三）坚持精细化推进，开展全生命周期社会心理服务

1. 推进婴幼儿（0～3岁）心理健康源头防控

根据埃里克森的人格发展理论，个体婴幼儿时期的良好心理状况是成就健全人格、适应社会的关键，对其成长与发展具有重要意义。以山东省青岛市城阳区为例，卫生健康部门通过创新实施家庭抚育项目，重点关注0～3岁新生儿对父母信任感、安全型

依恋[①]和自我控制能力的建立，为其家庭量身定制托育服务，为社区、婴幼儿家庭提供管家式、精准化的婴幼儿照护服务。积极开展多视角、多渠道、多形式的宣传手段，引导更多的资源和力量投入支持婴幼儿心理健康工作中去。将心理健康宣传教育引入托育机构，构建全方位婴幼儿心理健康服务体系，提供个性化服务。通过录制微课堂、成立宣讲团进行"点单式"宣讲，为社区和家庭提供全面的婴幼儿心理健康知识。例如，山东省青岛市城阳区通过开展"生命之初1000天"家庭抚育项目，联动社区、社工和社会组织，常态化开展孕期知识培训、0～3岁早期教育培训和科学育儿辅导答疑等一系列服务，为婴幼儿及其家庭带来了福音，增强了家庭的科学育儿能力和民众的获得感。

2. 推进学龄前儿童（4～6岁）心理健康服务及早期干预

4～6岁的儿童正处于建立以主动性为主要特征的品质培养阶段，对他们表现出的主动探究行为进行鼓励将对其发展有良好的促进作用，为其将来成为一个有责任感、有创造力的人奠定基础。以山东省青岛市城阳区为例，对于可能存在心理问题的儿童，运用全过程服务理念，建立四级儿童心理服务网络。第一级是源头宣传教育，创新实施家庭抚育项目，打造孤独症儿童服务品牌，每年举办心理服务进幼儿园、关爱孤独症儿童及亲子关系主题活动。第二级是前端预防评估，开展0～6岁儿童心理行为问题筛查，对社会功能发育迟缓儿童、行为问题儿童做到早评估、早发现，为家属开展心理健康教育和儿童护理教育，提高对不同年龄段儿童心理发育水平的认识和护理水平，把握干预与治疗的黄金时机。第三级是中端干预治疗，医疗机构可根据自身情况设儿童心理科（或门诊），积极联动社会心理服务机构或组织，进行及时有效的危机干预，对孤独症、多动症和发育迟滞等倾向的儿童进行随访干预，建立双向转诊机制，引导其积极康复。第四级是末端康复随访，对康复的儿童进行定期随访，检查其心理状况，消除隐患，并进行人际关系方面的指导与训练，帮助其回归校园。

3. 创新未成年人保护服务

以山东省青岛市城阳区为例，健全"家庭－学校－社区－医院"的联动工作机制，

---

① 婴幼儿时期，孩子与其主要照料者（常为父母）关系亲密，能安心地依赖照料者，但不过分依赖。安全型依恋的建立有利于个体儿童期和成年后与他人的交往。

建立针对心理危机预防的信息共享平台，通过各类培训、讲座和论坛等形式，提高学校与社区心理服务人员的专业水平和对心理危机的发现和识别能力，从而有效预防心理危机事件的发生。在心理危机干预过程中，精神卫生机构应及时向学校和社区提供有效的指导意见和人力、物力支持，协助学校和社区完成对相关人员的评估、干预和转诊等，必要时向家长提供专业的建议，以稳定家长的情绪。

4. 推进成年人心理健康维护

成年人可能存在的心理问题多样且复杂，问题产生原因也较为多元。以山东省青岛市城阳区为例，卫生健康部门围绕成年人建立多层次的心理健康维护体系，并针对孕产妇、贫困人群和残障人士等弱势群体，生活失意、心态失衡和行为失常等特殊群体，以及职工、自由工作者等职业人群为主体的三类人群，构筑心理健康服务格局。

在弱势群体方面，重点关注孕产妇在产前、产中及产后的身心状态变化。将孕产期抑郁症筛查纳入常规孕检和产后访视流程，为孕产妇建立心理档案，开展心理健康指导以增强孕产妇及其家属的心理健康意识；通过家庭成员合作参与如曼陀罗彩绘、压花画等活动，推动家庭成员间的相互包容及对孕产妇的关怀；邀请讲师引导产妇交流分享育儿经验，在减轻育儿心理压力的同时筑牢产妇间的支持网络；通过讲座等方式向社区居民科普关怀孕产妇的方法和技巧，学会理解和包容身边的孕产妇，给予其一定的情感支持和社会支持。

在特殊群体方面，应建立特殊群体心理健康档案，时刻关注其心理健康状况，定期进行随访，鼓励其参与各种社会活动，及时消除心理问题隐患。当特殊群体出现心理危机状况时，应联动相关部门稳定现场局势，并立即采取心理危机干预、转介送诊等措施。

在职业人群方面，以企事业单位职工为例，成立讲师团，定期为职工提供心理健康讲座、心理测评、心理咨询和心理行为训练等社会心理服务活动，帮助职工缓解压力，增强职工心理素质，提高职工工作效率。将心理健康教育纳入各级领导干部教育培训的重要内容，将心理测评列入领导干部年度常规体检项目，有效缓解心理压力，提升心理健康水平。

5.构建老年人心理服务支撑体系

以山东省青岛市城阳区为例，通过强化社会支持、注重专业服务、倡导家庭照顾三种途径，形成全民关注老年人心理健康，支持和参与老年人社会心理服务工作的氛围。在社会支持方面，通过"线上＋线下"的形式宣传老年人常见心理问题，加强老年人心理健康知识的科普，提升老年人对心理健康的认知水平；通过案例分析、科学讲解、团体活动和一对一咨询等方式，充分调动服务对象的参与度和积极性，增强老年人的自我保健意识，提升身心健康水平；组织老年人开展暖心、趣味的团体辅导活动，通过团体参与的形式，增加老年人间的交流和沟通机会，减轻老年人的孤独感，增强自我价值感。在专业服务方面，要高度重视失智和失能的预防与干预工作，建立阿尔茨海默病早预防、早发现、早识别、早干预的综合防控机制。精心选派具有丰富经验的测评人员，分批次对社区和养老院的老年人开展心理评估，结合服务对象个人、家庭、生活的实际情况与心理需求，通过倾听、理解和共情等方式，边评估边予以心理疏导。在家庭照顾方面，开展老年人家属护理教育，为有社会心理服务需求的家庭提供心理辅导、情绪疏解、悲伤抚慰、家庭关系调适和精神疾病筛查等专业服务。

四、展望未来

近年来，在卫生健康部门与多部门协调合作和共同努力下，社会心理服务体系建设为改善公众心理健康水平、促进社会心态稳定和人际和谐、提升公众幸福感做出了极大贡献。在未来，卫生健康部门仍需在以下几个方面发力。

1.发挥"双牵头"机制优势，加强各部门合作

卫生健康部门作为牵头部门之一，要发挥好牵头作用，协调其他部门，加强部门间的合作联动；与政法委共同负责社会心理服务体系建设的总体协调，同有关部门制定方案，组织开展培训、技术指导、督导检查、经验交流和考核评估等工作，高效推进社会心理服务体系建设。

2.加强心理健康相关科学研究，将成果结合实际转化为实践，做好技术支撑

卫生健康部门作为技术支持部门，要同其他专业部门加强心理健康相关科学研究，

开展本土化心理健康基础理论的研究和成果转化及应用，探究中国本土化的心理咨询与治疗技术。发挥技术的积极赋能作用，与各行各业的实际工作融合，将研究成果结合实际转化为实践，帮助其开展工作、解决问题。

3. 做好生命全周期社会心理服务，提高民众心理健康水平

卫生健康部门要突出强调"治未病"的理念，积极预防并减少各类心理问题的发生。帮助民众建立"健康的一半是心理健康，疾病的一半是心理疾病"的科学意识，提高民众心理健康水平，从而促进社会心态稳定，提升民众主观幸福感，助力健康中国、平安中国和幸福中国建设，为实现国家的长治久安奠定基础。

第二节　精神卫生机构与社会心理服务体系建设

一、概述

作为社会心理服务体系建设的重要力量，精神卫生机构应建设心理学、医学和社会学等多学科融合的人才队伍，保障严重精神障碍患者的治疗和康复，促进社会心理服务体系建设的发展。本节将从社会心理服务体系建设的理论基础出发，阐述如何科学地指导体系建设、打造全方位的社会心理服务体系、建立多元化的精神障碍服务模式，积极推动精神卫生机构融入社会心理服务体系建设，为实现全民身心健康奠定基础。

二、背景

当前，我国社会主要矛盾已经转化为人民日益增长的美好生活需要和不平衡不充分的发展之间的矛盾。人民在享受日益丰裕的物质生活的同时，也伴随着更多的心理困扰，身心健康已成为影响社会发展的公共卫生问题和社会问题。

精神卫生机构作为社会心理服务体系建设中专业的心理、精神医疗机构，要充分发挥专业支撑作用，精准实施、定点发力，助力健康中国、平安中国和幸福中国的

建设，为人民心理健康保驾护航。根据国家卫生健康委、中央政法委等 10 部门印发的《全国社会心理服务体系建设试点工作方案》，要拓宽精神卫生机构的服务范围，深化服务内容。精神卫生机构应积极发挥专业优势，基于专业的心理健康服务经验和精神卫生服务的深厚基础，带动各部门和各机构组织科学、有效、持久地开展社会心理服务。

三、实践和具体做法

（一）加强专业支持，指导体系建设

专业支持是建设完备社会心理服务体系的基础，是指导和引领体系建设的重要参照。社会心理服务体系建设要以心理学、社会学和医学等学科为理论支撑，积极发展学科理论，加强专业支持，并将其结合具体情况转化为实践，实现科学性与实践性并存的建设方向。

心理学是一门研究人类心理现象及其影响下的精神功能和行为活动的科学。在社会心理服务体系建设中，大到培育自尊自信、理性平和、积极向上的社会心态，小到为社区居民进行一次心理咨询，都离不开心理学。心理学与社会心理服务体系建设是密不可分的。但由于心理学的发展在我国起步较晚，目前大部分人普遍缺乏心理学知识，意识淡薄，心理专业人才匮乏，如不及时应对，将影响心理学在社会心理服务体系建设中发挥积极有效的作用。

社会学是系统地研究社会行为与人类群体的科学，研究范围包括微观层级的社会行动或人际互动至宏观层级的社会系统或结构。而社会心理服务体系建设包含中国整个社会的各个部分，下至单独个体的心态、行为，上至整个社会氛围、规范等。由此可见，社会学理论可以从微观到宏观为社会心理服务体系的建设提供有力的支持。

除上述两个学科外，社会心理服务体系的建设还需结合其他学科的理论、技术和方法，如医学保障了精神疾病的治疗及康复，法学为社会心理服务体系建设相关的政策和法律提供了理论支持，管理学促进了社会心理服务体系中行政、人力资源、财务和社会保障等方面管理制度的形成。

当然，在建设社会心理服务体系的过程中，我们也要立足于中华优秀传统文化和

地域文化，扎根土壤，建设具有中国特色的社会心理服务体系。例如，山东作为儒家文化的发祥地，儒家文化的思想精髓已深深扎根于齐鲁大地，山东省济宁市充分利用这一优势，建立儒家文化润心馆等，焕发传统文化的生机和魅力，更好地教化民众，促进社会和谐稳定。

（二）打造全方位的社会心理服务体系

1. 密织服务网络，打造全周期、全过程的服务

通过密织"横向到边，纵向到底"的社会心理服务网络，打造"胎教－亲子关系－青少年心理健康－婚恋家庭－老年心理关怀－安宁疗护"全生命周期的纵向社会心理服务模式。并在此基础上打造横向社会心理服务体系，包括但不限于青少年心理支持系列、农村留守儿童和困境儿童心理关怀系列、职工心理服务系列、重大突发灾难心理危机干预系列、机关干部心理健康维护系列和家庭教育系列等横向心理服务。精神卫生机构要以促进各类人群的心理健康为工作着力点，以从出生到终老的全生命周期服务模式为工作链条，打造"由点到线、由线到面"的横纵交错社会心理服务网络，建立守护社会大众心理健康的屏障。

2. 加强人才培训，凝聚社会心理服务力量

精神卫生机构深受传统治疗模式的影响，治疗视角和思路多局限在药物治疗。但随着精神疾病、身心疾病等疾病谱系的发生发展，单一的药物治疗模式已不能满足患者的治疗需求，这就要求专业的心理治疗团队深入临床。精神卫生机构可以从以下三个方面组建心理咨询与治疗团队：一是在培养精神科医生的课程体系中，加入心理咨询与治疗技能培训；二是招聘接受系统心理学、社会学专业培训或学历教育的本科生和研究生；三是培训精神科护理人员，让其掌握一定的心理服务技能，以便其在护理患者日常生活起居的同时也做好心理护理。除此之外，街道、社区、村干部及网格员作为社会治理系统的维护者，同样也属于社会心理服务体系人才培训的重点对象。但是，由于其文化水平、职业素养参差不齐，可能会导致社会心理服务的作用不能得到很好的发挥。因此，应通过培训让其掌握基本的心理知识和技能，重点关注存在风险的人群，能识别常见的心理问题，并进行初步的处理。此外，同当地精神卫生机构建立绿色通道，对有严重心理问题和疾病的民众，及时转诊到精神卫生机构，接受专业

的治疗。

3. 完善社会心理服务措施，提升全民的整体幸福感

提供面向广大民众的社会心理服务，提升身心健康水平。

（1）心理健康科普，预防心理疾病和提升心理健康水平

精神卫生机构联合社区网格员、志愿者，利用广播、电视、微信公众号、义诊和宣传栏等形式，普及心理健康知识，增强居民的心理健康意识，提升居民的心理健康素养，营造积极向上的社区氛围和心理健康教育环境。借助节假日、纪念日，动员心理健康志愿者和社会工作者，利用社区广场、心理服务室等场所，通过制作板报、分发心理健康知识手册和心理健康讲座等各种形式，使心理健康的理念渗透到各个社区、村庄及家庭。让广大居民获得较为全面的心理健康知识，懂得用心理学的方法解决问题。

（2）心理热线服务，让心理健康服务走进寻常百姓家

加强心理热线的建设与宣传，为民众提供公益服务，应重点开展以下三方面的工作。一是提升接线员处理应急事件的能力。组建专业团队，定期开展业务培训，剖析典型案例，总结经验，提升接线员的能力，确保为来电者提供科学、专业、高效的心理服务。二是加强对心理热线的宣传，提高心理热线的知晓率，理解心理热线的功能和意义。通过电视、广播和宣传栏等形式，加强对心理热线的宣传，使民众在遇到困扰、孤独无助时可以寻求心理热线的帮助。三是加强多方合作，扩大心理热线覆盖范围。联合教育、民政和司法等相关部门，共同推进心理热线建设，扩大心理热线覆盖范围，让每个部门所服务的对象都能第一时间享受心理热线的服务。需要注意的是，心理热线不是心理咨询，如果个体想系统解决心理困扰，推荐其到心理服务机构接受专业的心理咨询与治疗。

（3）心理危机干预，及时控制和消除心理问题隐患

心理危机干预是指对处在心理危机下的个人及与其有密切关系的人采取有效的干预措施，帮助他们尽快摆脱困境，走出心理危机，恢复心理平衡，重新适应原有正常生活的一种专业活动。精神卫生机构要完善心理危机干预机制，将心理危机干预和心理援助纳入省、区、市突发事件应急预案。成立由精神科医生、心理咨询师、心理治疗师和社会工作者等专业人员组成的心理危机干预团队，并定期开展培训和应急演练，

提高团队服务能力。

心理危机干预不同于心理咨询与治疗，属于主动干预。对社会上出现的一些极端事件、社会安全事件，应第一时间采取危机干预。对于有自伤行为或自伤危险的精神障碍患者，在家属主动联系居委（村委）会或居委（村委）会干部发现后，由居委（村委）会联系社区民警、社区医生和街道精防干部。社区医生与街道精防干部负责与精神卫生中心协调，社区民警负责防止事态恶化，三方共同协助患者送医。对破坏治安或危害他人安全及有肇事肇祸倾向的精神障碍患者，街道、居委（村委）会、派出所及社区卫生服务中心、民众等发现后必须向应急处置工作领导小组汇报，根据事件性质和严重程度，启动精神障碍患者肇事肇祸应急预案，民警、居委（村委）会干部及精防医生应第一时间到达现场，快速妥善处置，多方协调、送医治疗，并及时联系家属做好后续工作。

除上述三种措施之外，还可以通过为民众建立心理健康档案，派遣专业人员在社区、学校和单位等机构开设心理咨询室，对社区居民进行定期心理健康走访等，提升全民的整体心理健康水平与幸福感。

（三）建立多元化的精神障碍服务模式

1."院前 – 院中 – 院后"干预模式

院前，坚持"治未病"的理念，与多个部门协调，通过宣传手册、科普小视频和心理知识讲座等方式向社会各类人群开展心理科普宣传；针对困境儿童、留守儿童、老年人和社区矫正人员等特殊人群开展心理赋能活动，如社区心理服务活动、陶艺制作、音乐和绘画等，让特殊人群在轻松温馨的活动氛围中，增强对生命的信心和希望，提升身心健康水平；开展心理危机干预和心理援助、重点人群心理健康评估和严重精神障碍患者危险性评估等工作，及时了解大众心理健康状况，建立心理健康档案，组织人员定期走访，维护其心理健康，及时发现问题并根据实际情况进行处理。

院中，打破纯生物医学模式，重视心理治疗在整个治疗过程中的作用。对于治疗中的精神疾病患者，除必需的药物治疗外，还应配备专业的心理治疗人员为其提供心理健康检查、个体心理治疗和团体心理治疗等心理服务，帮助患者恢复身心健康。对于康复期的精神疾病患者，可以加入非药物治疗，如书法、绘画、手工制作和国学诵读等；定期举办医患和谐运动会、医患和谐文化艺术节等活动，建立一种传统与现代相结合、个体与团体相结合、封闭与开放相结合的康复模式，改善医患关系，加强患者间的相互支持，帮助康复期患者恢复社会功能并早日回归社会。

院后，通过与家属沟通，使其改变以往与患者的相处模式，让家属认识到和睦温馨的家庭环境和良好的社会支持系统对疾病的康复起着非常重要的作用。与社区对接，为出院患者恢复社会功能提供相关的心理服务。定期或不定期进行家庭走访、电话回访，对出院患者心理状态进行监测。普及精神康复知识，提高公众认知，降低社会歧视，为精神疾病患者创造良好的社会环境。

2. 覆盖全生命周期的精神问题防治模式

从胎儿期到老年期，人生的各个年龄段都会受到诸如遗传、环境、社会和家庭等先天或后天因素的影响，产生各种类型和程度不同的精神卫生问题。

胎儿期：孕产妇的情绪不仅关系到其身心健康，而且关系到胎儿的健康及其出生后的身心发展。

婴幼儿期（0～3岁）：主要表现为心理发育问题，如语言发育迟缓、孤独症、擦腿综合征和咬指甲等。

儿童期（4～6岁）：常见的问题有难以离开家长、与小朋友相处困难等。如果这些问题处理不好，孩子容易出现拒绝上幼儿园、孤僻、不合群和任性等问题。

学龄儿童（7～12岁）和青少年期（13～18岁）：常见的问题包括学习方面、人际交往方面、情绪方面和行为方面等。

中青年期（19～55岁）：常见的问题包括与工作相关（如工作负荷过重和工作要求过高、不适应工作环境、与同事和领导关系紧张、对工作失去热忱等）及与家庭相关（如家庭成员关系紧张、子女教育问题、家庭经济负担过大等）。

中老年期（55岁以上）：常见的问题有退休、空巢、家庭或婚姻变故、躯体疾病等带来的适应与情感问题。

基于全生命周期的常见问题，精神卫生机构应将服务对象拓展到社会大众，最大限度地扩充服务半径、提高服务能力、丰富服务项目，面向处于不同发展阶段的人群提供有针对性的心理服务，深化建设全生命周期的社会心理服务体系。

3. 优秀传统文化润心模式

中华文明绵延 5000 多年，源远流长的中华优秀传统文化具有独特的优势，是中华民族的根和魂。中华优秀传统文化有助于培养和塑造适应社会环境的健全人格和价值取向的个体，这为精神疾病患者的治疗、康复和回归社会指明了方向，为本土化的心理治疗方法和学科建设提供了思想和理论基础。

中华优秀传统文化可以优化精神卫生服务方式。精神卫生机构的职能是矫治人的异常心理，它们可以用优秀传统文化潜移默化地沁润患者的心田，让他们重新适应社会。精神卫生机构应充分汲取中华优秀传统文化的精华，构建"仁者爱人"的服务文化、"厚德至善"的道德文化、"和谐利他"的关系文化、"行善尽孝"的家文化。组织员工学习传统文化，从中华优秀传统文化中汲取做人做事的智慧。开展"优秀传统文化进病房"活动，组织患者诵读国学经典，练习八段锦、易筋经，组织象棋、绘画比赛，对患者的心理、身体、康复进行三位一体综合治疗，打造有尊严、有价值、有健康的"三有"患者，积极探索患者回归社会的措施和方法。

四、展望未来

近年来，精神卫生机构社会心理服务体系建设虽然已取得显著成效，但是仍有一些问题亟待解决。一是民众对心理问题还存在不同程度的病耻感，存在遇到心理问题不敢说、不愿说、不主动求助的现象。部分人不知道自己存在什么心理困扰和问题，也不知道向什么机构寻求帮助，很多患者往往因为这些因素错过了治疗的关键期。二是心理专业服务人才紧缺，不能满足我国日益增长的心理咨询与学科建设的需求。三是对身心疾病和精神障碍的治疗过于片面，过于依赖药物治疗，忽视了心理治疗的作用及对可能出现的心理问题的预防工作。

社会心理服务体系是一整套社会支持系统，目的就是以心理建设为核心构建一种我为人人、人人为我的社会关系。未来，通过社会心理服务体系的构建，增强民众的参与意识，做到人人有责、人人尽责、人人享有，树牢每个人是自己心理健康第一责任人的思想，调动一切可以调动的力量激发全员参与，实现人人健康。构建社会心理服务体系，需要大量的心理学专业人才，精神卫生机构要加大心理学专业人才的引进与培养，提高心理咨询服务的覆盖面积，深化对心理治疗方法的研究与实践。

　　未来，在社会心理服务体系建设中，精神卫生机构要努力突破药物治疗的局限性，拓展视角。精神卫生机构要通过围绕全生命周期的健康服务模式，根据生命发展的规律，针对每个年龄阶段普遍面临的心理发展问题，结合个体的个性化发展，开展有针对性的心理健康科普、心理评估、心理辅导，消除民众对心理问题的病耻感，对于民众出现的心理问题及时识别并干预，让问题消失在萌芽状态。此外，心理治疗不仅是一种治疗方式，更是一种专业的、高级别的人文关怀。通过推广心理治疗在身心疾病和精神疾病诊疗中的应用，在药物治疗的同时加入心理治疗，以更好地促进患者康复，帮助患者尽早回归社会。

第四章

基层社区及农村系统中的社会心理服务体系建设

4

第一节　乡村振兴与社会心理服务体系建设

一、概述

全面推进乡村振兴，不仅是物质层面的振兴，还包含精神、文化等心理层面的"振心"。因此，推进基层社区及农村系统中的社会心理服务体系建设，需概括和总结县域体系建设带动乡村振兴的内在逻辑，以建设健康乡村为基础，建设平安乡村为保障，建设幸福乡村为最终目的，从建设组织体系、分类管理人群、加强社会治理和打造"心"业态等多维度，系统化构建基层社区及农村系统中的社会心理服务体系，营造自尊自信、理性平和、积极向上的社会心态，实现县域治理现代化。

二、背景

为巩固拓展脱贫攻坚成果，防止规模性返贫，我们必须坚持乡村的主体地位，培育乡村居民自信自立的心理品质，锻造其心理韧性，以积极心态进行自我振兴、致力乡村振兴，激活乡村振兴内生动力，从而有效衔接脱贫攻坚和乡村振兴两项工作，一步步实现建设幸福乡村的目标。

与此同时，国家高度重视社会心理服务体系建设。2016 年，《关于加强心理健康服务的指导意见》提出，搭建基层心理健康服务平台。2018 年，《全国社会心理服务体系建设试点工作方案》提出，要为村（社区）群众提供心理健康服务，说明了社会心理服务体系建设的重心在基层，乡村是打通社会心理服务体系建设最后一公里的重要场域。2018 年，《乡村振兴战略规划（2018—2022 年）》明确提出，健全人文关怀和心理疏导机制，培育自尊自信、理性平和、积极向上的农村社会心态，体现了乡村振兴是全面振兴，是涵盖精神等心理层面的振兴。2022 年，《关于健全完善村级综合服务功能的意见》也提出了相关工作要求。由此可见，唯有心安，才能民安，方可国安。加强乡村精神文明建设，培育乡村居民良好心态，是推动乡村层面的社会心理服务体系建设的重点环节，也是大势所趋。

近年来，由于乡村居民认知受限、时间限制及县级财政经费有限等原因，在乡村层面的社会心理服务体系建设过程中，仍存在心理问题污名化、体系建设推动困难和工作保障不到位等问题。第一，乡村居民文化水平相对较低，且思想观念较为传统，容易将心理问题等同于精神疾病，导致心理相关活动的参与率较低，因此要创新活动形式，以展板、相声、小品和情景剧等方式循序渐进地开展心理健康科普宣传。第二，乡村居民无固定休息日，其工作时间常以农作物的生长规律为准，因此需适应乡村居民生产生活的节奏，利用农闲期并结合"三下乡"等开展相关寓教于乐的活动。第三，县级财政经费有限，难以大规模引入新的设备、人员和机构等资源，为此我们可结合当地实际，充分整合利用已有资源，将社会心理服务融入党委政府日常工作。

三、实践和具体做法

（一）统筹打造纵横协调，解读"怎么做"的问题

县委、县政府应从实际出发，整合资源，构建党委领导、政府负责、部门联动、社会参与、专业支持、民众受益的工作格局，将社会心理服务体系建设融入县域社会治理、文明城市和乡村振兴等各领域，建设健康乡村、平安乡村和幸福乡村。

1. 党委领导的组织架构方面

由县委政法委牵头成立县平安建设工作领导小组社会心理服务专项组，县委常委、政法委书记担任组长，协调解决体系建设重难点问题，开展定期或不定期监督。同时，专项组下设县社会心理服务中心，挂靠县委政法委，统筹推进全县社会心理服务体系建设工作。

2. 部门协作的联动合力方面

横向而言，专项组成员单位（如县委政法委、卫健委、民政、司法、教育、妇联和残联等）和社会团体应实现信息共享和工作联动，配备相应人员力量，根据部门特点承担并扮演好在社会心理服务体系建设中的角色，制定工作联席会议、日常管理等部门协作制度，实行"一条线"对接、"一盘棋"联动，层层推进，接续发力。以江西

省于都县为例，宣传部门组织协调新闻媒体、专业力量开展科普宣传教育；发改委将体系建设纳入国民经济和社会发展规划，如明确社会心理服务体系建设的目标和任务、制定具体的实施方案和时间表；教育部门健全中小学校及高校等各级教育机构社会心理服务体系，从领导班子、教师、学生和家长等各类对象出发，提供全方位服务；公检法部门建立重大警务任务前后心理危机干预机制，关注和保障干警的身心健康，以提高其应对危机的能力；民政部门负责引导和管理社区、社会组织和社会工作者参与体系建设工作。纵向而言，依托村（社区）综治中心等场所设立心理服务室，为乡村居民答疑解惑、排忧解难。同时，加强县、乡、村上下联动，构建"一级抓一级、逐级抓落实"的工作格局，致力把矛盾化解在萌芽状态，纠纷疏解在基层。最后，县域体系建设必须坚持党的集中领导，坚持以人民为中心，充分发挥我国乡村治理的优势，充分发挥各级基层党组织的模范引领作用。

（二）多措并举保障统筹推进，解决"谁来做"的问题

健康乡村的社会心理服务工作主要依赖于专业的心理学、精神医学人才，但乡村此类人才的缺乏限制了服务效能的实现。而依托县域社会心理服务体系则可以充分运用和协调社会资源，培养并整合各种人力资源，以满足当地的社会治理需要。县级党委政府可不拘泥于专业人才的限制，在争取专家"外援"的同时，着力用好本土资源、培养本土人才以支撑社会心理服务体系建设的可持续性，建立一条适合当地实际、可操作性强的本土心理人才培养路线。

1. 聘请专家"外援"

与高校、省级学会或协会合作，充分利用共建基地等平台资源，组建心理专家顾问团。同时，依托顾问团队组建县社会心理服务人才学校，组织开办每月一班（初级专题培训班），对辖区内县直机关、乡镇（街道）、社区的社会心理服务工作者（专职或兼职人员、志愿者等），就相关知识开展培训，将心理相关知识由学术转化为技术，融入日常工作和生活，为当地社会心理服务体系建设持续升级培养专业化、专职化社会心理服务人才。

2. 建立部门"专职"

形成以政法、卫健系统公职人员为主导的专职队伍，以教育系统、乡镇干部等其他政府部门公职人员为主体的兼职队伍，并充分吸收有心理、精神卫生教育背景的专业人员、大学生等广大志愿者队伍而形成社会心理服务人才队伍合力。

3. 培育义工"内助"

通过"志愿者积分制"推动心理"小白"培养成"专家"。一是按劳换分精准培训。志愿者每次参加公益活动都换算成积分，积分可以兑换公费的培训与督导资源，并在培训合格后调整积分基数。二是实践评估严考核。培训结束后，评估专家将对志愿者的学习成果进行严格考核，经考核满足特定岗位工作需求的，可推荐至适配岗位就业。三是政策保障巧调配。充分考虑考核结果、志愿者专长等因素，积极推荐优秀志愿者到县直机关、企事业单位就职；在机关企事业单位公开招考时，根据实际情况设置心理专业岗位，实现人尽其才、才尽其用。

（三）循序渐进建设幸福乡村，解码"做什么"的问题

乡村社会心理服务体系建设需积极主动预防源自个人、群体与社会层面的"疑难杂症"。在个人层面，需防治乡村居民心理疾病，维护其身心健康，帮助其培育积极心态，提升村民幸福感、获得感，从而建设健康乡村。在群体与社会层面，需防范化解社会风险，加强县域治理现代化，提升社会文明，实现社会稳定和长治久安，从而建设平安乡村。最后，促进乡村居民积极向上、家庭和睦温馨、邻里团结互助、政府民主公正、社会文明和谐，达成建设幸福乡村的终极目标。三者之间相互关联、相互交织，呈阶梯式关系。

1. 人群分类管理，建设健康乡村

（1）事前预防，提升素养

一是打造多样化宣传教育平台。在线上，开通心理服务热线和各种新媒体平台账号；与新媒体工作室合作，设计相关文创产品，投放应用于多个场景，提升民众对心理服务的接受度和认可度。在线下，打造覆盖景区、街面和广场等多场景、多平台的社会心理服务宣传格局，举办各种全民健身健心活动及社会心理服务活动，营造积极

社会风尚。例如，定期组织义工到公园、广场等人流量大的场所设点开展心理知识科普、心理健康体检等活动，提升民众心理健康意识水平和体验感，扩大科普宣传覆盖面。二是定期组织心理测评。研发并开放大数据 AI 云平台，结合线下形式定期进行心理测评，生成、反馈测评报告，完善并更新个人"心理档案"。此外，针对老年人等电子产品使用率较低的群体，采取进村义诊等线下活动形式，为其进行心理测评。三是做好专业培训。依托党校成立县干部舒心讲堂，定期举办干部（职工）心理健康培训班，让村镇干部成为自己的"心理医生"、民众的"解忧能手"。成立家长学校，将家长教育和未成年人教育有机结合，研学未成年人在成长过程中相关的心理学知识，帮助家长学习与孩子和谐相处，营造良好的家庭氛围。开办老年大学，以学习或传授国学文化、传统手工艺和戏剧歌曲等方式，帮助老年人发挥余热，做到老有所成、老有所用，从而提升其人生价值感，传承中华优秀传统文化。

（2）控制疾病，解决困扰

一是加强组织领导，成立专项工作小组。以县卫健部门领导为组长，分管领导为副组长，从其他相关部门中抽调精神卫生人员、教师和心理咨询师等人员，组建县级社会心理服务工作专家组，明确各医疗卫生机构工作职责和重点任务，对全县从事社会心理服务体系建设专业人员开展业务培训，为社会心理服务体系建设提供专业技术指导与精神医疗兜底服务。例如，依托县乡村医生规划培训工作，县医院定期派专业人员对乡村医生开展心理健康及精神卫生讲座，从而有效提升应对突发公共事件的心理防控和应急处理能力。二是加大财政投入，提高软硬件水平。在县委、县政府的支持下建设康复医院，并安排康复医院专业医生到省精神卫生中心进修培训，提升其收治严重精神障碍患者的能力，为村民提供心理健康辅导、心理健康咨询等服务。三是做好救治工作，加强心理疏导。首先，建立筛查机制。各基层卫生医疗机构应将社会心理服务体系建设工作纳入基本公共卫生服务工作，规范联动民政、妇联等相关单位对辖区村民心理健康状况进行家访、巡查，及时了解精神障碍患者管控情况及相关信息，关注儿童、青少年和残疾人等重点人群，以及易肇事肇祸严重精神障碍患者等特殊人群的心理状态，将存在心理问题的人员及时上报县精神病医院，并进行诊断评估和治疗。其次，规范患者管理工作。建立三级管理模式，由县疾控中心负责网络质控，县康复医院提供医疗救治和专业技术指导，基层医疗机构负责患者随访管理。同时，与卫生医疗机构签订协议，为患者、心理危机对象等群体开通绿色通道，从而提高心理救援的工作效率。

2. 加强社会治理，建设平安乡村

（1）加强基层阵地建设

一是构建服务网络体系。首先，建立县、乡、村三级社会心理服务体系。成立县级社会心理服务中心，配备各类功能室，通过开展心理研究、督导、人员培训、专业咨询、个案工作、学术研讨和心理危机干预等工作，协调推进全县社会心理服务各项工作；在乡镇（街道），按照"五有"建设标准设置服务站点，即有服务平台、有工作团队、有求助热线、有心理服务和有工作模式，打造具有高水平专业软硬件设施的心理关爱空间，为来访村民答疑解惑、提供服务；村（社区）可以依托矛盾纠纷工作室、文化站等场所创建心理咨询和心理援助室，将服务触角延伸至基层一线，让社会心理服务直达民众家门口。其次，创建"心理＋部门"多元服务平台。教育系统指挥组织各中小学校、高校设立心理辅导室，实现德、智、体、美、劳五育并举，引导学生树立正确的世界观、人生观和价值观；卫生医疗系统应在县医院开设精神心理科，在县妇幼保健院设立妇女儿童心理服务中心等；在公安监管场所、社区戒毒康复中心、司法所等场所设立心理服务室，对在押人员、戒毒者等群体进行心理疏导以帮助其解决心理困扰，并缓解执法人员的工作压力；在民政婚姻登记中心及共青团、妇联等群团组织设立心理服务室，配备相应专业人员，为民众、干部打造全方位"心灵窗口"，将心理隐患化解在源头。二是呵护未成年人健康成长。首先，规范组织运行。成立县中小学心理健康教育工作领导小组，其他部门协调联动，统筹县域心理健康教育资源，全面规划和领导中小学心理健康教育工作，定期召开全县各中小学校相关工作联席会议，制定留守儿童关爱制度等。此外，有条件的地区还可以建设集心理指导、培训、辅导和研究于一体的县未成年人心理健康辅导站。其次，打造"家－校－社"共育体系。依托党校、中小学校和家长学校等平台，对教师、基层干部、家长、学生干部进行培训，向其传授心理健康知识，帮助他们学习沟通技巧等。加强"家－校－社"联系，创建线上班级群，组织亲子活动、家长会和开放周等活动，从而帮助家长与子女建立和谐的亲子关系。依法维护未成年的合法权益，由县检察院、公安局和教育局等部门共同成立未成年人综合保护联盟，打造"一站式"未成年人办案机制，建设观护帮教基地，创建"司法救助＋社会救助"多元化救助模式，推动未成年人司法保

护、法制教育、犯罪预防和关爱救助等方面工作，架起"检－校－家"沟通桥梁。最后，关爱帮扶农村留守儿童。一方面，主动给予留守儿童关心和陪伴。在校内，可尝试合理建设由留守儿童、问题儿童组成的班级，课程设计以科学课为主，同步开展体能拓展、音乐课和读书会等趣味课堂，从而提高其专注力、自我认同感及团队协作能力。例如，福建省宁德市古田县将30个留守和问题儿童学生组成骐骥班，并开设心语信箱，通过巧妙设计课程体系及教师对学生的无条件关爱支持，有效改善了学生心态，提高了学生学业成绩。在校外，开设儿童服务中心福蕾学堂，开展心理健康、党史学习和生命安全等主题教育，并派遣社会工作者、志愿者等人员与留守儿童结对帮扶，实行代理家长制，陪伴其度过成长关键期、迎接成长挑战。另一方面，充分发挥朋辈榜样作用。可以与高校达成合作，组建大学生志愿团队，开展各类公益活动，以互动游戏、户外游学和制作手工艺品等方式，以朋辈视角，为留守儿童传授人际沟通、学习等技能。三是重点关怀特殊人群。对刑满释放人员、社区矫正人员和吸毒人员等特殊人群，可成立专业社会心理服务机构，或者通过政府购买与社会工作服务中心合作，聘请专业心理咨询师和社会工作者，通过心理咨询和心理疏导，使其心理恢复健康。其中，重点对心理失衡、行为障碍等特殊人员进行心理疏导和干预，制定个性化心理服务方案，避免因心理问题引发社会风险和隐患。同时，通过加强与媒体、社会组织的合作，提高社会心理服务的影响力和普及率，进一步扩大社会心理服务的范围，为特殊群体提供全方位、全生命周期的关心和帮助，实现社会心理服务的普惠化。

（2）建立高效运行机制

一是构建基层自治议事机制，例如，福建省宁德市古田县在全县推广"晨巡晚议"基层议事机制，即在清晨村干部巡村走访，检查基础设施的运行情况，了解村民邻里的家长里短，收集问题墙、回音壁等留言板上村民的反馈信息；夜间在乡间回廊、凉亭和大榕树下等公共场所谈心议事，或者在党群联系服务中心围桌茶谈、讨论村务。由此，以干群交心畅谈的方式为民众排忧解难、打开心结，确保沟通无障碍，将矛盾纠纷化解在萌芽状态。二是建立上下沟通联动机制。例如，古田县在"晨巡晚议"机制的基础上，拓展小巷管家、红色物业和大榕树下等实体平台，通过主动走访、精准定位，由村主任、老党员和乡贤等进行自主调解、心理疏导等工作，从而实现知民情、议民事、解民忧的目标；当村委无法处理时，则上报至乡一级，依托乡级服务站点，由专业人士提供心理辅导和心理咨询服务；乡级服务站点仍无法处理时，则以此类推上报至县一级，实现心事有处说，烦恼有人解。此外，古田县以乡音、乡俗、乡情为纽带，充分发挥"县（矛盾纠纷调处中心）–乡（解忧杂货铺）–村（心灵驿站）"三级联动作用，构建和谐稳定的社会心态秩序，实现县域治理的良治善治。三是创新积分兑换机制。例如，古田县开办"平安超市""爱心超市"等，将精神与物质奖励有机结合，对村民生产生活中的行为等进行评分，村民可以利用获得的积分在超市里兑换所需物品。四是建立心理疏导和危机干预机制。依托县心理援助站、心理辅导站等专业技术站点，指导做好事前预防、事中干预、事后保障全周期心理危机干预工作。首先，开通心理援助热线，结合社会治理体系工作开展预防性系统筛查，建立心理健康档案，并根据心理问题严重程度划分低、中、高三个风险等级，有针对性地提供服务。其次，建立心理危机个案转介联动机制。与医疗机构达成合作，为妇女、学生等重点人群开通绿色转介通道。同时，定期组织心理危机干预理论、实战培训和演练活动，确保突发事件发生时各部门之间快速、有效协作，从而提高突发事件应急响应能力。最后，心理危机干预后，应持续提供跟进服务，并总结不同人群的心理需求及干预重点，补充完善工作流程。

（3）打造特色心理服务品牌

一是传承乡土文化。乡土文化是我国农村文化的重要特征，涵养文明乡风、良好家风、淳朴民风，能够潜移默化地滋润人心。因此，要充分挖掘和弘扬乡土文化、儒家文化和中医药文化等中的"天人合一""仁以处人""道法自然""公义胜私欲"等思想，强化民族认同感，促进个体社会化，发挥基层治理功能，实现文化传承与发扬。例如，古田县借助陈靖姑信俗文化，鼓励民众行善向上、共谋福祉，发挥民间信俗的教化作用，营造勇担责任、互尊互爱的社会风气；借助侨乡文化，与侨胞建立良好关系，从心理服务、保护侨乡文化、做好涉侨法治宣传等多维度，为侨胞提供"一站式"服务；借助库区移民文化，建设"移民记忆馆""移民房"等体验区，传播奉献精神，树立大局意识，增强社会责任感，实现文化共鸣，助推社会心理服务体系本土化建设。二是激活民族文化。一方面，社会心理服务既要铸牢中华民族共同体意识，也要注重引导民众不局限于单一的民族意识和民族情感，从而形成稳定、理性的包容心态。通过构建互嵌式社区，集聚社区资源，加强红色教育，组织开展多民族活动，增进民族大团结。另一方面，充分尊重各民族文化特色。不同民族的文化特征有所不同，因此各民族要因地制宜发展符合本民族特色的社会心理服务体系。同时，民族文化常以歌舞、手工艺品和服饰等艺术形式展现，可以将其融入社会心理服务体系建设，创新服务形式，丰富宣传载体，打造别具一格的社会心理服务品牌。

3. 打造"心"业态，建设幸福乡村

（1）"旅游＋心理"模式

一是善用自然景观的疗愈作用。县政府相关部门可与当地旅行社达成合作，根据不同的场景设计不同的社会心理服务活动，开发"旅游＋心理"的服务项目，建设专门的减压康养旅游胜地，让游客在半山云海中呐出烦忧、喊走愁思，在山间温泉里进行团体辅导、舒缓心情，在树木丛林间进行放松训练，在小溪河流边进行音乐疗愈、沐浴阳光。二是挖掘当地人文景观的感化资源。例如，开发红色旅游线路，带领游客探索、领悟并铭记先人英勇事迹，弘扬革命精神，进一步坚定广大民众爱国情怀；寺庙则可推出相关体验活动，为游客提供舒适客房与斋舍，通过诵读佛经、聆听梵音、品尝斋饭，缓解日常生活和工作中的压力。

（2）"农业＋心理"模式

一是根据本地农业特色打造社会心理服务产品。运用"农场疗法"，即在空气清新的田园，携家人进行种植、养殖等劳动，体验生命教育，感受自然带来的愉悦心情，疏解心理压力，改善家庭关系。例如，种植业农场根据植物生长阶段，适时组织举办不同主题的观赏品鉴活动，并向人们传授心理健康知识和进行心理测评；养殖业基地可以开发农家乐项目，开展垂钓、自助抓等活动，在用餐、休闲时进行个性化团体辅导。由此，不仅可以让游客在观赏游览、劳动中舒缓身心、振作精神，而且可以提高第三产业的经济效益，让民众口袋有钱、脸上有笑。二是招募返乡创业大学生兼职从事相关工作。在农闲时间，利用大学生回乡创业和在校大学生假期入（返）乡，组织其参与"心理服务下乡"等公益活动，定期探访孤寡老人，为福利院儿童送去关爱，走访村户开展心理测评等公益活动，共同推动社会心理服务事业的进步。

（3）"党建＋心理"模式

一是将教育系统党建工作融入社会心理服务。中小学校组织学生开展研学活动，高校鼓励大学生参与"三下乡"暑期社会实践活动，以各种形式带领学生走红色路线，观红色影片，树红色精神。二是医疗系统大力开展党建引领科普宣传教育活动。以"我为群众办实事"等主题活动为抓手，结合卫生系统开展的系列专题、党日活动，开

展生理和心理健康知识等健康宣传教育活动，同时组织各类大型义诊活动，使优质服务直达百姓家门口，使党的关爱和温暖直达百姓心坎。三是基层社区及乡村系统依托党群服务中心提供服务。党群服务中心面向全年龄段群体，制定个性化工作方案，通过回访、调查等方式了解民众需求，有针对性地开展科普宣传、心理测评、人才培训、心理咨询和心理危机干预等工作。

综上所述，在构建全周期、全链条的县域社会心理服务体系的过程中，我们应全力筹划和绘制出"同心圆"，使得亲人、同事和亲朋邻里等和谐共处、相互理解。同时，专业机构、行业组织可以直面民众心理问题并发挥实质性作用，党委政府能精准有效地为人民服务，中华优秀传统文化将深入人心，生态环境将疗愈民众心灵，从而实现社会心理服务为实施乡村振兴战略提供支持。

四、展望未来

未来，随着社会心理服务体系建设不断推进，乡民矛盾、纠纷将会减少，消除沟通壁垒，从而实现社会文明与和谐。此外，司法体系的运行成本将有所下降，营商环境也将整体向好，社会心态将会呈现出自尊自信、理性平和、积极向上的面貌。然而，各县级党委政府在推进社会心理服务工作时，仍需关注以下几点。

1. 坚持全心全意为人民服务的根本宗旨

社会心理服务以人民为中心，目的在于解决人民的实际问题。因此，乡村在进行社会心理服务体系建设时，需兼顾事前、事中、事后，即事前要充分进行调研、了解人民需求，事中要根据不同对象有针对性地提供服务，事后要收集反馈信息、及时改进。

2. 坚持与中国具体国情相结合、与中华优秀传统文化相结合

对于乡村，南北方文化不同，不同民族文化不同，沿海、内陆、边疆地区文化不同，社会心理服务要坚持以不同地区社情民俗、本土文化为根基，将心理学、社会学和管理学等各个学科的知识和技术融会贯通，应用于实际。

3. 坚持遵守循序渐进、精细化服务原则

乡村社会心理服务体系建设之路道阻且长，行则将至。目前，乡村层面的科普宣传、培训授课等工作的开展仍然具有一定难度。因此，社会心理服务工作者必须具备长远的目光和踏实的态度，将心理服务工作融入日常生活和工作，有针对性地解决问题，在潜移默化中发挥精神文明建设作用，最终实现健康乡村、平安乡村、幸福乡村目标。

第二节　基层社区工作中的社会心理服务体系建设

一、概述

作为社会治理的基础单元，社区是开展社会心理服务体系建设工作的前沿阵地，其在维护民众身心健康、提高民众身心素质、推进综治维稳工作及促进社会长治久安等方面发挥关键性和基础性作用。因此，我们必须健全和完善社区社会心理服务体系，关注并满足居民的心理需求，为其提供全方位、多层次的心理支持和服务，提升居民的幸福感，促进社区的和谐稳定。

二、背景

改革开放以来，中国的社会结构、城乡社区发生了巨大变化。尤其自20世纪80年代中期以来，基层社会管理形式由"单位制"向"社区制"转变。单位承担的诸多社会功能发生了转移，从而给社会管理与服务带来了更大压力。此外，农业劳动力转移和户籍制度改革引发人口流动大潮，促使城市实际居住人口剧增，也给现有的社会管理制度带来了巨大挑战。在这一背景下，社区管理模式开始由"管理"转向"治理"，并致力于寻求多元主体参与的共建共治共享的社会治理格局。

随着基层治理工作持续推进，党和国家开始探索融入"心"模式，实现"从心而治"。《关于加强心理健康服务的指导意见》指出，将心理健康服务作为城乡社区服务的重要内容。《全国社会心理服务体系建设试点工作方案》指出，探索社会心理服务疏

导和危机干预规范管理措施，为全国社会心理服务体系建设积累经验。目前，不少试点地区在社区层面开展的社会心理服务工作已形成具有自身特色的服务体系，创建了全面系统的服务模式，并积累了丰富的典型经验。

三、实践和具体做法

社区的社会心理服务体系建设应全面考虑社区工作的各个方面，实现社会心理服务全方位、全周期、系统化有效覆盖，并融入基层社会治理与矛盾纠纷化解的过程，构筑守望相助的亲朋邻里关系，打造和谐的熟人社区，提升社区居民的归属感、幸福感和满意度。

（一）搭建全方位社区社会心理服务支持系统

在社区基于"微观个体－中观群体－宏观社会"的视角搭建全方位社区社会心理服务支持系统，建立全面有效的社区支持对社区社会心理服务体系建设至关重要。结合社会心理服务"同心圆"模型，以个人为核心单位，建构从自我、家庭、亲朋邻里与同学同事到社区（村）与组织（单位）、专业机构与行业组织、政府与法治、社会与文化再到生态环境的支持系统。

1. 居民自我支持

一是提升自身素质，积极参与社区活动。通过心理健康知识的宣传与普及，提高社区居民的心理健康意识，从源头上预防心理健康问题的产生。例如，个体可以通过社区组织或专业机构举办的心理健康教育课程，学习压力应对、情绪管理等技巧，提升个人的心理素质和抗压能力，提高发现、应对和解决心理问题的能力。二是建立自助互助机制，加强互助支持。个体通过组织邻里互助小组或志愿者团队，定期开展一些社交活动，如晚间茶话会、运动健身小组等。三是关注社区心理服务资源，以便寻求专业支持。了解社区提供的心理健康服务资源，如心理咨询热线、心理健康讲座等，增强自我支持，当存在心理问题时，应及时主动求助。

2. 家庭支持

一是激发家庭活力，建设良好家风。关注家人心理状况，倡导优良家风家教，引导家庭成员自觉履行家庭责任，并营造宽松的家庭氛围，让每位成员感到被尊重和接纳。二是促进家庭成员沟通，培养共同兴趣爱好。家庭成员间应建立良好的沟通机制，通过倾听和互相理解，表达彼此的情感、问题和烦恼，互相提供情感上的支持和慰藉。同时通过培养共同的兴趣爱好增进亲密感和凝聚力。

3. 亲朋邻里互助

一是建立融洽的关系。鼓励民众参与各类心理健康活动以增进对彼此的了解，通过互相尊重和互相关心，为他人提供实质性的情感支持，从而建立亲朋邻里间互相关心、互相帮助的多元支持网络。二是促进社交互动。组织亲朋邻里聚会、庆祝活动及其他社交活动，促进社区居民间的互动和交流。同时，亲朋邻里可以联合起来解决一些共同问题，如改善社区环境、增强安全意识等。

4. 社区联动支持

一是将社会心理服务融入社区文化生活。一方面，社区服务中心可以组织沙龙活动，以心理课程与文艺活动相结合的方式，让居民放松身心，缓解压力，提升居民的生活幸福感。在活动中融入剪纸、书法、地方曲艺和太极养生等传统文化活动，结合团体心理游戏，提升服务效能。同时，创新设计实用性的活动，如开设放松助眠课等。另一方面，创建解忧信箱，由专业心理咨询师为来信者答疑解惑，并充分保护对方隐私，帮助其缓解消极情绪，提升辖区居民的幸福感和归属感。二是打造"五社一心"模式。以社会心理服务专业力量为核心，联动"社区、社区（社会）组织、社工（社区网格员）、社会（社区）慈善资源、社区志愿者"，发挥"五社联动"基层社区治理模式优势，鼓励志愿者走到社区民众身边，夯实社会心理服务在社区开展工作的基础，形成有针对性的危机介入、临界预防和超前预防介入的三级服务分流机制。

5. 机构组织支持

一是提供有针对性的多样化服务。面向社区全体居民提供心理健康指导、心理教育宣传等服务，针对特殊群体提供心理危机干预、个体咨询和团体辅导等服务，并为个别长期服药的抑郁症、焦虑症患者提供转介服务，与专业精神卫生机构进行对接，保证患者的用药和治疗。二是激活社区社会组织。首先，对社区原有的松散性、自发性、兴趣型组织，激励其共同组织开展社区系列活动，创新活动形式、打造活动品牌，加强居民自助互助，建立支持系统。通过社区组织开展的各项活动，建立起更为紧密和融洽的社区关系，激发和谐友善、积极正向的社区活力。其次，与多方合作联动，为社区居民链接资源。社区通过与专业机构、社会组织建立良好的合作关系，随时为居民调动社会心理服务方面的资源，提供个性化的资源配置和有针对性的心理服务，从而提高社区社会心理服务的效率与质量。

6. 政府保障支持

一是建立工作机制。做好党政领导和部门之间的沟通协调，畅通社会参与渠道，通过专家支持和媒体宣传，不断完善组织领导与保障机制。二是完善监督考核机制。政府通过制定法律法规、完善行业规章，促进社区社会心理服务规范化、制度化。为保障基层社区社会心理服务体系运行良好，需要健全科学的社区社会心理服务考核监督机制。通过设立专门的监管部门或委托第三方来进行评估和监督，确保社会心理服务提供者的职业道德、技能水平和服务质量符合标准，保障社区居民的合法权益。三是政府多方合作。以整合资源的方式，加强与社会组织、专业机构等的合作，提供更多的社会心理服务项目和渠道，共同为社区居民提供心理支持。

7. 社区环境与文化支持

一是传承优秀文化。宣传弘扬尊老爱幼、夫妻和睦等中华优秀传统文化和美德，创造有益于家庭心理健康的社会环境。例如，在冬至，联合街道办、妇联等单位，组织社区老人共同开展饺子宴活动，从而拉近彼此距离，促进邻里和谐。二是提倡心理健康观念。利用自媒体等平台，向社区居民普及心理健康知识，创建积极向上的社区环境，鼓励人们积极参与社交活动、体育运动等有益于心理健康的活动。三是倡导社会正能量。通过社区社群、社区媒介等渠道，广泛宣传主流文化中积极正向的价值观，特别是大力弘扬社会主义核心价值观。鼓励社区居民积极参与志愿活动或社会公益活动，联合街道办开通线上平台，分享社区居民与社会工作者充满正能量的故事和经验，如"先进事迹""好人好事"等。

（二）构建全周期社区社会心理服务网络

近年来，个人极端案（事）件时有发生，给社会和谐稳定带来了冲击和挑战。因此，我们需构建完善的"前端服务、中端预警、末端干预、后续跟进"全周期式社区社会心理服务网络，形成全流程覆盖的一体式社区社会心理服务体系。

1. 前端服务

在搭建基层社会心理服务网络的基础上，针对社区具体情况开展活动，通过打造"党建引领、协同共进"的运作模式，形成以网站为点、以社会为面的社会心理服务圈。首先，基于党建共建，推动有条件的社区与街道、社会组织、企事业单位等以共建"安心驿站""安心小屋"等社会心理服务站的形式回应社区居民的实际需求，开展社会心理服务。其次，线上服务宣传方面，实现居民"一键式"获取心理健康科普知识，提供线上心理咨询渠道，方便居民"面对面"地享受服务；线下站点服务方面，依托社会心理服务站、社区服务中心等场所，提供全方位、全覆盖的心理辅导与心理危机干预，同时以入户走访的方式为居民疏解情绪困扰，宣传心理健康知识。最后，开展心理健康联动服务，社区与家庭联合开展有针对性的社会心理服务。例如，开展社区心理健康知识普及活动，通过现场活动使社区居民了解心理健康知识，正确认识抑郁、焦虑等常见的情绪问题，掌握心理调适方法和基本的减压知识，促进构建和谐良好的亲子关系。

2. 中端预警

建立广泛联动的监测预警体系。首先，将心理问题筛查融入社区日常工作，摸排筛查出重点关注对象和潜在心理风险人员，发现社区可能存在的家庭矛盾突出、邻里关系不和等问题，通过网格化管理系统推送到各级综治中心。其次，建立广泛的信息收集渠道，如设置专门的热线电话、在线平台、线下信箱或邮件联系方式，鼓励居民向社区反映心理问题及其他社会问题，社区工作人员及时收集和记录居民的反馈信息。最后，有条件的社区可以对居民进行心理评估和分析，通过建立社区心理辅导室、心理活动室等设施场所，识别社区居民心理问题，将潜在的个体心理风险与社会风险化解在萌芽状态。

3. 末端干预

对社会心理服务和监测过程中发现的危机人员，应做到全面评估、分类管理、主动干预、精准施策，从源头化解可能导致社会不和谐、不稳定的因素。首先，搭建求助服务平台。结合电话求助、网络求助、线下来访求助和转介求助等渠道，形成综合性的求助服务平台，确保社区居民求助服务的全面覆盖。其次，实行分类精准干预。通过评估，将服务对象分为一般人群、重点关注人群和特殊人群，其中对一般人群不定期开展走访，对重点关注人群和特殊人群可以进一步划分为轻微、严重、特别严重三种类别。轻微者由社区心理服务中心安排工作人员进行疏导，召集专业心理团队工作人员对严重者进行疏导和会诊，特别严重者则转介至精神卫生医疗机构就诊。

4. 后续跟进

在心理危机与风险化解后，相关人员仍需做好持续跟进、服务与保障工作，防止风险再度爆发及产生次生危机。一方面，做好社会心理援助。将心理危机干预和心理援助纳入社区公共危机事件，在事件善后和恢复重建过程中，为相关人群提供心理安抚与社区关怀，对高危人群持续跟踪并及时提供心理援助服务。另一方面，鼓励社区居民建设互助支持系统，加强社会联系与信任。此外，将社区事件作为后续开展心理健康教育和心理疏导的案例，避免类似事件再次发生。

（三）构建社区社会心理服务系统化配套体系

从社区社会心理服务政策法规、组织管理、工作指标、考核评估与人力资源等方面着手构建社区社会心理服务体系的顶层设计。一是完善政策法规体系。按照上级相关政策法规，明确社区社会心理服务的任务、职责、权限和程序等。二是加强组织管理。对社区社会心理服务组织和机构，要健全科学的社区心理服务监督考核机制，提高社区社会心理服务的质量和效果。同时，在合作机制上，与相关专业机构、社会组织、学校和医疗机构等建立良好的合作关系，实现资源共享和互助协作。三是设计工作指标。明确社区社会心理服务工作的整体目标和发展方向，对指标进行分类，并设定可以实施测量和量化操作的具体要求，通过定期汇报和评估报告的方式收集数据并实时监测，根据反馈结果，及时改进和优化工作。四是考核评估。参照社区卫生服务评价体系，明确考核评估的目标，以及评估的时间周期和频率。根据社区社会心理服务工作的特点和需求，制定和运用评估指标和方法。同时，将评估结果纳入绩效考核和奖惩机制，激励各级工作人员积极投入和改进工作。五是整合利用人力资源。组建社区心理健康服务团队，一方面，加快培养社区专业化心理服务人才，从专业服务和包含社区志愿者等人员的辅助服务两方面着手展开，对其开展定期培训，并由市区两级专家督导团队定期对其进行培训、督导与评估。另一方面，聘请高校、医院等心理相关专家，担任社区心理服务顾问，为社会心理服务队伍提供技术支持，在面临重大事项时，参与统筹社区心理服务的各项工作。发动各行业、各部门和社区等心理志愿者，采用"传统授课＋情景模拟"的方式，开展系列专业知识培训和课程。

（四）社会心理服务融入基层社会治理与社区矛盾纠纷调解

一是坚持主动服务。首先，在处理矛盾前，先接纳居民情绪、建立良好关系，再商量如何解决问题，共同制定目标。其次，在面对居民信访诉求时，按照"三到位一处理"原则，做到"诉求合理的解决问题到位、诉求无理的思想教育到位、生活困难的帮扶到位"，根据不同信访人的心理状况，加强入户走访、疏导化解、说服教育和排忧解困等环节，帮助其进行心理调适，引导群众合理合法表达诉求。最后，在介入社区矛盾纠纷时，做好资源的连接者和协调者、积极主动的沟通者和倾听者，以及疑难问题的分析者，发现居民心理层面需求及行为背后的心理动机，同时以社区工作人员角色介入，增强社区社会心理服务的接纳度。二是以矛盾纠纷化解一站式社区服务为依托，增加内容、增设窗口，聘请专业心理咨询师参与矛盾调解，为有需求的居民开展心理疏导工作，帮助当事人打开心结，引导当事人依法理性维权，促进矛盾纠纷化解和社会关系实质性修复。三是成立基层调解队伍。成立由社区退休老干部、社会工作者和网格员等组成的调解队伍，通过聊家常等面对面的沟通方式，帮助居民纾解心理压力、缓解家庭矛盾。四是灵活应用社区矛盾调解智能工具。首先，联合街道办等上级单位，融合多部门信息资源，打造社区线上社会心理服务平台，嵌入矛盾调解、心理咨询和心理疏导等功能，整合心理知识科普、学习培训和休闲娱乐等多项服务，通过与线下相结合的方式开展各项工作。其次，打造服务管理平台。充分发挥网格化智慧管理和"块数据"应用先发优势，构建基层社会心理服务大数据库，促进服务管理能力不断提升。

四、展望未来

目前，社区社会心理服务工作在不同层面、不同领域有其相应的实践和具体做法。

第一，宏观支持层面，政府一方面通过政策文件的出台，明确管理体系与配套的权利、责任与义务，同时加大资金投入，与多部门合作并整合现有资源、共享现有信息，加强社会心理服务的保障工作。第二，基础设施层面，建立完善的社区心理服务室、心理咨询室等场所，配备沙盘、宣泄用具等，并开通线上心理热线，对来电者展开心理救助和咨询。第三，队伍建设层面，主要是结合基层人才现状，组建心理服务团队，可以包含专业心理咨询师、医院专家、社会工作者、志愿者等人员。同步进行人才培养工作，在专业培训中致力于提升被培训者的理论与基础知识、综合服务能力、法律意识和道德伦理意识。第四，服务提供层面，一是心理预防，即心理健康教育与宣传，通过心理健康知识普及和意识的提升开展间接心理服务。二是心理干预，提供直接心理服务。首先，使用合适的评估工具进行心理评估与筛查，帮助居民了解自己的心理状况，并准确定位问题。其次，以线上或线下的方式开展心理咨询与辅导以帮助居民应对压力和情绪问题，解决心理困扰。最后，对特殊人群开展有针对性、个性化的心理服务，做到服务的实质性创新。三是心理援助，针对危机事件开展心理危机干预与转介服务，保障居民在发生心理危机时得到帮助和支持。四是心理支持，为居民提供情感支持、社交支持，包括心理危机事件过后的恢复与心理重建，帮助其搭建社会支持网络，加强居民间自助互助。通过这些不同层面的实践工作，可以为全国的基层社区提供多层次、多元化的社会心理服务，促进居民的心理健康和提升其幸福感。未来，基层社区工作中的社会心理服务体系建设工作应以社区为起点，运用现代智慧技术，创新服务内容与形式，探索多方协调联动的合作模式，充分挖掘和利用社区现有资源，搭建全方位、全周期的社区支持系统，促进全民身心健康、维护社会和谐稳定，增进人民的幸福感和社会发展的持续性。其中，需注意以下两点。一是建立多方协调联动机制。构建社区社会心理服务体系不能只强调独立的体系，应该跨界共创、资源共享、合作共赢，可以依托卫生、教育、文化、司法和社会工作等系统现有的阵地构建社会心理服务体系，并汇聚医生、教师、律师和心理工作者等各领域的专业人才，综合运用心理学、教育学、社会学和医学等多学科知识、技能和方法，提升综合服务和解决问题的能力，构建社区居民触手可及的社会心理服务和社会支持系统。二是重点加强人才培养。一是加强民众沟通能力，社会心理服务工作者在与社区居民沟通时要保持良好的服务态度、充满积极的情感色彩，以接地气的方式、通俗易懂的语言与社区居民沟通交流、共享信息。二是提升矛盾调解能力，社区作为居民共同的生活场域，容易因文化差异、关系紧张发生利益冲突，产生矛盾纠纷，所以得升矛盾调解能力对基层社会心理服务工作者来说至关重要。三是灵活运用社区媒体，倡导健康心理观念，并充分利用互联网、大数据等技术，提升服务便捷性与效率，不断创新社会心理服务模式，做到服务部分人群的"差异化"与大多数人群的"多样化"并举，以满足不断增长的社会需求。

第三节　社会心理服务在生活中的实践与运用

一、概述

目前，社会心理服务在生活中的实践和应用较为薄弱，存在民众参与度低、获得感不强、缺乏趣味性等问题。下一阶段，相关部门的工作人员应以服务对象的心理特点和需求为导向，以服务对象易于和乐于接受的方式为载体，坚持生活化、普惠化、多元化的应用方向，传播"拿来即用""接地气"的理念，践行"做心理不说心理""润心细无声"的方式，并不断探索社会心理服务在生活中实践与应用的做法、步骤及应用的具体场景等，让心理学在各类群体、各个领域中发挥积极作用，真正成为个人自我完善、家庭幸福、人际和谐、社会稳定的有效工具。

二、背景

目前，我国正处于经济转型期，随之产生许多新问题和新特点。近几年的国民心理健康蓝皮书显示，各行各业处于心理亚健康的人群比例较高。为了满足人民多样化的心理服务需求，提升民众心理健康素养，社会心理服务体系建设在全国范围内正在如火如荼地进行。经过三年试点，社会心理服务体系建设有效促进了民众的心理健康，提升了民众的心理素质，培育了良好的社会心态，为百姓安居乐业和社会稳定发展做出了积极贡献。

调查研究显示，社会心理服务融入生活仍存在一些问题，如在生产生活方面，社会心理服务存在生活化和本土化不足的情况。

根据国家的政策和指导方针，结合基层工作的丰富经验，我们对社会心理服务更好地应用于生活的方法和策略进行了总结和整理。一方面，通过开展一系列民众喜闻乐见的活动，用生活化的方式演绎与老百姓生活密切相关的理论，以民众乐于接受的方式进行传播，让民众意识到社会心理服务是生活中解决问题、开发潜能、提升幸福的好帮手。另一方面，总结提炼具体的经验、做法，形成可复制、可传播的模式，从而为其他地区将社会心理服务应用于民众的生活提供有益参考与借鉴，打通服务民众的"最后一公里"。

三、实践和具体方法

（一）社会心理服务应用于不同场景的方法

1. 生活化的科普宣传

要想真正使百姓受益，我们必须积极主动地将心理学的技术和方法融入百姓生活的方方面面。科普宣传工作是这一过程中源头性、基础性的环节，我们要通过科普宣传工作，增强社会心理服务对于民众的吸引力，有效增加民众的参与度与获得感。

（1）生活化的宣传教育体系设计

首先，宣传教育内容生活化。宣传教育的内容要来自民众的生产生活，反映民众的所思所想所忧，为民众解决自身生活中的难题提供可取的方式、方法。其次，宣传教育媒介丰富化。面对面的线下宣传教育面向的群体受限，可以通过电台、电视和自媒体等多媒介的参与，增强社会心理服务的可触及度，实现有效覆盖。最后，培养来自民众中的宣传教育人员。根据宣传教育工作的对象，从民众中选拔宣传教育人员，通过培训、实践等方式，切实增强宣传教育工作的亲和力和影响力。

（2）增强宣传教育活动趣味性与民众参与度

宣传教育活动只有真正做到入脑入心，才能把心理学的理论、方法切实转化成对民众受益的生活常识，从而吸引更多民众主动参与其中。首先，增强形式上的趣味性。传统的"填鸭式""你说我听"的宣传教育模式难以激发民众的兴趣，单一的感官参与也容易使宣传教育对象感到厌倦。通过游戏、体验式活动和社会心理服务情景剧等形式，打破传统、沉闷的宣传教育方式，使民众多感官参与、全身心投入，从而提升民众参与心理服务活动的积极性、能动性和主体性。其次，通过艺术形式展现。艺术化的形式可以让宣传教育对象更放松，并且他们可以在其中发挥自己的创造性，更有参与感。最后，让民众在参与中受益。只有民众感到参与宣传教育活动对他们有用，并且得到积极正向的反馈时，才能激励他们持续参与，并自行根据需要学习相关的心理学知识。因此，在设计宣传教育活动时，应以民众能否从中受益为首要出发点，让民众在宣传教育活动中获得真实的体验，深刻理解知识，并将其真正应用于生产生活中。

2. 乡镇（街道）、村（社区）服务

社会心理服务走入街道社区，既要符合居民的心理客观规律，也要接地气，用民众喜欢的、熟悉的、期待的方式做好服务。

（1）寓教于乐，营造欢快温暖、相互支持的服务氛围

一是让参与其中的民众感到愉悦和温暖，通过游戏、互动等形式，让民众边玩边学，营造热闹欢快的氛围，提高民众的参与热情。二是现代社会的社区多由来自不同地区、不同单位的"陌生人"组成，彼此缺乏了解、联系不多，而宣传教育活动可以拉近彼此的距离，增进彼此的认识和信任，有助于营造温馨互助的"社区大家庭"。例如，传统的读书沙龙只是单纯的读书分享会，受众范围狭窄，老人、孩子及大部分对心理学陌生的民众都难以从中受益。对读书沙龙的创新就是要基于让更多民众参与的宗旨，不执着于"读书"的标签，形成以游戏互动、读书分享、解决实际问题为主的社会心理服务形式，依据心理学的理念设计好玩的游戏，不仅好玩、有效，还能学到知识，解决实际问题。

（2）从受众需求出发，量身打造社会心理服务

社会心理服务在街道社区具体应采用什么样的活动形式，应从服务对象的需求出发。不同群体具有不同的心理特点和需求，需根据服务对象的特殊性和他们在现实生活中面临的问题，有针对性地设计服务的内容。当民众发现活动贴合自己的需求时，会感到被尊重和理解，进而更积极主动地参与活动。

（二）社会心理服务应用于不同人群中的方法

社会心理服务强调对全人群的服务，既可以服务于从儿童期至老年期的不同阶段的群体，也可以服务于社会上的不同群体，并且要在服务中根据受众群体的心理特点设计不同的内容，增强服务活动的针对性、有效性。

1. 儿童和青少年

儿童期和青少年期是社会心理服务重点关注的两个阶段。首先，要针对儿童和青少年不同的心理特点提供相应的心理服务。例如，儿童具有思维具体和形象、规则意识不强和自我中心等心理特点，因此抽象的知识讲授难以激发他们的兴趣；青少年则渴望独立和自主，希望拥有自己生活的控制权和决策权，开始将自己与他人进行比较，情绪也易受他人影响，因此对青少年进行心理服务既要呵护他们的情绪，又要避免伤害他们的自尊。其次，社会心理服务不只是预防心理疾病，还包括人格健全、素质提升、潜能开发和品质培养等多个方面的内容。儿童期和青少年期是许多心理品质形成与发展的关键阶段，认知能力、情绪表达能力、想象力和创造力主要在儿童期形成和发展，辩证思维、自我意识、社会角色认知则主要形成于青少年期。在生命早期培育健全完善的心理素质，可以帮助儿童和青少年缓解在成长过程中面临的心理压力。

目前，全社会对儿童和青少年群体非常关注，但适合儿童和青少年的有效社会心理服务方式还需要深入探究与拓展。首先，要针对儿童和青少年的认知特点、思维习惯、生活内容、兴趣爱好进行生活化与多元化的心理服务。其次，激发儿童和青少年的自主性，尊重他们的隐私和边界，给予他们表达自我的空间，让他们主动参与社会心理服务，从"要我学"转变为"我要学"。最后，创新服务方式，采用互动交流、感受分享等沉浸式的教学方法，以孩子们喜欢的方式和载体，呈现相应的心理知识。

2. 女性

依托街道社区的公共服务设施或场所（如妇女之家和社会心理服务室等），举办女性心理健康科普讲座，发放心理健康宣传手册，利用各种媒体宣传心理健康知识。通过面谈咨询、热线电话和团体辅导等多种方式，向孕产期、更年期和遭受意外伤害的女性，以及存在家庭矛盾纠纷的女性，提供心理疏导和家庭关系调适等服务。针对生活困难的、需要帮助的女性，联动有关部门开展家庭走访、心理帮扶和关爱救助等工作。同时，针对孕产妇群体，形成一套贯穿备孕－孕期－产后的围产期心理健康管理服务系统。

3. 婚恋群体

民政部发布的统计季报数据显示：2022 年，我国结婚登记人数为 683.3 万对，创下了 1986 年有公开数据以来的新低。为应对人口增长势头的变化，需要给青年人创造更好的婚恋条件和机会，帮助他们树立正确的婚恋观念。

目前，社会上存在许多青年单身俱乐部及婚恋相关的社交软件，但是它们在促进青年人婚恋方面发挥的功能非常有限，主要有以下三个方面原因。一是目标太直接。上来就谈婚论嫁，缺少在一定情景下深入沟通、交流的机会，效果不理想，很多年轻人不喜欢这种方式。二是没有建立信任关系。无论在婚恋社交平台上认识的陌生人，还是在相亲活动中初次认识的交往对象，双方均没有建立互相信任的关系，难以促成下一步的深度交往。三是缺乏合理的活动设计。活动需要尊重参与者的真实自我，引导参与者先认识自我再认识他人、先自爱再爱人，同时更加深刻地理解爱情和婚姻的本质，拥有更加成熟的爱情观和婚姻观，找到真正适合自己的伴侣。

因此，相关部门和机构要为婚恋群体提供婚前、婚后全周期的社会心理服务。一是婚前心理辅导，通过链接妇女联合会、社会心理服务机构等，帮助夫妻明确婚姻中的角色和责任分工，教授夫妻情绪管理的技巧，如放松训练、情绪调节和化解争执等，以帮助他们有效解决婚姻中的冲突和争议，并提供全面的心理咨询与法律等方面的服务。二是开展社区婚姻家庭讲座，分析婚姻家庭矛盾调解案例及讲解婚姻家庭心理、法律方面的知识，从而推广普及婚姻家庭政策与知识，提升居民婚姻家庭幸福指数。一方面，开展亲密关系培训，针对夫妻双方开设品牌特色系列课程。以现代心理学为基础，结合中国传统文化中有关婚姻家庭的理念和精髓，将人际沟通和影响幸福婚姻的方法融入团体心理辅导活动，旨在帮助夫妻建立正确的家庭观。另一方面，开展亲子关系培训，邀请教育专家、学者到社区举办亲子关系讲座和研讨会，让家长了解最新的研究成果和育儿知识，并通过建立亲子交流平台，供父母分享经验、倾诉困惑并互相支持。三是针对婚后家庭的心理危机干预。首先，社区可以与社会福利机构合作，建立婚姻家庭支持网络，如为遭遇家庭暴力的家庭成员提供庇护所、法律援助或心理咨询等服务，确保婚姻家庭成员的安全并为其提供福祉。其次，针对存在心理问题或需要心理咨询的家庭，社工可定期进行上门家访和提供援助保护，了解该家庭的实际婚姻情况和各方需求。通过和家庭成员的沟通、交流，及早发现问题并提供必要的支持和引导。同时，组建并培养婚姻咨询与情感维护专业人员，活跃于社区，及时跟进婚姻家庭矛盾纠纷危机。最后，借助社区心理服务热线，帮助家庭处理矛盾，不断增强民众的幸福感与归属感。

4. 老年人

我国正逐步进入老龄化，为应对人口老龄化，社会心理服务应加强对老年人心理需求的关注。老年人面临如退休、子女独立等自我认识和社会角色的转变，需要重新定义自己的身份与价值，以适应新的生活阶段。同时，老年人可能面临身体疾病、失去亲友等问题，容易产生抑郁、焦虑等心理问题。我国老年群体的大部分活动范围位于社区或乡村等基层领域，与身体疾病相比，我国对老年人的心理问题还缺乏关注，一是因为老年人对心理健康的重要性认知不足，二是因为缺乏针对老年人心理特点的社会心理服务。

做好老年人心理关爱服务，需要做到如下几点，一是要提升老年人自我价值感。老年人心理关爱服务要真正从老年人的心理特点出发，发掘老年人过去经验中隐藏的优秀品质、个人成就、传奇故事，提升老年人的效能感、价值感，增强老年人的自我支持，从而纾解抑郁、焦虑等消极情绪。二是要建立老年人心理支持圈。老年人心理关爱服务可以通过开展集体活动，帮助老年人找到志同道合的伙伴，建立适合自己的社交支持圈，营造自助和互助的温馨氛围。

5. 精神障碍患者

《关于加强心理健康服务的指导意见》提到，要加强严重精神障碍患者服务，动员社区组织、患者家属参与居家患者管理服务，并建立健全精神障碍社区康复服务体系。推行"排查 – 筛选 – 干预"的工作流程，首先要对社区精神障碍患者进行排查与访视，其次为他们提供院内与院外的康复服务，并创新服务项目与模式，促进其达成职业康复、全面康复，帮助其回归家庭与社会。

（1）排查识别与风险防范

一是加强基层排查工作。相关部门工作人员通过逐户上门等方式对辖区户籍人口、常住人口和流动人口中的精神障碍患者开展全覆盖排查，重点排查曾经肇事肇祸和病情不稳定、流露暴力倾向可能肇事肇祸的重性精神障碍患者。接着，对排查和测评发现的可能肇事肇祸的精神障碍患者，按照"一人一档"的要求进行分类登记装订成册，并及时更新信息和升降风险评估等级。对于疑似精神障碍患者，社区服务中心应及时与街道、派出所民警开展合作，将其纳入本辖区日常精神障碍患者管理，实现网络化、动态化管理。二是部门联动多处走访。通过定期走访和随机走访相结合的方式，及时了解患者病情，进行风险评估。按居住地落实患者管理，并将其按基础管理分轻度、中度与重度三级管理，按照不同等级调整随访次数。此外，与居委会、街道、派出所积极协商，定期召开社区、居委干部和街道联席会议，确保易肇事肇祸精神障碍患者不失控，最大限度避免患者做出危害社会或他人的行为。

（2）多措并举提供康复服务

一是针对康复人员家属开展支持性服务。通过家属与家属之间、家属与专业人员之间的交流、支持与学习，为康复人员家属提供压力舒缓、情绪疏导、人际支持的专业平台，营造良好的康复氛围。二是联动社会工作者、心理服务工作者、医疗机构与患者亲友开展康复服务。为康复人员搭建社区精神障碍患者交流平台，建立朋辈支持，提供康复治疗、心理咨询、心理健康教育和社区适应等社区康复服务。三是打造特色实践内容。例如，开展手工制作活动，并对手工制作活动中的优秀作品进行展示，形成文创产品，进一步倡导精神康复和复原理念。

6. 其他特殊人群

针对其他特殊人群，如失独家庭成员、困难家庭成员和社区矫正人群等，需要对其施以关爱服务，并对部分人群开展抑郁症防治工作。此外，关注社区不同特殊人群的实际需求与问题，实施有针对性的社会心理服务，融合个性化、人性化关怀等理念开展常态化的服务活动。

（1）失独家庭成员

一是组建服务团队。例如，针对失独家庭，组建一支"心理咨询师＋社会工作者＋计生志愿者＋社会志愿者"的服务队伍。在队伍建设上，运用线下或线上的方式，为服务队伍成员提供培训及督导服务。此外，不定期开展走访活动，完成基层工作人员心理服务能力的摸底调查，同时开展现场督导，解决疑难问题，提供专业支持。二是开通关爱服务热线。提供 24 小时心理热线，由专业心理咨询师或受训志愿者提供心理援助，为失独家庭每位服务对象进行动态心理体检、评定哀伤等级并进行分级管理。

三是提供多样化个性服务。通过与社区相关机构的联合，根据失独家庭普遍存在的需求及收集到的个性化需求，将对应的服务做成菜单，分发给服务对象，供其选择。服务内容主要涉及睡眠改善、情绪调试和压力纾解等心理健康服务，保健养生、预约体检、送医送药、医疗保险和住院护理等医疗健康协助服务，小型家庭聚会、节假日或生日会和户外心理陪游等社会功能康复服务，政策讲解协办、领养再生育咨询协助、就业创业咨询协助、生活照料家政服务和圆梦微心愿等。四是个体与团体活动共同推进。首先，提供个体心理咨询。一方面，通过设立社区心理咨询驻点，给陷入心理困扰的失独家庭成员提供一对一心理咨询服务。另一方面，为老年群体提供预约式上门咨询服务，再通过心理服务团队进行心理辅助。其次，开展团体活动。一方面，组织开展团体联谊活动，包括参观红色景点、历史文化古迹等。同时，结合节假日，举办特色节日聚会和团建活动，通过团体性、竞争性游戏，打开失独家庭成员心扉，增进彼此情感与共鸣。另一方面，开展团体心理辅导，为失独家庭建立咨询团体，邀请专家进行心理健康指导，帮助其缓解情绪，改善心理健康。

（2）困难家庭成员

一是建立心理关爱服务机制。第一，建立心理隐患预警机制。相关工作人员对各类人群进行动态入户巡访，识别和发现重点人员并及时联系专业机构进行评估，跟进疏导，主动干预，有效防控各类人群可能出现的心理风险。第二，建立心理需求服务机制。科学分析、研判关爱对象的心理状况，精准对接关爱对象的心理需求，制定个性化关爱方案，实施精准援助。第三，建立心理疏导机制。推行"聆听、区分、提问、反映、引导"五步工作法，定期帮助民众减压释压。第四，建立心理危机干预机制。对通过排查出来的特殊对象进行干预，防止危机事件发生。第五，建立心理关爱评估机制。每年委托第三方机构对社区、机构和服务团队服务质量进行评估，及时改进发现的问题，为持续做好各类人群心理关爱工作提供依据。二是提供社区关怀。首先，搭建社区关怀平台，开展困难群体"每日一问候"服务，结合线上和线下不定期访问，主动询问其在生活中的实际困难并提供相应帮助。其次，联动家属、社区（村委）工作人员、机构和企业等开展工作。一方面，组织举办慰问活动，筹备、赠送如日用品和衣物等爱心物资，切实保障其基本生活。另一方面，根据困难家庭实际情况，开展有针对性的关怀服务。例如，对于困境家庭儿童，组织志愿者、社会工作者和心理服务工作者等力量，关注孩子的学习、生活情况，提供助学、托管等服务，并鼓励孩子增强信心和勇气面对未来的生活。

（3）社区矫正人群

一是建立心理档案。从心理健康和人格类型两个维度进行心理测试，判定社区矫正人员的心理风险等级，筛选出一般对象和关注对象，对存在心理困扰的人员进行重点关注和定期咨询。二是集中开展心理辅导活动。联合心理志愿服务团队，通过心理游戏使其认识到自己的行为过错，解开心结，引导其敞开心扉，帮助其树立正确的人生观、价值观和世界观。三是提供个性化人文关怀。邀请大学教授、教练等专业人士，通过举办体质监测主题活动，为社区矫正人员提供有针对性的运动健身方案，提升其身心健康水平。四是主动了解社区矫正人员家庭情况，对存在困难、需要帮助的家属成员进行走访、谈心、慰问并给予物质和精神支持。

（4）部分人群的抑郁症防治

一是做好抑郁症防治知识宣传。通过广泛宣传心理健康知识，让更多的居民认识、了解和关注抑郁症，开展有针对性的心理健康知识普及与心理健康服务等活动。二是完善服务流程与模式，充实心理服务内容。将抑郁症筛查、评估、转诊和随访等作为重要的心理健康服务工作纳入社区常规工作。首先，加强社区抑郁症识别筛查工作。联合心理服务单位，应用专业量表在社区广泛开展抑郁症筛查，重点关注有家族遗传病史的，丧偶、失业的，长期服药的，以及患有癌症、糖尿病、心脏病和甲亢等慢性疾病的高风险人群。其次，及时开展抑郁症风险评估。社区联合心理队伍对确诊的抑郁症患者进行风险评估，重点关注是否有危害他人（包括家人）的行为或危险，是否有自伤、自杀等风险。经过评估将服务对象分为一般人群、高危人群与患者人群，并对一般人群、高危人群开展定期随访；对于筛查出的疑似抑郁症患者，应尽早采取相关措施，鼓励其前往专业机构就诊或转诊至精神卫生中心。

（三）社会心理服务应用于生产生活的方法

1. 生活化：兼顾科学性、趣味性和实用性

相关部门及工作人员要用更生活化的方式开展社会心理服务。一是要以科学性为指导，符合心理学的规律和百姓生活常识、行为习惯，尊重客观规律、专业知识和生活经验。二是要兼顾趣味性，将有用的心理学知识通过有趣的方式转化为助益个体与

他人成长的工具。三是要兼顾实用性，要做到拿来即用，对民众的工作和生活有实实在在的帮助。

2. 普惠化：本土化、接地气

（1）在空间上，让心理服务走入寻常百姓家

目前，很多社区配有咨询室和沙盘设施，但使用率很低。究其原因在于咨询室的服务形式相对固化，只能容纳少数人同时接受服务，难以达到社会心理服务惠及大众的目的，且大众因为一些认识误区不愿意寻求服务。社会心理服务强调面向公众的普惠型服务，不应局限于一个场地、一场活动，而是融入为民服务的点点滴滴。因此，我们不能只在咨询室等来访者来，而是要主动走出咨询室，将社会心理服务的空间范围拓展到更广泛的社区、学校和企事业单位等场所，用社会心理服务的方法和理念，根据受众群体心理特点设计诸如心理读书沙龙、社会心理情景剧和团体游戏等活动，提供更多样化的心理服务，涵盖更多人群，更好地满足他们的需求。

（2）在效果上，让民众真正受益

社会心理服务活动应以民众是否能够从中受益为首要出发点，民众通过活动有了实际的收获，结交了志趣相投的伙伴，能将所学方法有效地应用于工作和生活中，解决自身困扰，提高生活品质，未来自然会主动宣传社会心理服务，积极参与相关活动，促使更多人受益于社会心理服务。

（3）在多元化方向上，社会心理服务要有融合与跨界思维

社会心理服务要有多元化的视角和融合发展的理念。第一，促进多行业沟通，开拓多元化视角。通过与不同行业的交流、合作，增进对问题的全面认知，深入了解民众需求和行业痛点，为社会心理服务提供更具广度和深度的支持。第二，融合多学科理论基础与方法，建立跨学科多元化思维。仅仅依靠心理学无法全方位解决心理问题，需要尽可能地融入其他学科的智慧，以应对不同职业人群面临的生产生活问题，如针对企业管理人员融入管理学知识、针对教师融入教育学知识、针对矛盾调解人员融入法学知识等，只要有益于社会心理服务实践的学科知识，我们就应该积极接纳。第三，接纳多元化观点，找准定位。在社会心理服务领域深耕细作，和其他个体及群体资源共享、包容互补，促进社会心理服务和智能化服务、文旅服务和社会治理等融合发展。

四、展望未来

1. 构建人人参与、人人享有的社会心理服务共同体

建设人人参与、人人享有的社会心理服务体系，需要每个人在其中发挥力量和作用，人人都是社会心理服务体系建设的参与者、工作者、服务者和受益者。不同类型的人在社会心理服务中有不同的角色和定位。对普通民众来说，可以通过增强自身心理素质，实现身心和谐、健康乐群，与社会发展共振。心理学爱好者可以助力传播心理健康知识，增强公众的心理健康意识。社会工作者则可以根据社区需求开展规范化服务，增强社区凝聚力和稳定性。心理咨询师可以提供专业心理咨询服务，帮助个体解决心理问题、开发潜能、提升幸福感。而心理治疗师和精神科医生则负责在医疗机构为精神障碍患者提供心理治疗服务。

2. 创新人才培训模式，培养更加生活化的人才

目前，社会心理服务人才培训模式的培训内容，基本上局限于单一的心理学理论知识，过于强调心理学的专业性和心理服务的医疗功能，导致参与相关培训的往往只有医疗和教育系统的工作人员，缺乏来自与百姓生活较为密切领域的工作人员，培养的人才也难以将学到的知识应用于生产生活中。为此，要在如下方面创新人才培训模式。一是要扩展培训范围，让多层次、多部门、多领域的人员都参与进来，包括党政机关领导、各单位分管领导、业务骨干、乡镇街道干部、基层社区工作人员，以及各类社会心理服务机构的工作者。二是要丰富培训内容，在教学中增加社会治理、社会工作、政策法规和地方文化等相关内容，提升教学的趣味性和实用性。三是要坚持以实践为根本目标，所有创新都要服务于实践效果。推动社会心理服务的人才培训、整合和各自发挥作用，力图让受训人员在培训后既能够与各行业、各部门良好沟通、合作，也能拥有独立运营和进行社会心理服务的能力。同时，所培养的人才需要将所学应用于实践中，定期根据实践情况向相关社会心理服务专家请教、沟通。

3. 理论融入实践，推进心理服务的本土化

心理学在社会心理服务中发挥至关重要的作用，但在实践中，要谨记"做得比说得好听""说心理不如做心理"，将心理学理论融入民众的生产生活。打通社会心理服

务和民众的"最后一公里"，让社会心理服务走进千家万户，营造良好的社会心理氛围。随着社会发展，物质生活越来越丰富，民众的心理需求更多元化，这对社会治理提出了更高的要求。未来，世界将是一个心连心的世界，社会心理服务将在构建共建共治共享的社会治理体系中发挥越来越重要的作用。为此需要在实践过程中不断创新，用有效的成果发展理论，再用更新的理论促进实践，实现正向循环，形成更系统的思维方式、更科学的管理方式、更优化的工作模式、更幸福的生活方式、更全面的支持系统。通过心理服务的本土化，可以预见社会心理服务将嵌入民众生产生活和社会治理的方方面面，成为民众幸福生活的有效保障。

第四节　老年人社会心理服务体系建设

一、概述

中国特色社会主义进入新发展阶段，城市化进程加快，医学技术飞速发展，人民生活水平不断提高，人口老龄化问题愈发严峻。为实现积极应对人口老龄化国家战略，党和国家正全面推进社会心理服务体系建设，其中包括老年人心理服务，为老年人提供全方位、多层次、多元化的服务，即老年群体及亲友积极参与、主动配合，以老有所养、老有所医、老有所为、老有所乐为目标，以社区或乡村基层为发力点，以专业机构为支撑，以老年大学为平台，以政府法治为保障，以中华优秀传统文化为根基，以生态为助推，由内至外为老年人构建社会支持系统，满足其在养老、医疗和社会保障等多方面的需求，为实现中国式现代化"不落一人"而奋斗。

二、背景

人口老龄化是中国社会发展的必然现象，也是当前我国发展无法回避的问题。当前，中国的老年人口日益增加，人口高龄化趋势也愈发明显。为此，党中央将积极应对人口老龄化上升到国家战略。《中华人民共和国国民经济和社会发展第十四个五年规划和 2035 年远景目标纲要》强调，实施积极应对人口老龄化国家战略。制定人口长期发展战略，优化生育政策，以"一老一小"为重点完善人口服务体系，促进人口长期均衡发展。推动实现适度生育水平，健全婴幼儿发展政策，完善养老服务体系。此外，国务院发布的《关于印发"十四五"国家老龄事业发展和养老服务体系规划的通知》明确提出，要践行积极老龄观、创新发展老年教育、鼓励老年人继续发挥作用、丰富老年人文体休闲生活、营造老年友好型社会环境等诸多举措以保障老有所依。2021年，《关于全面加强老年健康服务工作的通知》要求，增强老年健康服务意识，做好老年健康服务工作，强化老年健康服务的组织保障。由此可见，做好老年人社会心理服务工作是时代的呼唤与需求，是党和国家的政治责任，是提升社会治理水平、构建和谐社会的重要举措，是践行社会主义核心价值观的关键环节。

2020年，中国全面建成小康社会，老年人的需求结构从生存型向发展型转变，老年人对精神层面的追求也随之提高。然而，随着人口老龄化加剧，老年群体心理健康问题日益凸显。当下，要想做好老龄化事业与养老事业发展，不仅要关注老年群体的物质需求，满足老年群体的基本生活需要，更要注意老年群体对精神生活的需求，在更高层次满足老年群体需求。为此，党和政府高度重视老年人社会心理服务体系建设工作，并采取一系列举措改善人口老龄化问题。国务院发布的《关于全面加强老年健康服务工作的通知》明确提出，开展老年人心理健康服务。重视老年人心理健康，针对抑郁、焦虑等常见精神障碍和心理行为问题，开展心理健康状况评估和随访管理，为老年人特别是有特殊困难的老年人提供心理辅导、情绪纾解、悲伤抚慰等心理关怀服务。总结推广老年心理关爱项目经验。同时，各部门、各单位及相关社会组织应积极响应党的号召，紧密配合，共同努力，从而为老年人提供全方位、多层次、多元化的心理关爱服务，为实现中华民族伟大复兴的中国梦添砖加瓦。

三、实践和具体做法

近年来，我国大力推动积极应对人口老龄化国家战略的实施，将社会心理服务体系建设与养老事业相结合，将积极老龄化、健康老龄化理念与社会发展全过程相结合，并且取得了卓越成效。基于各地的实践经验，我们总结和概括出一系列有关以心促老、以心养老的工作做法，主要包括以下几个方面。

（一）强化组织保障，稳中有进

坚持党的领导，落实各地区各方主体责任，加强对老年人心理服务体系建设的组织、协调与督导，为建设老年人社会心理服务体系提供坚实保障。

1. 加强组织领导

各级卫生健康行政部门、教育部门、老龄办、中医药主管部门要充分认识到老年人心理健康在保障老年人健康服务工作中的重要位置，切实增强为老年群体服务的意识。同时应充分认识到老年人心理问题的特殊性与紧迫性，落实各部门职责。针对不同心理状态下的老年人做到具体问题具体分析，提供多元化心理服务，协调联动，共同做好老年人心理健康保障工作。党委政府统筹，相关部门配合，结合本地的实际情况，有针对性地制定切实可行的实施方案并落地执行。

2. 加强政策保障

各地方政府结合本地实际情况，将老年人社会心理服务作为重要内容，纳入各地卫生健康服务体系建设规划与老年人健康服务体系建设，促进城乡区域老年人社会健康服务的均衡发展。要明确老年人社会心理服务体系建设目标、工作机制、政策支持与财力支撑，为老年人心理健康工作做好充分的保障。此外，积极扶持老年人心理健康方面供给侧的产业，实现老年人健康体系全方面发展。

3. 加强队伍建设

首先，加强有关老年人心理健康方面的学科建设与研究。培养高素质专业人才，从而对我国老年群体心理问题现状进行研究分析，构建起系统化的研究体系，以专业角度为我国老年群体心理问题方面的学科建设贡献力量。其次，鼓励与培养相关专业人才投入老年人心理健康服务体系，开展相关心理服务人员的职业技能培训与就业指导，培养一批能够精准对接实际问题又具有坚实理论基础的一线工作人员，以一线工作为中心，建设和充实长期社会心理服务队伍。

（二）针对不同主体，有的放矢

1.鼓励老年群体心理自助

鼓励老年人自主学习基本的心理健康知识，正确认识心理问题，打破"病耻感"，在遇到心理问题时敢于主动向外界求助。老年群体因身体机能、认知水平下降等，心理状态出现变化，许多老年人会产生衰老感、孤独感、自卑感、无聊感，焦虑、抑郁和睡眠障碍等问题频发。此外，城市老年人、农村老年人和离退休老年人等又表现出不同的心理特征。其中，在城市里，老年人一般居住在单元楼、商品房中，邻里间沟通、交流较少，往往会产生孤独、焦虑和抑郁等负性情绪。农村老年群体的心理健康问题比城市老年群体更为严重，收入水平较低、文化程度较低等诸多因素会增大农村老年群体的心理压力，同时可能会因为子女进城务工而缺少陪伴，因此容易引发各种心理问题。此外，离退休老年人在工作期间往往拥有一定的社会地位，从原有的工作岗位中退休后，其生活节奏、人际交往等与以前相差较大，极有可能难以适应新身份而感到失落、焦虑。除此之外，老年群体往往因生活的时代背景不同、持有固有观念等原因产生"病耻感"，无法正确理解和辨析精神疾病与日常心理困扰的区别，拒绝承认或认识不到自己患有心理方面的疾病进而选择隐瞒，因此延误治疗时机。

社会心理服务从业者需结合各地实际情况，鼓励老年人自主学习、自主管理，从而促进自我成长。第一，加大宣传力度。通过定期举办讲座、在社区布置宣传栏等方式，将心理健康知识宣讲与老年群体日常生活相结合，增强老年人的心理健康意识，提升对心理服务的接受度和知晓率。第二，鼓励老年群体自主学习心理健康相关知识。通过阅读书籍、参加讲座和投身公益活动等方式理解并应用心理自助技术。城市老年人主动向友邻朋友寻求帮助，增进彼此间的情感交流，减少孤独感。农村老年人可以在他人的帮助下学习如何使用手机等智能电子产品，通过发语音消息、视频通话等方式与子女保持联系。离退休老年人可以培养个人兴趣爱好，充实自己的空闲时间，甚至利用自身专业优势参加社区公益活动，发挥余热。第三，建立学习成果表彰与鼓励机制，引导老年群体积极面对老年生活，正确认识并及时关注自身心理问题，从源头解决老年群体的心理问题。

2. 促进邻里亲朋和谐相处

对大多数老年人而言，亲朋邻里一般是其生活中接触最多、情感联系最为紧密的对象，尤其是家人对维护老年群体身心健康起着不可替代的作用。

一是提供家庭支持。首先，营造良好的家庭氛围。家庭成员应时刻关注老年人的精神需求，帮助其调整心态，了解他们的兴趣爱好，鼓励其参加社会活动。同时，由于成长的时代背景不同，老年人与年轻人在生活习惯、作息规律和兴趣爱好等各个方面往往存在明显差异。年轻人应尊重、理解老年人，双方都站在对方的立场上思考和分析问题，减少因习惯不同、观点不一等个人差异产生误解和摩擦。此外，夫妻的相处模式、子女教育方式及家庭成员间的关系等都是影响老年人心理健康的重要因素。其次，增强家庭成员间的沟通和互动。一方面，增加家庭成员间交流的频率和深度以增强与老年人之间的情感联结，并学习如何更清晰、更柔和地表达观点，避免因过于生硬的表达方式在无意中伤害对方。同时，年轻人可以主动向老年人分享自己在生活、工作中遇到的趣事，帮助老年人跟上时代发展。另一方面，在出现矛盾纠纷时，需保持冷静、增进沟通，了解彼此的看法和需求，共同解决家庭问题。二是邻里守望相助。首先，丰富社区（村）活动形式和内容。例如，结合节假日组织开展邻里家宴、邻里活动日等活动，在继承和弘扬传统文化的同时增进邻里间的友好交流；举办心理情景剧友谊赛、心理健康知识"你问我答"及"夕阳红"健身运动会等活动，使老年群体在活跃、积极的氛围中产生愉悦感、价值感和幸福感；根据社区老年人不同的特长、爱好成立兴趣小组，激活其内在动力，满怀热情地参与活动。其次，定期与社区（村）中的同龄人参与团体心理辅导，以与子女相处问题、退休焦虑和养生保健等为主题，共同提出并商讨出解决方案，在互相分享交流中产生共鸣。最后，互相交流和传播心理知识。鼓励社区居民互相交流老年人心理服务的意义和内容，增加宣传力度，让更多人认识到老年人心理健康问题的重要性，从而让大家主动关心关爱老年人。

3. 打造基层社区主阵地

作为社会治理的"最后一公里"，社区要做好家门口的老年群体心理健康服务，充分发挥基层的主阵地作用。

一是坚持问题导向，积极回应老年人的心理需求。基层社区应以民众需求为出发点，积极关注老年群体心理状态，邀请老年群体及其家属参与老年心理健康相关主题讲座，聘请专业医生或有资质的社会心理服务工作者参与社区工作，以集中入户的方式定期了解和排查高风险老年群体的心理状况，识别和发现老年群体常见心理问题，及时跟进并做好记录，为保障老年人身心健康提供"社区助力"。相关人员可以从以下几个方面展开工作：第一，做好走访排查，精准把握本地老年人的心理状态；第二，建立老年人个人心理档案，对其进行分级分类管理并制定危机干预应急预案；第三，动员志愿者与社会工作者参与其中，扩大社会心理服务工作的社会影响力；第四，坚持多方联动，社区应发挥基层的工作优势，细化到人，及时反馈，为各方提供最新信息，实现信息共享、资源整合。二是组织多样化活动，做好老年人心理关爱服务。坚持"老有所依、老有所养、老有所安、老有所乐"的服务宗旨，从老年人的切实需要出发，结合老年群体的兴趣、爱好与当地的具体情况、特色文化，举办以老年群体为主体的社交活动和文化活动。鼓励老年人与外界增加沟通和交流，缓解老年人的焦虑与抑郁问题。社区可以根据自身实际情况，因地制宜拓展老年活动场所，建立老年互助会、老年文娱队等各类组织，开展种类丰富的文娱活动，丰富老年群体精神生活。三是关注心理动态，搭建基层服务网络。加强医疗卫生机构与街道社区心理健康服务机构的合作与交流，在社区设立老年心理健康服务点，一方面向老年人及其家人、朋友普及心理健康知识，宣传心理热线，另一方面为其提供心理咨询预约与转介服务。同时，在社区中设立专门的心理服务工作室并配备专职、兼职心理咨询师，为社区老年人提供个体心理咨询，做到有针对性地解决问题。另外，组建专业的老年人心理危机干预团队，在面临老年群体自残或轻生等紧急情况时能够快速反应、及时灵活处理，避免悲剧的发生。同时，对相关工作人员开展专业化培训，向他们介绍老年人生理和心理特点及常见心理疾病的识别、评估与干预等方面的知识，不断提高社区发现与干预老年群体心理问题的能力。

4. 扩大老年学校办学规模，以提升老年人的教育水平

一是积极发展社区老年教育，支持村居辖区内有条件的各类学校开办老年学校，扩大老年教育场地资源。鼓励社区养老服务机构建设老年学习中心，将心理学技术和方法融入社区老年人的社区学习，发挥教育与学校社交对老年人心理健康问题的缓解与改善作用，办好家门口的老年教育。二是推动各地大学参与老年人服务工作，建设老年人心理健康教育基地，举办"老年开放大学"，在设计课程体系时将压力管理、情

绪调节等心理知识融入其中，鼓励老年群体更加深入地了解和学习社会心理服务相关的知识和技术。三是给老年教育机构一定政策扶持，开展一些系列线上或线下面向老年群体的教育活动。

5. 专业机构提供技术支撑

专业机构应积极响应国家政策，参考制定老年人突发心理疾病应急处置预案与指南，并针对城市老年人、农村老年人、离退休老年人等不同类型的老年人，完善突发心理疾病与自杀倾向的应急预案。首先，医疗与心理机构应事先做好老年群体心理问题的早期筛查、干预与分类指导，积极开展老年群体心理关爱行动。社区医院与专业医疗机构分工合作，灵活准确地把握本地区老年群体的心理状态，及时跟进，保障老年群体心理问题能够及时得到解决。其次，医疗机构应培养专门的工作人员学习相关心理学知识并了解老年人的心理特点，有针对性地处理不同情况下老年人可能存在的心理问题。最后，考虑到一些老年人存在生理疾病的同时可能存在心理问题，医疗机构要坚持多病共治，在关注老年群体生理健康的同时兼顾心理健康。

6. 加强政府组织保障

一是各地党委政府应结合本地区老年群体情况、经济社会发展水平及风土人情，制定一套与养老服务体系紧密相连、良性互动的整体解决方案，实现"一地一策"。二是坚持党委政府指挥领导，积极实施推动老年健康促进工程，加强老年人心理关爱行动，鼓励相关科研机构进行研究，推动老年健康领域科研成果转化，提高基层老年群体心理健康服务能力。三是政府应积极引导有条件的高校开设有关老年群体心理健康课程，鼓励高校自主培养一批积极应对老年群体心理问题的高水平专业人才。同时，鼓励在校大学生参与面向老年人的志愿服务和暑期社会实践活动。此外，支持各类有条件的学校举办老年大学、参与老年教育，创新发展老年教育，丰富老年群体精神生活，缓解老年群体紧张、抑郁等消极情绪。四是建立常态化的指导监督机制。相关部门制定具体措施，推动社区、医院等各方主体积极履职，并对各方主体的履职情况进行监督，对于未履职主体的行为，及时进行纠正与提醒。同时，建立完善老年群体心理健康服务机制，并在社会层面营造良好的老年人服务氛围。

7. 发挥社会文化教化作用

弘扬中华民族尊老敬老、崇尚孝道的传统美德，发挥优秀传统文化的感染力与影响力，让民众深刻认识到孝文化的重要性，打造老年友好型文化环境。同时，鼓励各地区推广老年心理健康服务活动，并将其与当地风俗文化、经济社会发展相结合，实现全方位、多层次、多元化的老年群体心理服务体系建设。此外，各级相关部门应注意从多角度、多方面出发全面营造良好社会氛围。

8. 以生态环境滋养身心

良好的自然环境可以为老年人社会心理服务工作顺利开展奠定坚实基础。优美的生态环境能够滋养人的身心，缓解老年人紧张、焦虑等情绪，减轻其心理压力。首先，通过打造如公园、花园等绿色空间，为老年人提供一个放松、娱乐的场所。其次，开展户外心理活动。当老年人将身心投入生态环境和自然美景中时，往往更容易接受服务者的引导，更愿意参与相关活动，从而提高社会心理服务工作的效率和质量。

四、展望未来

目前，在应对老龄化问题方面，我国已取得一定进展。在推动国家老龄事业发展与养老服务体系建设过程中，各级党委政府高度重视老年群体精神和心理健康，大力开展老年群体心理关爱行动，协调联动，形成多方合力，以实现老年群体心理健康服务体系建设为奋斗目标。下一阶段，相关部门仍需要在以下几个方面加以改进。

1. 做好老年人社会心理服务工作的统筹规划与领导

坚持党对整体老年人社会心理服务工作的统筹领导，协调各方力量，发挥整体领导与规划作用。各地、各部门坚持多方参与，共建共享，坚持党、政府、社会、家庭与个人的共同参与，从领导、规划到执行、监督，构建完整的工作机制，凝聚社会合力。

2. 建立分级分类老年群体心理服务机制

针对全体老年人，应由专业人士对其心理问题严重程度进行评估，再进行有针对性的处理。对于出现常见轻微焦虑、紧张及孤独情绪的老年群体，应由社区、老年教育机构、老年学校负责，由社区工作人员为其提供心理辅导。对处于紧急状况或心理问题相对严重的老年群体，需要精神卫生机构介入，做到对人对症、精准处理、个性化处理，杜绝"一刀切"的处理方式。另外，各地应完善老年人心理危机应急处理流程与工作备案，面对紧急情况做到有程序可依、有程序必依。

3. 坚持专业心理服务与社会文化环境并重

在重视专业化心理服务的同时，各地方相关部门还应重视社会文化的教化作用，弘扬"百善孝为先""孝老爱亲"等尊老爱老敬老的优秀传统文化。对于心理问题，心理机构介入及治疗的对象单一且成效有限，对于普遍出现的老年人心理亚健康问题，应结合中华优秀传统文化，潜移默化地实现以心促老、以心养老。

第五章

社会治理与社会心理服务体系建设

5

第一节　信访工作中的社会心理服务体系建设

一、概述

信访工作肩负着"为民解难、为党分忧"的政治责任，是维护民众合法权益、化解信访突出问题、促进社会和谐稳定的重要途径和渠道。最高人民检察院根据《中共中央关于加强新时代检察机关法律监督工作的意见》和关于积极推进信访化解社会矛盾工作的要求，为切实做好完善办理民众信访制度，在开展信访工作中引入了社会心理服务，有效化解矛盾纠纷的理论研究和实践探索。本节基于最高人民检察院信访工作的做法和经验，概括总结"信访矛盾化解＋社会心理服务"的治理新模式，积极引入社会心理服务覆盖信访工作全流程，不断推进实现国家治理体系和治理能力现代化。

二、背景

（一）引入社会心理服务化解信访矛盾工作是落实完善国家社会治理体系建设的需要

《中共中央关于坚持和完善中国特色社会主义制度 推进国家治理体系和治理能力现代化若干重大问题的决定》明确指出，"健全社会心理服务体系和危机干预机制"与"矛盾纠纷多元预防调处化解"有机结合。

党的二十大报告指出，完善社会治理体系。健全共建共治共享的社会治理制度，提升社会治理效能。在社会基层坚持和发展新时代"枫桥经验"，完善正确处理新形势下人民内部矛盾机制，加强和改进人民信访工作，畅通和规范民众诉求表达、利益协调、权益保障通道……建设人人有责、人人尽责、人人享有的社会治理共同体。引入社会心理服务作为化解信访矛盾的重要力量，正是加强和改进人民信访工作的创新举措，也体现了"人人有责、人人尽责"的社会治理共同体建设理念。

坚持和完善共建共治共享的社会治理制度，是尊重人民主体地位、坚持以人民为中心的重要体现。就基层社会治理来说，它不只是党和政府的责任，也是社会各方的共同责任。治理方式由过去自上而下的单向管理转变为多方的协同互动，更多行动主体在党和政府的领导下，以更加灵活、多样的方式创新基层社会治理，建设"人人有责、人人尽责、人人享有的社会治理共同体"。引入社会心理服务，将心理服务专业人员作为化解信访矛盾的第三方参与力量正是顺应了改革方向，调动社会心理服务相关力量共同参与，体现了共建共治共享。

（二）引入社会心理服务化解信访矛盾工作是实现"息诉息访、案结事了、事心双解"工作目标的需要

信访人的最终目的有两个：一是希望自己的诉求能够得到合理解决，二是表达内心的不满。因此在信访工作中，最重要的目标就是既要解决民众反映的问题，又要解开民众的心结，从根源上化解矛盾。为扎实落实以人民为中心的司法理念，进一步巩固深化民众信访件件有回复工作，最高人民检察院第十检察厅紧紧围绕"息诉息访、案结事了、事心双解"工作目标，充分发挥 12309 检察服务中心实体功能，常态化开展简易公开听证，引入律师和社会心理服务工作者参与听证工作，促进信访矛盾及时、就地化解。要实现"息诉息访、案结事了、事心双解"的工作目标，"事"的层面可以依靠检察官、律师等力量，"心"的层面就需要引入社会心理服务的专业力量。信访案件表面上看是由复杂事件引起的，但往往事情只是表面，背后是人的问题，人的工作没有做好、人的关系没有处理好，人的诉求没有从"心"上解决好，而这正是社会心理服务可以充分发挥作用的地方。

（三）引入社会心理服务化解信访矛盾工作是解决当前信访工作中难点问题的需要

以最高人民检察院试点工作中发现的问题为例。当前开展检察听证工作中存在以下难点和问题：一是存在形式化倾向。少数检察院选取已经基本化解或没有争议的案件进行听证，"为听证而听证"，未充分发挥听证在化解疑难复杂案件中的作用。二是存在畏难情绪。一些检察院没有将检察听证作为转变司法理念、司法办案，推进国家

治理体系和治理能力现代化的重要措施来谋划和推进，存在畏难情绪，工作主动性不强。三是头雁作用发挥不够。部分检察院的领导未带头主持检察听证，听证案件较少，示范引领作用发挥不够突出。以上几个问题背后都反映了检察听证工作中遇到的痛点、难点问题，同时也是社会治理中存在的难点。实际上，类似问题在其他信访工作中也会遇到，一些人因某一案件长期上诉，问题不在"事"上，而在"心"上，法律层面的事容易解决，但是因信访人心理、情绪方面导致的问题，靠信访工作人员的力量就显得力不从心。在这种情况下，就会出现"为听证而听证""畏难情绪""头雁作用发挥不够"等难点问题。将社会心理服务引入信访矛盾化解工作中来，让心理专业人员处理专业的"心"事。

三、实践和具体做法

从 2021 年 3 月 17 日到 12 月 31 日，最高人民检察院第十检察厅引入社会心理服务工作者作为听证员参加简易听证过程，共开展简易公开听证 160 件，其中刑事申诉案件 77 件，民事申诉案件 47 件，行政申诉案件 27 件，国家赔偿监督案件 9 件。听证后当事人明确表示息诉息访的有 129 件，信访矛盾有效化解率为 80.6%。这个成绩的取得和社会心理服务工作者作为听证员全程介入简易听证过程，发挥情绪调节、心理疏导等专业作用是分不开的。除此之外，对一般信访工作来说，引入社会心理服务，有助于搭建相关部门共同参与化解信访案件的良性互动，及时有效化解涉法涉诉信访矛盾，切实解决好民众合理合法诉求。社会心理服务工作者在信访工作中发挥矛盾化解、情绪调节和心理疏导等专业作用是全过程的，主要体现在以下四个方面。

（一）提前疏导情绪，为沟通交流打下基础

信访人来访时的情绪状态非常重要，社会心理服务工作者在听证等信访相关工作开始前，可以和信访人进行一对一的沟通和交流。此时，主要是和信访人建立起良好的关系，帮助其表达情绪和感受，以便在后续沟通中对方能有一个理性平和的状态。

首先，社会心理服务工作者与信访人建立关系是第一位的，只有建立起良好的关系，才有可能发挥专业优势，特别是帮助信访人表达情绪和感受，这样才能助力后续

的信访工作。因此在实践中，相关工作人员要做好以下几点。一是提前告知信访人，信访工作中安排心理服务工作者是为了帮助其在来访期间有稳定的情绪状态，能更好地表达个人的情况和想法，促进双方的沟通和交流，社会心理服务工作者来自独立的第三方，目的就是支持信访人。二是针对部分信访人不清楚信访工作流程、信访诉求表达不清、不了解涉及的法律法规等问题，通过政策咨询、告知法定程序等，有针对性地进行耐心解释，排解信访人心中的愤懑与疑惑，引导信访人知法守法，并依法进行信访。三是社会心理服务工作者运用倾听、共情等专业技能尽力与信访人建立起信任的关系，对信访人做到充分接纳、平等尊重，以建立情感联结，为顺利开展后继工作奠定基础。

其次，在与信访人建立起信任关系的基础上，社会心理服务工作者在接访工作前的一对一访谈阶段，应尽可能做好信访人的情绪疏导工作。

（二）做好心理评估，为信访工作策略提供专业意见

社会心理服务工作者在与信访人沟通过程中要做好心理评估的相关工作，从专业的角度评估信访人的心理健康状况、人格特质、支持性资源及可能的风险因素。若评估结果为存在风险，应第一时间向信访部门报告，及时做好相关预防和应对措施。具体评估内容主要包括以下三个方面。一是风险评估，主要评估信访人是否有自伤、自杀伤人风险；是否有精神障碍；是否有心脏病等身体疾病。二是人格评估，主要评估信访人是否有偏执型人格障碍等人格障碍问题，这有助于社会心理服务工作者根据自己的能力开展工作和对干预效果进行预期。同时向相关信访工作人员报告，以便其做好有针对性的准备工作。三是支持性资源评估，主要评估信访人所处人际系统，哪些重要他人能有效支持到信访人；评估信访人的自我概念；评估信访人在意的他人或事件、理想信念及生活意义。在后继工作中，这些支持性资源可以使社会心理服务工作者稳定信访人、引导其接纳现状和积极面对未来。

（三）全程陪伴支持，为信访工作顺利有效开展提供保障

社会心理服务工作者在与信访人建立起一定信任关系的基础上，全程陪伴支持信访人，这对稳定信访人和顺利圆满开展信访工作有积极作用。社会心理服务工作者主要在以下几个方面做好信访人的陪伴支持工作：一是在信访人带着情绪倾诉时，要接

纳并共情其情绪，体会其遭遇及反应的合理性，在适当的时候给予共情性的回应；二是在信访人与信访工作人员的沟通过程中，如果信访人情绪激动，时常打断信访工作人员，影响工作进程，社会心理服务工作者可以先共情，再劝慰，帮助信访人稳定情绪；三是当信访人出现情绪低落、失望难过时，社会心理服务工作者要耐心陪伴，帮助信访人看到事件积极的方面，缓解低落的情绪。

（四）积极调整认知，为信访人理性面对信访工作处理结果做好引导工作

社会心理服务工作者在与信访人建立起一定信任关系的基础上，帮助其积极调整认知，主要包含以下几个方面的内容。一是帮助信访人理解信访工作是党和政府的关心关爱，是信访部门和工作人员想在法律的框架下尽可能帮助信访人，把信访工作中可能的"对立"关系转变为"同盟"关系，有助于调节氛围。二是帮助信访人看到事件的积极面及自己拥有的支持资源。三是帮助信访人接纳并积极面对信访的结果，当信访结果与预期不一致时，信访人容易出现认知偏差，从而导致情绪和行为问题，社会心理服务工作者可以发挥专业优势，从心理的角度进行引导。四是在信访工作结束后，社会心理服务工作者可以回归自己的心理咨询师角色和真实自我的角色，从信访人福祉的角度出发，给予其关注、尊重及专业的反馈，帮助信访人在信访工作之后积极面对生活。

此外，社会心理服务工作者还可以做好回访跟进的工作，通过现场走访、家访深入了解信访人的实际情况，发挥自身在整合资源方面的优势，链接相关资源，为信访人解决实际生活困难，减少其因不如意而反复来访的现象。

四、展望未来

从最高人民检察院第十检察厅在简易听证过程中，引入社会心理服务工作者发挥情绪调节、心理疏导等专业作用化解信访矛盾的试点情况看，效果是显著的，但也存在不足。如果能够加以改进完善，我们相信能更好地发挥社会心理服务在信访工作中的作用，未来可以从三个方面进行改进。

1. 组建专业化人才队伍

最高人民检察院第十检察厅引入心理咨询师作为听证员,取得的显著效果离不开高素质的心理服务专业人才。如果要推广实施,需要解决的首要问题就是心理专业人才队伍的问题。要解决这个问题面临的困难主要有两个。一是社会上合格的心理专业人才严重不足。二是从试点工作的经验看,在听证工作中用到的心理专业知识和技能,不是简单地将心理咨询过程迁移过来,而是有其特殊性和独立性。以上客观现实决定了解决专业人才队伍问题需要以自我培养为主,整合现有力量为辅的策略。我们建议分三个层次,以培养与整合相结合的方式推进专业人才队伍建设。

第一层次,信访心理专家队伍建设。聘请临床心理学、犯罪心理学领域的专家、学者担任顾问和督导。

第二层次,信访心理专业人员队伍建设。从已经获得临床心理相关专业资格的心理咨询师队伍、注册心理师队伍和督导师队伍中招募心理专业人员,并进行有针对性的业务培训,承担骨干信访心理专业人员的工作。

第三层次,信访社会心理服务工作者队伍建设。申请设立"信访社会心理服务工作者"新职业种类,借力劳动部职业教育的资源,纳入培训补贴范围,招募社会上具有相关专业学历、背景的人员,经过系统专业的培训,培养有胜任力的信访社会心理服务工作者。

2. 为信访工作者赋能

心理学的一些专业知识和技术可以融入信访工作,通过学科交叉,实践创新,用心理学专业知识和技术协助解决相关工作领域的问题。一是将心理学方法、技术融入信访工作人员的业务培训,主要培训内容包括心理评估技术、共情能力训练和沟通能力训练等,进一步提高信访工作人员矛盾纠纷调解和危机事件处理水平,更加有效地掌握信访人心理诉求,推动信访工作有序开展。二是将心理学专业知识融入信访工作人员的心理健康培训,从心理健康基本知识和信访领域常见心理问题入手,帮助自己减压赋能,维护自身身心健康,提升抗压能力,提高工作绩效。三是针对压力较大信访工作人员进行个案心理咨询,帮助信访工作人员解决身心失调、社会适应不良等问题。

3. 加强理论和应用研究

心理学和信访工作的结合是一个新的交叉领域，符合党中央对社会治理工作的要求，符合我国社会心理服务体系建设的需要。由于是交叉领域和创新方向，因此需要加强理论和应用的研究。要将理论和应用有机结合起来，将实践经验通过研究上升到理论高度，将理论研究的成果应用于实践，通过加强理论和应用的研究不断促进相关领域的工作。

第二节　社会心理服务驱动矛盾调解的创新

一、概述

近年来，随着经济社会快速发展和社会竞争压力的不断加剧，社会矛盾呈现主体多元化、诉求复杂化、类型多样化等趋势，传统的调处化解办法已难以适应现实工作需要，亟须进一步健全完善多元预防调处化解综合机制，夯实调解工作中存在的薄弱环节，善于将社会心理服务融入基层矛盾调解，灵活有效地突破工作难点，打通服务群众与社会治理"最后一公里"。本节基于基层矛盾调解的现状和特点，概括和总结了社会心理服务驱动矛盾调解创新的内容、机制和具体做法，以心理疏导为暗线，以矛盾调解为明线，嵌入多部门、各领域、特定类型的矛盾调解中，全过程、分类型、智能化化解矛盾，推进事心双解，提升社会治理效能，实现社会安定和谐。

二、背景

随着社会的快速发展，不断衍生出各类新的矛盾，新旧矛盾叠加交织，给社会治理带来严峻挑战。目前，各地基层矛盾体量较大，邻里关系、婚姻家庭、资源权属、土地征用和城乡建设等引发的矛盾大大影响了社会的和谐稳定，耗损公共资源，增加社会运行成本。近年来，基层积极调解各类矛盾，探索出了各式各样的调解方法与路径，取得了积极的成效，但仍存在一些不足之处。

（一）凭借个人经验的矛盾调解模式不可持续

过去常用的凭借个人经验的矛盾调解模式，主要由基层调解人员凭借自己的经验，一对一地进行调解，但这种模式不具有可持续性。一是因为个人素质、经验不具有可复制性。调解人员的个人素质相异，比如口才好的矛盾调解人员的经验，不一定适用于所有矛盾调解人员，并且在一时一地成功的经验，不一定适用于所有矛盾情境。但很多矛盾或问题一旦处置不妥，极易引发社会风险，因此必须确保矛盾调解的稳定性。二是现如今矛盾的内容多样化、集中化更加明显。除了婚姻家庭、邻里关系和赡养抚养等传统矛盾，征地拆迁、金融借贷、房产物业、消费维权和劳动社保等方面的矛盾也较为集中，因此短期内需要培训大量的矛盾调解人员。而这需要我们总结出一套可实用、可复制、可落地的矛盾调解方法，归纳矛盾调解常用的技术原理，以培养更多有技术、有经验、有温度的矛盾调解人员。

（二）矛盾表面的情绪问题不应忽视

很多矛盾表现为当事人情绪爆发，情绪是主观的、感性的、冲动的，不理解的人容易将当事人的行为视作"无理取闹""不可理喻"。矛盾中的个体会表现出如愤怒、抵触和悲伤等情绪。例如，在邻里冲突中，双方对调解有强烈的抵触情绪，认为谁先参与调解就相当于谁先"认输"。面对这种情况，调解人员不应忽视当事人当前的情绪问题，而直接处理专业性事务。如果不先对当事人的情绪进行疏导，当事人的情绪被忽视，不仅问题无法得到解决，还可能导致双方矛盾激化、升级。因此，调解人员需要先从情绪层面入手，关注当事人的心理需求，帮助冲突双方释放情绪、缓解压力，避免小矛盾升级为大事件，再进行后续的相关专业性事务的处理工作。

（三）矛盾背后的认知问题亟待解决

矛盾中的部分个体呈现出明显的顽固性、偏执性，对此调解人员应着重解决这类人背后的认知问题。例如，一些街坊邻里之间因家长里短、屋边地头等引发的矛盾，根源其实在于他们不能系统或全面地看待问题，而是存在不合理认知：诸如非黑即白的思维模式，认为对方不是好人就是坏人，这件事对自己不是绝对的好事就是绝对的坏事，只能片面地看待事情对自己的影响；或者思维过度概括化，因为一件事情就给对方定性，如因为对方过去和自己有过冲突，就认为对方这次肯定也是故意针对自己。认知问题化解不及时，就容易导致小问题变成大问题，简单问题变成复杂问题，且化解难度更大，冲突更加激烈，最后形成社会治理的顽疾。因此在调解过程中，调解人员需要引导双方理性地看待问题，避免认知偏差导致问题无法从根源化解。

（四）矛盾调解要兼顾"事"和"人"

矛盾调处化解过程中要重视"人"的因素。部分矛盾调解或信访案件很难做到案结事了、事了人和，导致小矛盾久拖不决、久调不解。调解人员必须意识到这个问题产生的原因可能在于，过去的矛盾调解只针对事，往往过于关注事实和行为，而忽略了对人的服务，忽视了人的感受和需求，如对安全、关注、尊重的需求等。只有真正关注和满足人的需求，才能从根本上解决矛盾和冲突。因此，我们要更加注重人的心理需求，以人为本，达到"事心双解"，实现和谐共处。

（五）矛盾调解力量专业化能力有待加强

当前的矛盾调解人员队伍在专业素质和能力方面有待提高，普遍缺乏专业化的指导和系统性的培训，在实际的矛盾调解工作中，具体表现为如下两个方面。一是排查矛盾的能力不足，矛盾具有隐蔽性、潜伏性和突发性等特点，及时发现矛盾需要对矛盾发生的预兆、特点有更细致的了解，但目前基层工作人员往往对冲突事件中人的情绪状态、认知模式缺乏有效识别和评估，也未能从有效沟通中发现一些苗头或线索。二是即使排查出矛盾也很难有效化解，矛盾调解人员欠缺更加人性化、精准化的调解方式，处理矛盾的方面单一，不够系统，容易陷入表面纠纷的复杂性，忽视背后的根源性问题。因此，为了满足新形势下矛盾调解工作的开展需要，应推动矛盾调解专业化，提升排查化解矛盾的能力。

三、实践和具体做法

要坚持将构建社会心理服务体系与健全社会矛盾纠纷多元预防调处化解综合机制一体推进，着眼"小事不出村、大事不出镇、矛盾不上交"，探索出"强心防、调心态、促心解"的全周期解纷"心"模式，努力将矛盾化解在基层。

（一）社会心理服务助力矛盾调解的原理

矛盾调解涉及多方利益的平衡与协商，只有准确把握矛盾的来源、性质和特点，才能制定科学合理的解决方案。在此过程中，掌握矛盾调解的基本逻辑有助于我们抓住主要矛盾，从根源解决问题，避免调解工作陷入混乱和僵局。

矛盾调解的基本逻辑：接纳情绪 – 调整合理认知 – 链接资源 – 应用于生活。一切矛盾调解的前提都是接纳情绪，在实际运用中，很多实践者容易低估接纳情绪的作用，急于解决问题。其实，消极情绪就是问题的一部分，接纳情绪就是在解决问题。通过接纳情绪建立良好的沟通基础，当事人就更容易信任调解人员，进而说出自己的真实想法。在得知当事人真实想法后，需要通过认知调整，帮助其重新梳理当下情况，确定中心诉求，以更加客观的方式看待问题。最后，调解人员应与当事人一起面对问题，协商解决方案，整合链接可以利用的资源，将方案转化为实际行动，实现问题的解决和矛盾的化解。

（二）事心双解：社会心理服务助力矛盾调解的内容

虽然矛盾的类型复杂多样，但其背后本质上是利益和需求矛盾。因此，矛盾调解不仅要通过解决事情来处理利益上的矛盾，也要处理人与人之间的需求矛盾，主要表现为价值感、自尊感的缺失，感到心理边界被侵犯等。个体的心理需求不被满足就会导致认知和情绪上的问题，如当事人感到调解人员不尊重自己，就会因此产生不满情绪。社会心理服务助力矛盾调解，首先，帮助民众树立和为贵的思想，让民众意识到很多纠纷在源头上可以化解，以互利共赢替代两败俱伤，主动选择高效、便捷、低成本的方式解决各类矛盾，促使矛盾双方利益最大化。其次，要促进事心双解，既解决客观的事情方面的纠纷，也要解决纠纷背后双方的心理需求。在解决矛盾的过程中，人们往往会情绪激动，有时会表现为偏执和情绪情感的爆发等。基层人员应具备专业心理疏导技能，能够在矛盾调解中及时发现当事人的情绪变化，理解纠纷背后其未满足的心理需求，从而有针对性地进行引导和缓解，有效降低冲突进一步升级的风险，避免矛盾反复发生、愈演愈烈。例如，基层人员具备"四看"的能力，即一看当事人的情绪，二看矛盾背后所反映的问题，三看当事人的资源和优势，四看可以运用的社会资源，就能更好地完成矛盾调解工作。

（三）社会心理服务助力矛盾调解的具体机制

1. 嵌入多部门矛盾调处化解机制

矛盾的化解涉及多个部门，因此为高效解决矛盾纠纷，在基层社会治理中多设立一站式的多部门协作矛盾化解机制，并将社会心理服务嵌入矛盾排查、受理与解决的全过程中，实现解决"事"的同时也服务好"心"。例如，安徽省宿州市埇桥区矛盾纠纷多元化解调解中心致力于打造人民调解、司法调解和行政调解的实战平台，针对矛盾的排查、受理、调解过程的需要设立了 5 个中心，由政法部门和 11 个行业领域入驻，以确保矛盾的及时发现与化解。同时在多部门矛盾调处化解的过程中嵌入社会心理服务：矛盾调解中心大厅里播放着轻音乐，设有舒适的等待区，还专门设立了社会心理服务工作室和各种功能室。在此案例中我们可以看到，首先，在矛盾初生时就对其进行干预，抓早抓小，避免问题进一步恶化，实现了矛盾的早发现；其次，在矛盾化解之初就有心理专家对接，有针对性地解决矛盾，提升矛盾调解的及时性和有效性；最后，将社会心理服务嵌入多部门矛盾调处化解中，有利于确保社会心理服务在调解工作的连续性和稳定性，有效解决了社会心理服务融入社会治理缺乏路径与平台的难题，提升了融合的深度，保障了融合的效果。

2. 嵌入各领域矛盾调解机制

诸如公安、司法等部门每日需处理大量因矛盾纠纷引发的事件或案件，但事件一旦发生，便对群众生命财产安全与社会稳定和谐造成不良影响，因此需考虑在事件发生前发现可能存在的苗头隐患，通过嵌入社会心理服务，及时将苗头隐患发现在早、疏导在小，控制事态升级，及时挽回损失、解决问题。例如，安徽省宿州市埇桥公安分局三里派出所成立警民心理驿站，探索"所企共建"的"警民心"联调新模式，并且该模式发挥了有效的作用。首先，各部门对群众、社区及其他有关单位反馈的存在风险隐患的苗头线索，要主动上门开展心理疏导，及时有效地解决争议和纠纷，避免引发更大的矛盾和冲突。其次，要充分发挥社会心理服务工作者及各领域专业人士的优势力量，协调联动，为服务对象提供全方位的支持，帮助化解危机并解决问题。最后，通过将社会心理服务嵌入矛盾纠纷集中的领域，提供专业、快速、人性化、有温度的解决渠道，缓解了相关领域矛盾调解工作的压力，有利于提升公共服务水平，实现"事心双解"，增进人民群众的福祉和满意度。

3. 嵌入特定类型矛盾化解机制

目前，常见的居民矛盾主要有邻里关系、婚姻家庭、资源权属、土地征用和城乡建设等，要针对不同类型矛盾的特点，结合社会心理服务工作者的特有优势，将社会心理服务的理念和方法嵌入矛盾化解过程中。例如，在婚姻家庭类的矛盾中，心理咨询师和法律工作者直接介入的效果较差，原因在于这类纠纷多由琐事日积月累引起，一旦爆发，容易使矛盾极度对立，陷入"剑拔弩张"的氛围，难以进行有效的沟通。这时需要亲和力较强的妇联工作者或当地德高望重的老人先作为"和事佬"安抚双方的情绪，然后由心理咨询师、法律工作者根据双方当事人相应的需求有序对接，完成矛盾调解。因此，要想建立嵌入特定类型矛盾化解机制，首先，需要针对特定类型矛盾的特点及矛盾激发的起因，制定合适的调解策略，以"润物细无声"的柔性方式将社会心理服务嵌入矛盾调解工作中；其次，根据特定类型矛盾群体的特点及其背后的心理需求，确定化解矛盾的合适人选，有效整合各种资源，组建专业队伍，凝聚联动协作的合力。

（四）社会心理服务助力矛盾调解的具体做法

1. 全过程化解

按照"早期提前介入、中期适时介入、后期跟进介入"原则，以矛盾化解为明线，以心理疏导为暗线，充分运用心理疏导入心、伦理感化入情、普法教育入理、协商平衡利益等方法化解矛盾。

首先，源头预防，健心不谈心。在矛盾调解预防阶段，一是可以采用一些趣味心理活动，释放民众的心理压力，增强民众的心理素质。二是通过调查测评，发现民众的心理需求。可以组织相关部门工作人员采取"网格＋网络"的方式，将网格排查和智能化心理测评相结合，根据测评结果评估矛盾发生的风险，深入排查梳理，登记造册，做到矛盾早排查、早发现。

其次，适时介入，用"心"解"心结"。在矛盾调解中，作为暗线的心理疏导就是要避免群众误以为自己"有病"，产生反感情绪。在调解过程中，调解人员根据需要运用心理疏导的技术，从而达到打开纠纷双方当事人的心理疙瘩，解开心结、化解矛盾的目的。首先，运用倾听技术，了解对方在表达什么，不仅倾听言语方面的表述，还要观察当事人的非言语行为，如表情、姿态、动作等。其次，运用共情技术，不做价值判断，站在对方的角度考虑问题，最大限度地理解对方。最后，运用赞美技术表达尊重和肯定，尊重对方的个性与能力，并以尊重的态度表达自己与对方不同的观点。

最后，持续跟进，推进事心双解。矛盾调解既要在事上协调，也要平衡双方当事人的心理需求。首先，落实诉求，以解决事为根本，倾听民声，反映民意，实实在在地帮助民众解决问题进而赢得民众信任。其次，对确有生活困难的当事人，通过链接各方资源，为当事人向有关部门申请专项救助、社会资助等方式给予其人文关怀，在调解后视需要为其安排相应的心理咨询服务，引导当事人走出生活困境，重拾生活信心。

2. 分类型化解

矛盾纠纷产生的原因是在社会活动过程中由于人们对重要信息和相关法律知识缺乏了解、认知上过于执着等因素造成的各种需求失衡，并且用常规的方法难以调解成功。矛盾分类型化解就是要了解矛盾双方的诉求和产生矛盾的原因，然后据此把矛盾分类分流，定对目标、下对功夫，针对性化解矛盾纠纷。在家事矛盾中，当事人郁积已久的各种情绪集中宣泄，如果得不到有效的疏导，即便矛盾得到一时化解，也容易给双方当事人甚至其他家庭成员造成一定的影响。因此需要在家事矛盾调解过程中引入社会心理服务，运用心理学技术稳定当事人的情绪，营造温馨和睦的家庭氛围。对邻里矛盾，街坊邻居可能会因彼此的习惯不同等误解对方的意图，导致冲突。社会心理服务工作者应通过情绪安抚、共情理解、利益协商等方式，帮助双方稳定情绪、建立正确的认知、学习恰当的沟通方法，以增进邻里守望相助的暖心情谊，营造互助友爱的和谐社区氛围。

3. 智能化化解

将社会心理服务融入矛盾调解，需要我们善于发挥大数据、云计算和人工智能等新兴技术的优势，与目前的智能化社会治理系统相结合，更好地助力矛盾化解。智能化化解矛盾主要有如下优势。第一，数据资源整合更高效。实现社会心理服务工作过程中的数据与社会治理中的数据共享和互通，通过大数据的算法优势，更加敏锐、有效地识别矛盾的发生，强化矛盾风险的预测预警能力，为决策提供更加科学和准确的依据。第二，实现便捷式、一键式服务。在现有的社会治理云平台中嵌入社会心理服务的内容，群众可以随时根据自己的需要一键式预约相应的心理服务，让老百姓足不出户、掌上解纷、线上心服，及时解决民众的操心事和烦心事。

四、展望未来

在人类社会进步与发展过程中，矛盾必将长期存在。而矛盾调解作为基层社会治理的重要内容，必须更加科学化、人性化、规范化，才能实现社会安定和谐。未来，我们应持续发挥社会心理服务在矛盾调解中的力量与作用，推动联动机制的创新、有效提炼模式与经验和智能化的创新，更好地促进矛盾调解与社会心理服务深度融合，有效提升民众幸福感。

1. 创新联动机制，激发活力与动力

建立一站式的多部门协作调解机制，一方面，需完善全过程矛盾调解工作机制。矛盾调解工作并不是对某一具体事件的调解，而是一整套系统协同的工作流程。需要党委领导政府主导，充分发挥各部门、各专业的优势，形成事前预防、事中调解、事结人和的完善机制。为了更好地发挥社会心理服务在其中的作用，相关部门应多设立放松休息室、心理调适区和心防窗口等社会心理服务设施，便于民众使用，并通过前期帮助当事人缓解情绪、中期协助调整认知，后期视个体需要安排相应的心理咨询等方式嵌入矛盾调解的各个环节。同时根据矛盾的特定类型，整合各种资源，组建如"家事调解闺蜜团""警民心联调团队"等人才队伍，确保社会心理服务在解决矛盾时的及时性、针对性、有效性。另一方面，需优化矛盾调解能力的提升机制。各部门和各行业工作人员要更加密切地合作，专家为基层调解工作提供专业指导和支持，基层人员充分结合本地情况和经验，基于矛盾冲突解决的过程与真实的案例，向专家提供有效的反馈，专家再根据反馈内容修正理论，明确需要用到的原理与技术，促进实践和理论的有机结合，进一步清晰社会心理服务融入矛盾调解的方式与路径，为矛盾调解工作注入新的活力和智慧。

2. 提升矛盾调解专业队伍的整体能力，促进规范化、科学化

心理专家团队讲解矛盾化解过程中需要掌握的心理学方法和技术，并且能从调解经验丰富的基层人员身上提炼工作模式与经验，进行专业化解读、理论化阐释，形成可复制推广的经验方法，开发出简单易懂的调解指南和工具，帮助基层人员快速掌握调解技巧和方法。提炼的内容要注重实践应用价值，不断迭代和更新，以适应社会矛盾不断变化的特点，整体提高社会心理服务融入矛盾调解的质量和效果。

3. 推动智能化的创新，提高效率、降低成本

大数据、人工智能等新兴技术的应用将成为矛盾调解的利器。通过大数据分析、自然语言处理和机器学习等技术，人工智能将能够帮助调解人员快速获取与矛盾相关的信息，更加准确地识别和理解导致矛盾的核心问题，提供更科学的参考和决策支持，并提供定制化的解决方案。

未来，我们可以预见社会心理服务驱动矛盾调解将迎来更加广泛参与、实用化和智能化的发展前景，推动基层社会治理的深度创新，为解决和化解社会矛盾，构建更加和谐、公正和稳定的社会做出更大贡献。

第三节　公安工作中的社会心理服务体系建设

一、概述

公安社会心理服务是新时代公安机关打击犯罪、保护人民、维护社会安定、保障人民群众安居乐业的重要手段，有助于公安工作的主线任务的执行。如何将社会心理服务体系巧妙地融入公安工作是一个关键问题。具体来说，需借鉴心理学、社会工作的理论和方法，结合多种社会心理服务工作形式，联合多元主体，一方面维护民警和辅警心理健康，提升公安队伍的凝聚力和战斗力，另一方面以社会心理服务为公安工作赋能，从而保障公安工作的平稳运行。在公安工作中的社会心理服务体系建设过程中，对社会心理服务认识有偏差和重视不够、心理技术短板和心理知识普及率较低及社会心理服务专家队伍的整合等问题将会逐渐得到解决，并在团队专业化建设、服务主体的多元性、服务形式的多样性及心理干预的预防性和精准性上等各方面不断完善和突破。

二、背景

2016年12月，公安部等22部门联合印发的《关于加强心理健康服务的指导意见》就加强心理健康服务、健全社会心理服务体系建设提出具体指导意见。2018年，国家卫健委、公安部等10部门联合印发的《全国社会心理服务体系建设试点工作方案》给公安机关开展社会心理服务体系建设提供了指引。自20世纪90年代末以来，我国公安机关在社会心理服务体系建设和心理专业人才队伍建设方面积极探索，踊跃开展活动并取得了一定成就。也就是说，社会心理服务在各级公安机关中得到了积极推广，对内服务于公安工作和队伍建设，对外服务于打击犯罪、社会治理、化解社会矛盾、服务人民群众，有力推动了公安社会心理服务工作的全面开展和提升。

随着社会不断进步，人们的价值观念发生新变化，呈现多元化的特点。由此，公安机关及民警、辅警也面临着前所未有的机遇与挑战。同时，公安民警和辅警也承担着越来越多的社会责任和心理压力。由于长时间超负荷运转，民警和辅警不但压力大，身体疾病增多，而且严重影响其工作情绪和效率。因此，如何正确看待和有效改善公安民警、辅警的心理状况，对于充分发挥公安民警、辅警的工作积极性和主观能动性，维护公安队伍和社会治安稳定具有重大现实意义。当前，在公安工作中，相关人员对社会心理服务的认识、服务技术及队伍建设还需进一步提升。

三、实践和具体做法

公安社会心理服务工作的主要任务就是运用心理学的原理和方法、社会工作的模式及社会治理的思维等，提高相关工作人员的社会科学认知，合理调适情绪，缓解工作压力，化解社会矛盾，增强队伍凝聚力，始终保持良好的心理状态，不断推动公安工作和社会治理工作平稳有序进行。该项工作主要包括三大方面，一是针对民警、辅警自身开展的心理服务支持、心理健康知识科普、心理调适与危机干预，以及队伍建设等工作；二是公安群众社会心理服务工作，包括对社区群众的心理服务工作与普法教育，派出所的日常心理服务工作，如矛盾纠纷调解，以及群众工作与警民协调；三是对看守所、拘留所、收容教育所、强制隔离戒毒所及戒毒康复中心等场所被管理人员开展的社会心理服务工作。

（一）针对民警、辅警自身的社会心理服务工作

1. 夯实心理服务支撑

为促进公安社会心理服务体系建设，健全完善社会心理服务硬件设施，组织相关专业人员打造一支服务能力强、服务态度好、服务效率高的队伍是十分必要的。一是完善社会心理服务设施，广泛开展心理测评摸底调查。配置沙盘、沙发和咨询座椅等设施，聘请心理专家定期讲授心理学知识，邀请心理咨询师开展心理服务。同时，通过发放调查问卷，及时掌握民警、辅警的身体状况和心理压力，系统分析问卷结果，研究不同警种、不同岗位之间的心理压力存在的联系和区别，全面梳理，指出问题来源。二是组建公安社会心理服务团队。将心理咨询师、心理教官和心理志愿者等人员纳入其中，定期组织举办专业心理培训和心理服务热线，并做好日常服务工作。

2. 开展心理健康知识科普

公安系统工作量大、面广，社会风险较高，民警、辅警工作压力普遍较大，经常加班加点，正常的工作、生活规律被打乱，亲密关系、亲子关系和社会交往等可能出现一系列问题和矛盾，导致民警、辅警对自己的一些心理、行为变化产生困惑和感到自责。民警、辅警主要的心理问题是工作压力、情绪紧张和自我价值等，同时他们对造成这些问题的认识不全面，对社会心理服务存在不同程度的偏见。民警、辅警的家庭联结与支持较为薄弱，由于工作时间长，缺少与家人之间的沟通和交流。例如，刑警、禁毒和看守所民警、辅警由于经常外出或加班、值夜班等，这可能导致其与配偶、子女关系冷淡，甚至产生冲突。因此，在公安系统中加强心理知识的科普工作尤为紧迫，同时也要加强对社会心理服务工作的宣传教育和积极引导。针对民警、辅警可能遇到的心理问题，一是线上和线下联动。开展心理知识与技能培训，让民警、辅警了解心理健康问题与心理疾病之间的区别，例如，由社会心理服务团队制作"心理调适"相关短视频，引导民警、辅警以积极乐观的心态正向思考与工作。线下创新活动形式，引入游戏、情景剧等，融入急救、矛盾调解、传统文化、群

众工作和保健知识等相关培训中，增强社会心理服务工作的实用性。二是通过举办"压力缓解""社会适应"等心理健康辅导讲座，帮助民警、辅警疏解心理问题。在对心理问题的认识上，需要在日常工作中加强心理知识的科普，对心理服务工作加强宣传教育、积极引导。通过利用各种新媒体平台，推广心理健康知识科普宣传，并根据不同警种、岗位民警、辅警的实际情况和勤务特点，制作不同的心理健康知识科普宣传资料，同时开通 24 小时心理热线，最大限度贴近民警、辅警实际心理需求，为广大民警、辅警答疑解惑。

3. 心理调适与危机干预

《中国国民心理健康发展报告（2021—2022）》指出，公务员的抑郁风险检出率为9.5%，在各类职业群体中排名第三，属于抑郁风险检出率较高的职业群体，其中公安民警、辅警较为突出。对于民警、辅警的心理服务工作，主要通过打造"心理测评 – 分析评估 – 分类干预"心理服务闭环，干预中结合运用缓解压力、释放情绪和调整认知等心理学的技术和方法，解决心理困扰，及时调整心身状态，达到张弛有度、身心和谐。一是做到心理健康测评全覆盖，为民警、辅警建立心理健康档案。一人一档、分级建立和动态管理，与民警、辅警健康档案同步更新与检查，围绕心理健康、压力和睡眠等要素发现问题，及时筛查需调节对象，根据紧急程度主动开展心理干预，全方位掌握民警、辅警心理健康状况、及时化解风险。二是开展常态化心理服务。首先，线上、线下服务结合。一方面，在线上，针对监管场所中的民警、辅警，采用视频连线方式隔空为其进行心理疏导，帮助他们疏解负面情绪；另一方面，在线下，通过组织心理健康服务团队，并有效整合心理志愿者，下沉至基层一线执勤点位同步开展活动。其次，个体和团体辅导共同推进。对从事监管工作的民警、辅警，建立覆盖全员层级的谈心谈话制度，结合廉洁家访，完善对民警、辅警家庭与单位的共同关爱，并针对个别心理困惑较多的民警、辅警及时跟进开展心理咨询与帮扶措施。在个体辅导中，针对不同警种、不同心理特点，量身制定辅导方案，以面对面交流的形式倾听心声、安抚情绪，讲解传授保持身心健康的常识和舒缓心理压力的技巧，加强自身防护教育，提升心理健康保护意识。鼓励民警、辅警与心理服务工作者之间建立"一对一"精准联系，推动形成长效机制。心理服务工作者以团体心理行为训练的方式，促进民警、辅警之间的相互支持与关注，增强民警、辅警集体抗压能力，通过身体锻炼与放松帮助民警、辅警缓解与释放压力。三是危机干预及时处置，一方面，当民警、辅警心理压力过大、情绪无法调适时，可拨打心理热线寻求心理疏导援助服务；另一方面，当民警、辅警经历工作或家庭重大变故、身患重大疾病，以及遭遇袭警、辱警等情况后，心理服务团队根据具体情况及时主动对其开展心理危机干预、心理疏导。如果出现需要进一步干预的情况，根据实际情况进行转介，邀请心理专家对其开展心理危机干预。同时，在连续工作、缺乏身心调整等特殊时期，对身心长期处于疲劳状态的民警、辅警给予重点关注，通过强制休息、休假，调整工作岗位，提供就医诊疗指引等办法，帮助民警、辅警及时缓解心理压力。

4. 增强团队凝聚力与战斗力

对民警、辅警表现出来的心理问题开展有针对性的疏导、调适，有助于其以身心饱满的状态投入工作。一是社会心理服务工作者运用心理学知识及时发现民警、辅警工作中的问题，结合理论与实践教授简单易行的心理调适方法，锻炼民警、辅警的心理韧性，增强民警、辅警队伍的凝聚力。二是组织民警、辅警参加团体心理行为训练或团体心理辅导，培养彼此间的信任和加强沟通，增强民警、辅警队伍的职业归属感和集体荣誉感，提升"1+1 > 2"的认同感和战斗力。

（二）公安群众社会心理服务工作

1. 基层心理服务与普法教育

一是开展普法强基专项行动，将心理学融入普法宣传，寓教于乐，通过列举典型案例，让群众自觉、乐意、轻松接受法律宣传，引导民众尊法学法守法用法。二是将心理健康与知法守法联系起来，从心理学的角度剖析压力形成的原因和表现形式，通过解析违法犯罪者的心理，分析主客观原因，并讲授管理压力和情绪的方法。同时，以民众喜闻乐见的形式，宣传防范电信网络诈骗、预防黄赌毒、反家暴、交通安全等知识。三是由社会心理服务工作者为群众讲解如何化解日常矛盾纠纷，如介绍矛盾纠纷产生的心理原因，总结此类矛盾纠纷的共性问题和主要特点，引导群众自觉成为家庭调解员。四是将社会心理服务延伸至社区、学校，主动联系和对接学校、社区组织开展心理科普等公益活动。组织公安心理服务团队送教进社区、进校园、进企业和进图书馆等活动，运用通俗易懂的语言讲授心理小故事、普及校园欺凌相关法律知识等，从而改善群众心理状况。

2. 矛盾纠纷调解

社会心理服务体系建设下的公安矛盾调解是一个系统工程，要做好事前、事中和事后三方面的工作，才能减少或尽量避免矛盾纠纷事件的发生和升级。一是在矛盾纠纷发生前。首先，公安部门应加强与社区的联系，可以通过举办宣传教育活动、社区讲座和发放宣传资料等方式，加强群众对矛盾调解的了解。通过普及法律法规知识和国家政策、宣传矛盾调解的正面作用等，提高居民的法治意识和矛盾解决能力，引导他们在产生矛盾纠纷时主动寻求和接受调解服务。其次，加强矛盾纠纷的分析与评估，通过建立社区矛盾纠纷信息平台和相关数据库，整合社会各方面的信息和资源，对潜在的矛盾纠纷进行预警和评估。同时，分析矛盾纠纷的类型、程度和可能的影响，制定相应的防范措施。二是当矛盾已经发生时，对于日常的矛盾纠纷，引导居民寻找物业管理人员、社区工作人员（村支书、网格员）、社会工作者等"中间人士"先行调解。如果是打架斗殴、寻衅滋事等极端事件，可由民警、辅警与社会心理服务工作者共同调解，促使矛盾双方和谐沟通、交流。对于重大恶性事件，一方面，做好心理危机干预与风险化解工作。控制和保护现场的同时，快速收集情报并做出评估，关注纠纷双方心理动态，并联合其他部门协作，根据具体情况共同采取相应措施。另一方面，与其他部门进行联动，做好极端事件的源头预防工作。公安部门通过与人民调解委员会、司法机关、律师事务所之间的联动，可以开设相关工作室促进双方合作办公，划分不同难度、不同情况的矛盾纠纷，由民警、辅警先期处理，对于难度较大、较复杂的民事纠纷再由多方共同合力解决。三是当矛盾调解初步完成后还要进行后续工作，包括冲突双方社会关系的修复和维护，不论调解协议最终是否达成，都需要社会心理服务工作者与矛盾纠纷双方进一步沟通和干预，了解其心理动态，化解危机；此外，要加强对矛盾调解过程的监督与检查，其流程是否正确、是否具有法律效力、内容是否完备等都需要遵循相关规范。

3. 群众工作与警民协调

群众工作也是公安社会心理服务工作的重要内容。公安部门需树立民意导向型新警务理念，探索警民互动常态化模式，改善群众对民警、辅警工作存在的不信任和不理解等问题。警民之间的信任程度也决定了公安工作的开展成效。一是要强化警民之间的信任，公安部门需要主动与社区及居民建立沟通桥梁。通过举办"警营开放日""邻里互助日""警民共建"等活动，使警察与群众、群众与群众的关系更和谐，同时，借助新媒体平台，实现警民间的隔空互动，以人们喜闻乐见的方式提升公安工作的号召力和影响力。二是要加强社区警务建设，组建一支专业化、服务型的社区警务队伍。通过下派具备一定社会心理服务能力的警察常驻社区，为居民解决矛盾纠纷，做好心理疏导工作。同时，加强社区巡逻、防范宣传等工作，提升社区居民的安全感和满意度。三是要引导群众共同参与社会治安管理。培育和扶持相关社区自治组织，为其提供孵化资金与人才，由社会心理服务工作者进行培训和督导，引导群众自发排查社区安全隐患，并推进其自我管理和自主发展，吸引群众参与公安工作与社区事务。

（三）被管理人员的社会心理服务工作

1. 建立健全心理服务机制

一是建立沟通预警机制。从被管理人员入所第一时间开展工作，建立各岗位信息沟通和协调配合制度。社会心理服务工作者在确定工作对象后，与收押、管教、巡控和医务等岗位民警、辅警共同协作进行双向管理。二是建立心理援助机制。采取心理测评、心理调适、心理健康普及等方式，定期开展社会心理服务活动，提高被管理人员的心理素质和抗压能力，为他们提供一个安全、开放的平台。三是建立心理危机干预机制。首先，制定明确的心理危机响应预案，建立 24 小时心理危机干预热线或专门的应急联系渠道，确保被管理人员出现心理危机时及时得到支持和帮助。其次，建立评估标准体系，积极介入日常管理工作，将被管理人员的心理行为训练和心理放松训练等纳入日常生活制度，有效舒缓被管理人员的情绪。

2. 完善心理服务软硬件设施

一是建立心理咨询室、宣泄室等场所。配备相应设施和设备，打造功能齐全的心理咨询和宣泄场所，制定心理咨询、宣泄等管理制度。二是打造智慧化技术支持系统。为被管理人员打造智慧化管控系统，建立电子档案库，如将被管理人员按照一定标准划分"正常、一般、较重、严重"等级别，实行"四色管理"，并建立社会心理服务相关的线上流程。依托线上社会心理服务平台，使被管理人员能通过线下终端等方式连线心理专家，自主选择心理咨询、心理评估等在线社会心理服务。三是开设"心理赋能"室，举办主题心理健康月活动，从多个方面为被管理人员赋能。服务赋能方面，根据被管理人员心理问题类型，协调社会心理服务工作者，有针对性地开展一对一心理咨询服务；理解赋能方面，通过开设心理信箱，使被管理人员能够匿名投稿、诉说心事和表达求助，满足他们渴望被理解、被关注、想改变的心理需求；阅读赋能方面，组织被管理人员到图书室借阅相关心理学图书，引导他们通过阅读，了解心理健康知识；成长赋能方面，结合心理健康月主题，设计相关的系列团体辅导方案，通过团体辅导的形式促进被管理人员自我体验，释放消极情绪，培养阳光心态。

3. 开展多元主体联动的社会心理服务

一是建立"政－社－企"联动的救助帮扶模式。针对将要释放的被管理人员，举办就业培训班，加强职业技能教育，提供就业指导和企业安置。立足社区、依托企业、号召用人单位为被管理人员提供就业机会，增强其回归社会的信心。二是联合机构打造心理服务特色品牌。由民警与社会心理服务机构组成服务团队，为被管理人员回归正常生活提供系列社会心理服务。通过心理健康状况测评、个体与团体心理辅导和心理健康教育等活动，确保被管理人员身心表现稳定。三是开展心理辅导专项行动。首先，开展教育转化行动。通过联合心理咨询师和志愿者，为被管理人员提供心理咨询、心理辅导等活动。采取视频专题讲座、互动游戏和面对面交流等多种形式，向管理人员传授调整心态、正视问题与处理问题的方法。同时设计互动游戏，帮助被管理人员释放压力、调节自我，及时对不良心态进行矫正，增强其自我调节、自我控制的能力。其次，对精神异常的被管理人员，在专业心理咨询师的指导下进行风险评估，做好档案记录、更新，建立和完善精神异常人员专人专档制度。定期对精神异常人员进行身体检查，掌握其身体状况，做好巡诊工作，关心和爱护精神异常人员，使其身心保持良好的状态。

4. 创新运用心理疏导与健康管理方法

一是心理健康管理制度上的创新。例如，山东省聊城市建立被管理人员的"情绪晴雨表"制度，以格式标牌展示被管理人员每日的不同情绪，了解被管理人员日常心理，及时掌握其思想动态，有针对性地开展帮教、谈话等工作。二是针对被管理人员具体情况开展社会心理服务活动。根据被管理人员的行为特征、心理问题、生活环境和危害程度等，分类进行评估，提供心理辅导、职业技能培训，积极帮助该群体更快融入社会。

对于部分特殊被管理人员，如未成年人，应给予更多关爱。首先，创新疏导与治疗方法。社会心理服务团队可以采取绘画疗愈、心理游戏等帮助被管理人员释放压力。其次，丰富社会心理服务内容。对被管理人员按月常态化开展社会支持活动，通过心理疏导、普法课堂、成长发展与就业技能培训、暖心帮扶等帮助其早日回归社会。最后，工作机制上的多元联动。通过联合检察院、心理健康协会等开展被管理人员心理帮教项目，创新"检察官＋警察＋心理咨询师"工作机制。

四、展望未来

目前，在公安社会心理服务工作中还存在一些问题需要完善和改进。一是政府部门和社会各界对社会心理服务的认识偏差和重视不够，在具体实施过程中，存在上层责任未厘清、分工不明确、措施不具体等情况；二是心理技术短板和心理知识普及率较低，从事该项工作的人员较少，也缺少培训机制；三是社会心理服务队伍的选建和整合十分迫切，社会心理服务工作需要专业人才、技术和方法，但目前仍处于起步阶段。

未来，社会心理服务体系将在公安工作中发挥越来越重要的作用。在服务形式的多元化方面，除了传统的面对面咨询和心理辅导外，公安部门还将借助互联网、智能设备等技术，提供在线咨询、远程心理辅导等便捷的服务方式，满足人们多样化的需求。在队伍建设方面，公安社会心理服务将愈加注重专业团队的建设，通过加强心理专业人才的引进和培养，建立健全专业的社会心理服务团队，提供高质量的社会心理服务。同时与心理学院校、研究机构等合作，加强心理学理论与实践的结合，推动公安社会心理服务水平的提升。在社会心理服务具体工作方面，公安社会心理服务将更加注重预防性工作，主要通过开展前期心理健康教育、心理干预等活动，提高人们的心理健康素养，减少心理问题的发生，并与教育部门、社区组织等合作联动，开展心理健康教育和心理科普宣传活动。对于不同的服务群体，公安社会心理服务将更加精准地制定个性化的服务方案，实施有针对性的心理干预措施，并注重社会心理服务的差异化，满足不同群体的特殊需求，提供更加贴近实际的服务。

第四节　司法工作中的社会心理服务体系建设

一、概述

党的十九大报告指出，中国特色社会主义进入新时代，我国社会的主要矛盾已经转化为人民日益增长的美好生活需要和不平衡不充分的发展之间的矛盾。伴随着时代的发展，传统司法工作需要进一步科学化、时代化、本土化，以满足人民日益增长的美好生活需要。相对而言，传统的法律工作更注重法律的逻辑思维与具体的实践应用，对柔性与情感的因素考虑有限。司法系统通过统筹社会心理服务运行机制、推进社会心理服务司法实践、加强社会心理服务人才培育、健全社会心理服务宣传机制等措施，整体推动社会心理服务与司法实践工作不断深入融合，实现司法工作与社会心理服务的有效结合。由此，在保证司法工作公平公正的同时，也为群众传递温情、增添温度，让其更好地理解司法工作，从而为司法工作正向赋能，为实现幸福中国贡献"司法力量"。

二、背景

进入 21 世纪，社会发生了一系列重大变化。在此过程中，社会生产方式、生活方式也发生了巨变，人们的思想观念、价值取向日趋多元，心理应激因素也日益增多。时代在变化，对法治的要求也随之提高。要坚持在法治轨道上推进国家治理体系和治理能力现代化，法治是国家治理体系和治理能力的重要依托。只有全面依法治国，才能有效保障国家治理体系的系统性、规范性、协调性，才能最大限度凝聚社会共识。当下，我们正面临着"百年未有之大变局"，要实现中华民族伟大复兴需要多方合力，司法工作也要贡献一份力量。

由于法律具有一定的刚性特征，司法在参与社会矛盾纠纷多元预防调处和对特殊人群的疏导改造方面具有一定的局限性。作为一种传统的社会治理途径，司法更强调制度、法律等控制要素，而社会治理现代化则提出了新的要求，希望以内化于人民心中柔性力量的"内在规训"来发挥司法的功能。因此，传统司法模式与现代化的社会治理之间存在一定程度的不协调。为实现新时代司法工作高质量发展，需要借助其他领域专业力量来实现双赢、多赢、共赢的效果，其中之一就是让社会心理服务工作者参与司法工作中，强调从心理的角度分析、理解与介入司法实践，解决司法工作中面临的难题，进而避免司法工作者机械执法。具体来说，司法部门从情、理、法综合角度出发，公平正义地办好每个案件，增添"司法温度"。近年来，全国司法系统不断探索"司法工作＋心理"服务，并且取得了一定成果。这一进程具有十分重要的理论与实践价值，需要我们深入探索。

三、实践和具体做法

为全面落实社会心理服务体系建设工作的要求，满足新时代司法工作高质量发展的迫切需求，司法系统正不断探索社会心理服务在司法领域的可能性，旨在让社会心理服务融入司法工作。所谓"融入"，并非生拼硬凑，而是方方面面的契合相容。让社会心理服务融入司法工作的方方面面，从统筹社会心理服务运行机制到推进社会心理服务司法实践，再到完善人才队伍建设和健全心理服务宣传机制。要坚持打造党委领导、政府负责、部门协作、责任共担、资源共享的格局，全方面、多角度为司法工作的发展提供"心"力量。

（一）统筹社会心理服务运行机制

在党委领导下，检察院、法院需根据实际情况，健全社会心理服务组织架构，组建专业的社会心理服务人才队伍，引入专业的社会心理服务机构，建立起常态化的心理健康服务机制，积极与高校、医院、心理服务机构等建立起良性、高效的沟通机制，加大对社会心理服务的宣传力度。

检察院与法院应从群众角度出发，全程参与平台搭建、业务培训、问卷调查、热线服务和心理疏导等工作，创立心理动态筛查、心理疏导和危机干预及应急处理等机制，制定相关方案，形成规范化管理、常态化运行、制度化保障的社会心理服务体系，以人性化、温情化的司法工作提升群众的接受度和理解度，为科学规范、持续有效推进司法工作提供"心"力量。

（二）推进社会心理服务司法实践

为积极回应群众需求，推动司法工作现代化，将社会心理服务与信访接待、涉未成年人案件、民事案件和行政案件、刑事案件、司法人员关怀等各领域相融合，从而达成司法工作解民意、救民急、暖民心的目标。

1. 将社会心理服务融入信访接待

一是疏通信访人情绪。邀请心理咨询师等专业人员参与，协助相关工作人员对信访人进行心理疏导，帮助其平复情绪，从冲动中冷静下来进行理性表达，既解"法结"又解"心结"。二是司法部门坚持对接访人员进行相关心理专业培训，提高其心理预警能力和疏导能力，建立信访人心理动态评估机制，强化回访跟踪和服务转介工作。

2. 将社会心理服务融入未成年人案件

针对涉案未成年人，要坚持有针对性的心理疏导服务。由于涉案未成年人的心理、生理机能尚未发育健全，所以在未成年人刑事检察工作中，应建立相应工作处理机制，以便为涉案未成年人提供准确、有效的心理疏导与干预服务，营造轻松舒缓的氛围，布置专门的空间，打造温馨的交流环境，帮助涉案未成年人消除恐惧、紧张等情绪。面向未成年被害人及涉罪、失管未成年人分类提供心理服务。一是针对未成年被害人，要注重保护其隐私，对其进行心理疏导，帮助其走出心理创伤与心理应激问题；二是针对涉罪、失管未成年人，要有针对性地开展观护帮教、社会调查、心理评估、不良行为干预和严重不良行为矫治等工作。

针对涉罪、失管未成年人的家长，要坚持心理指导与家庭指导并重，如从个性行为、亲子关系、交友情况、居住环境、家庭功能角度入手，引导涉罪未成年人的父母成为合格、称职的家长，以"最有利于未成年人"为原则。

对于司法系统，要培养专门的人才队伍，打造"检察官＋心理咨询师＋家庭教育指导师＋志愿者＋专家督导"五位一体的组合帮教模式，心理咨询师对涉案未成年人进行心理疏导；家庭教育指导师指导家长如何与孩子沟通、相处；检察官、志愿者与专家积极参与，更加科学化、专业化地开展心理咨询、心理疏导、心理测评、刑事和解等工作。

司法系统还应坚持多部门协作，发挥未成年人保护"合力"，携手开展法制宣传、关爱帮扶、家庭教育指导等工作，为涉案未成年人提供司法"心"力量。

3. 将社会心理服务融入民事案件和行政案件

在办理民事和行政申请监督案件时，对不支持监督及需要化解争议的案件当事人进行心理疏导，要综合考虑当事人的身体、心理状况和家庭背景等因素，灵活选择开展心理危机干预的时间、地点和方式等，为当事人提供有效的心理疏导服务。

将社会心理服务融入民事和行政案件全过程，建立专业化的心理疏导与司法工作融合机制。在诉前，积极与当事人进行沟通，通过心理疏导帮助双方心平气和地进行对话，化解因沟通方式不当或一时冲动导致的误会，实现诉前和解；针对当事人的不同诉求进行有针对性的社会心理服务。在诉中，通过心理疏导，使法官能够明确当事人诉求，帮助当事人提出合理诉求，以理性状态实现依法维权。根据案件情况帮助当事人进行心理预期调整，对案件审理结果做好心理准备。另外，法官与当事人双方进行积极沟通，让法官更清楚案件的矛盾所在，从而更快、更精准地解决纠纷。在诉后，法官积极与当事人进行交流，做好判后答疑与安抚。对当事人进行情理与法理上的解释与安抚，以当事人更能接受的温和的方式帮助其理解判决结果，接受判决结果，从而积极履行判决结果，解决司法工作执行难的问题，提高司法效率，推动实现司法公平正义。

将社会心理服务的沟通疏导功能灵活应用到情感纠纷复杂案件中，发挥心理服务的独特优势。长期以来，在有关家事的审判中，人民法院一直采用传统的民事审判。但是家事案件涉及的情感纠纷通常较为复杂，处理难度大。因此，将心理疏导融入家事案件中，通过对家庭成员的情绪与心理问题进行单独的疏导调节，帮助家庭成员解开心结，化解矛盾，增进对彼此的理解、体谅，以更加温和、高效的方式助推问题的解决。

4. 将社会心理服务融入刑事案件

根据刑事案件实际办理情况，以"专家督导＋志愿者＋心理辅导专家＋检察官"四位一体的模式，为犯罪嫌疑人、被害人及其他受案件影响较大人员提供社会心理服务。在案件审理过程中，对某些案件中明显流露出悲观厌世、仇视社会等心理的当事人，要给予重点关注，当事人有极端情绪或行为出现时，要启动紧急心理危机干预，防止悲剧的发生。在案件审理后，要发挥心理危机干预的作用，帮助当事人化解心中的怨恨等负面情绪，积极面对人生，消除心理失衡状态，降低再犯的可能性；对于受案件影响较大人员，通过心理危机干预帮助其走出阴霾，保持理智，进行合理维权，减轻其他人员因案件产生的心理伤害。

5. 将社会心理服务融入司法人员关怀中

随着法治中国、平安中国建设的不断推进，法院、检察院一直面临着案多人少的情况，这使许多法官、检察官和干警们的工作强度较大，心理压力也较大。因此，要重视司法人员的心理问题。对于常年处于一线的司法人员，要做好心理应激处理。将社会心理服务融入司法人员关怀，设立心理咨询室，为他们提供心理疏导的空间，由专业的心理咨询师为他们提供心理服务，有效缓解他们的心理压力与消极情绪，为他们的心理健康保驾护航。

（三）加强司法工作领域的社会心理服务人才培育

社会心理服务既是一项治理工作，又是一项社会工作，强调的是人与人之间的互动与交流，因此，服务主体会直接影响到社会心理服务的效果。不同司法环境下的当事人，其心理状态与可能会遇到的心理问题也截然不同。司法工作应根据实际需要，有针对性地培养心理服务人才，让司法与社会心理服务能够有针对性、专业化、科学化地融合。

针对司法工作人员面临的心理问题，检察院与法院等积极展开"线上＋线下"方式对相关人员进行教育，一方面使司法人员能够正确认识到心理问题的重要性，遇到问题时及时解决；另一方面鼓励领导干部积极参与心理咨询培训，做出表率作用。此外，还应做好司法工作人员的心理情况排查，定期引入心理专业人员开展心理疏导工作，做好心理问题的应急预案与危机干预处理，保障司法系统内部心理服务工作顺利、高效。

针对群众在诉讼过程中容易出现的心理问题，应组织司法工作人员参与心理专业培训，打造一支集法学、心理学等专业背景于一体的心理健康服务团队，为工作的开展提供坚实的人才保障。同时，还可以引入外部心理专家、招募心理志愿者等。

总之，司法系统以内部培育、外部招聘、招募志愿者等方式，形成专群结合、优势互补、资源共享的心理服务力量，为司法工作中的社会心理服务工作提供了坚实的人才保障。将矛盾化解、法律援助、帮扶救助与心理疏导、心理危机干预有机结合，从法理、情理、事理、心理四个层面与当事人沟通，为群众提供多元化的社会心理服务，更好地化解矛盾。

（四）健全社会心理服务宣传机制

司法工作与社会心理服务体系的深度融合，离不开建立健全社会心理服务宣传机制，检察院与法院应加强对社会心理服务体系的宣传。一是针对不同平台采用"线上＋线下"的方式，在线上，运用多媒体平台进行宣传，与当下流行的大数据平台合作，扩大宣传面，创新宣传方式，增加宣传力度；在线下，设置专门的心理服务室，在其中放置专门用于心理疏导与心理危机干预的工具。二是针对不同内容，检察院与法院定期举办包括家庭关系、婚恋问题和子女教育等主题的活动。聘请专家，招募志愿者，以心理情景剧、心理知识讲座等多种形式进行宣传，增进群众对社会心理服务工作的理解，提高司法工作效率。

四、展望未来

随着时代的发展，司法系统要重视社会心理服务在司法工作中的作用，强化"以人为本、全程服务"理念，为传统司法赋能。未来，司法工作中的社会心理服务还需要在以下几个方面加以改进。

1. 在司法工作中发挥心理疏导的独特作用，彰显司法工作的人文关怀

重视心理疏导在司法工作中的重要作用。一方面，司法工作人员与当事人进行有效沟通并缓解其负面情绪，帮助其冷静面对判决结果、积极履行判决义务，进而提高司法效率；另一方面，通过对当事人进行心理疏导，达到既解"法结"又解"心结"，彰显司法的人文关怀。

2. 将心理疏导贯穿案件审理全过程

在诉前，运用心理疏导与干预，消除当事人的紧张与抵触情绪，确保庭审的顺利进行；在诉中，使用心理评估判断当事人的主观恶性，并作为量刑的参考标准之一；在诉后，针对涉罪人员，分析导致其犯罪的心理层面的原因，为其开展有针对性的社区矫正，帮助其回归正途。

3. 心理疏导应面向全体人群

社会心理服务与司法工作的融合是全方面的，社会心理服务对象既包括司法系统的服务对象，也包括司法工作人员。首先，重视司法工作人员自身的社会心理服务，加强对司法工作人员心理健康知识的宣传与科普，引导工作人员重视心理健康问题、及时发现与缓解自身出现的心理问题。其次，司法工作人员通过心理服务，以更加积极乐观的心态参与司法工作实践，从而提高工作效率，为司法赋能。

第五节 个人危机与社会风险的预防化解

一、概述

基于心理学理论研究和实践经验，围绕因个人生活失意、心态失衡、行为失常和性格偏执（三失一偏）等引发的个体心理危机和影响公共安全、社会治安的社会风险，探索和细化早期识别标准和预防化解手段，构建起个人危机与社会风险预防化解的全过程工作链，减少、降低、防范、化解各类风险隐患，助力社会治理，特别是基层治理工作。

二、背景

2015 年 10 月，党的十八届五中全会提出，要健全社会心理服务体系和疏导机制、危机干预机制。近年来，经济的发展、社会环境的变化，给个人的心理健康带来了巨大的挑战，因生活失意、行为失常、心态失衡和性格偏执等因素引发的个人危机和社会风险也更加凸显，影响着人民群众的生命安全和社会的和谐稳定，是当下亟待解决的问题。

三、实践和具体做法

以个人危机和社会风险预防化解为目标，构建"三失一偏"人员识别、评定、干预、监管预警链条，努力防范极端事（案）件。

（一）基本概念

生活失意主要体现在生活中的不如意和部分应激事件，如失恋、婚姻或家庭破碎、丧亲、重大疾病困扰、生意失败或失业导致经济来源断裂等。心态失衡主要体现在情绪和心理状态上，如愤恨、易激惹、暴躁、情绪波动大、长时间情绪低落等。行为失常主要体现在个体出现非惯常性的行为或与健康个体的行为偏差较大，如破坏公共财产、突然的社会回避、自伤行为、持续的家庭暴力行为等。性格偏执主要体现在人际沟通和交往过程中，超出常规的不信任他人、与他人关系紧张、攻击性极强、极端孤立、反社会（扬言报复社会）等。这四种状态并非独立存在，往往存在叠加现象，并且相互影响。通俗来讲，性格偏执的人在生活失意的时候，更容易引发心态失衡，导致行为失常，甚至出现自伤或伤人事件。

生活失意、心态失衡、行为失常和性格偏执等群体与心理危机、过激行为有一定的相关性，易引发社会矛盾、社会治安和公共安全等风险隐患。在本章中，我们讨论由此引发的两类风险，一是自我伤害，包括自伤、自残和自杀等意念、企图和行为；另一类是伤害他人，包括破坏他人财物、引发冲突或群体性事件、威胁人身安全和生命等。

（二）基本原则

在对个人危机与社会风险的识别、评估、防范、化解过程中，需要遵循以下原则。

1. 生命至上

坚持生命至上原则，始终以人民为中心，确保将人民生命安全放在第一位。

2. 依法依规

《中华人民共和国精神卫生法》对于心理健康促进，精神障碍的预防、诊断、治疗和康复及保障措施，以及法律责任都有明确规定。其他法律，如《中华人民共和国家庭教育促进法》等也有相关的规定，相关工作人员应坚持依法依规开展工作。

3. 保密原则

在工作过程中，应注意做好保密工作，对当事人个人信息、摸排评估情况等做好保护，不得随意泄露与传播。当个体出现自伤、伤人倾向或事实，违法犯罪行为或其他危害他人财产、生命安全时，相关工作人员可以依法依规打破保密原则。

4. 专业原则

无论心理问题的识别、评估还是疏导，都需要相关工作人员具备一定的专业能力。因此，相关工作人员应积极参加相关的心理培训，提升自身的专业水平。

（三）个人危机与社会风险的识别细则

个人危机与社会风险的识别细则是以生活失意、心态失衡、行为失常和性格偏执等群体的典型特征为标准制定的，分为自我伤害倾向和伤害他人倾向两类。

1. 自我伤害倾向

自我伤害行为的基本动机主要有两个，一是终止，即通过自我伤害终止或抵消长期无法改变的痛苦与绝望；二是操纵，即通过自我伤害表达内心的坚守或报复他人及社会，也存在寻求关注、帮助和企图挽回他人的想法，此类自我伤害行为相对容易发现和预防。

（1）性格方面

一般表现为脆弱、不稳定、混乱、难以预测，具体如下：极度愤怒或避免某人离开；人际关系紧张，对同一人在极端的爱与恨之间转变；自我评价多变，如在高自信与低自尊之间来回转变；长期感到空虚，情绪控制能力弱，尤其是愤怒情绪；短暂的偏执想法，如怀疑被针对、被迫害等；突然间的性格变化，如突然变得内向等。

（2）生活方面

急性生活事件，一般表现为近期的重大生活事件，具体如下。丧亲：丧子、丧偶、父亲或母亲去世。丧失：生意失败、失业、情感破裂或离婚（包括失恋）。急性重大压力：大量借贷无法偿还、自己或家人重病、婚姻纠葛。其他急性应激事件：遭遇严重的自然灾害或人为灾难，如地震、洪水、交通事故、性侵等。

慢性生活事件，一般表现为缓慢且长期的重大压力事件，具体如下：长期影响生存的经济压力；长期职场不顺、事业不顺或遭遇职场歧视、霸凌；长期无法摆脱的家庭暴力；长期无法调和的婆媳矛盾；长期重大疾病的折磨；长期被社交孤立、遭受歧视或自觉遭受不公正对待；在童年时期发生的一直产生影响的重大事件，如父母离异及遭受家庭暴力、身体虐待、性侵、猥亵等。

（3）心态方面

出现情绪低落，一般表现为忧郁，具体如下：持续地伤心、经常暗自流泪；持续地对大部分活动失去兴趣；持续地精神活动异常，经常坐立不安或不想动；持续地饮食、体重、睡眠显著增加或减少；持续地感到无力（如体力、活力、精力、注意力、思考力等）；表达出自我伤害的念头。

出现情绪躁动，一般表现为亢奋，具体如下：显著且持续地易激惹，一言不合就情绪激动；十分敏感，注意力容易被吸引。

出现消极心态，一般表现为对人、事、物和未来极端的消极评价，具体如下：内归因的模式，极端的自我否定，觉得自己什么事都做不好；悲观的心态，对发生的几乎所有事情给出最悲观的解释或预测；不合理信念，不接受失败，如失败了就不配做人；对未来缺乏期待，认为生活没有出路，不抱希望。

（4）行为方面

异常行为，一般表现为精神疾病症状之外的且与常人有极大不同的行为，具体如下：离家出走、消失或无故不工作；大喊大叫或到处引发矛盾纠纷；毫无目的地闲逛；有自我伤害的企图或行为。

非惯常性的偏差行为，综合表现为行为突然发生较大改变，具体如下：突然以极端的方式花光积蓄；突然对生命、死亡、自杀等高谈阔论或对外透露自伤、自杀的念头；突然委托家人或朋友帮自己多加照顾某人；突然把自己的重大事件要求或委托他人代为执行或完成；突然将身边重要物品要求或委托他人代为保管。

2. 伤害他人倾向

伤害他人包括对他人财产、人身安全的伤害。

（1）性格方面

一般表现为偏激、仇恨和冲动，具体如下：对人际交往没有期望和兴趣，喜欢独来独往，缺乏情感交流，冷漠；极端的自我中心，不允许他人对自己做出任何负面评价；多疑，经常怀疑自己受迫害；仇视社会、仇富、仇官，有报复心理；频繁出现不遵守社会规范和法律的行为；说谎、欺骗行为频发；经常逃避、不负责任、缺乏悔意；漠视生命，包括不在意自己的生命安全，甚至虐待其他生命（包括动物）。

（2）生活方面

急性生活事件，一般表现为近期的重大生活事件，并且个体认为是他人造成的，具体如下。丧亲：因他人导致的丧子、丧偶、父亲或母亲去世（包括医患矛盾）。丧失：因他人导致的生意失败、失业、情感破裂或离婚（包括失恋）。急性重大压力：因他人导致的大量借贷无法偿还，自己或家人重病、身体受到较大伤害等。需要注意的是，当发生急性生活事件时，即使不是他人导致的，当事人也可能会产生报复社会的心理。

慢性生活事件，一般表现为缓慢且长期的重大压力事件，具体如下：长期职场不顺、事业不顺或遭遇职场歧视、霸凌；长期实施家庭暴力或无法摆脱的被家庭暴力；长期无法调和的婆媳矛盾；长期重大利益冲突；长期被社交孤立、遭受歧视或自觉遭受不公正对待。

（3）心态方面

消极心态，一般表现为消极的外归因，具体如下：遭受挫折时，幻想或归因于别人的迫害，极易产生厌世或报复社会的想法；无法合理认知生活中的矛盾冲突，长期对现实抱有悲观态度；对于别人的失误极端敏感，缺乏理解和包容。

攻击性心态，综合表现为攻击性强，具体如下：拥有以牙还牙、睚眦必报的心态；显著且持续的易激惹，并且带有敌意，一言不合就情绪激动，极易出现嫉妒、怨恨情绪。

（4）行为方面

异常行为，一般表现为精神疾病症状之外的且与常人有极大不同的行为，具体如下：容易与他人发生肢体冲突，并习惯性地谩骂、凌辱、威胁他人；扬言报复他人、社会；破坏他人财物、恶意影响他人正常生活；酗酒后出现反常行为；有伤人的企图或行为。

非惯常性的偏差行为，一般表现为行为突然发生较大改变，具体如下：突然无端地对某人或某个家庭高度关注等。

（四）个人危机与社会风险的防范化解策略

1. 关键信息摸排

基层工作人员要熟练掌握识别细则，在日常入户走访的过程中摸排关键信息，当发现有符合识别细则条目的人员和情况时，要根据其特点制订进一步的评定计划。这是个人危机和社会风险防范化解的第一步，需要广泛的摸排、快速的反应。

2. 危机与风险的评定

摸排到关键信息后，通过访谈、心理评估和精神障碍诊断来评定其风险等级，以绿色、黄色和红色来标识；绿色代表低风险，即虽然个体符合识别细则，存在一定的困惑，但可以通过自我调适、亲朋好友的支持等应对面临的问题；黄色代表中风险，即个人需要心理疏导和更多的家庭、社会支持才能渡过当下的难关；红色代表高风险，即个人状态非常不稳定，有明显的引发个人危机或社会风险的倾向。

（1）评估

借助专业的工具或技术评估个体心理状况。个人危机和社会风险可使用的评估工具有一般心理健康筛查量表、抑郁量表、焦虑量表和人格量表等。需要注意的是，心理评估后需要进行二次心理访谈，以增加评估结果的可信度。

（2）访谈

通过面对面的交流，可以深入了解受访者的心理状况和行为动机。访谈的主要信息包括基本情况（如果是心理评估后的访谈，应关注其评估过程，对方是否认真答题很关键），近期的生活状态，家庭、邻里等人际关系情况，个体的成长过程，持续的困扰、根源性或现实性问题等。需要注意的是，受访者不仅指其本人，也包括其亲朋邻里、同事等。

（3）诊断

心理评估和访谈结果显示可能存在心理障碍或精神疾病的，及时联系精神科医生进行转介，由精神科医生进行诊断。

3. 干预策略

从生物、心理和社会三个方面进行单独干预或综合施策。生物方面主要指由身心疾病引发的问题，通过联络医疗机构来解决；心理方面主要指由性格、情绪和人际关系等引发的问题，通过心理疏导、心理咨询和心理治疗来解决；社会方面主要指经济、重大灾害等引发的问题，通过社会工作者依据政策法规提供救助和援助。如果个体同时遇到多种因素引发的问题，那么需要医生、心理治疗师、心理咨询师和社会工作者等专业人员组成不同的团队，团队成员分工解决个体的不同问题，同时相互配合，形成"会诊"和"分诊"相统一的服务模式。

4. 监管预警

为评定为黄色和红色的人员分别建立档案，根据人员的情况定期进行跟踪回访并在档案中做好记录，进行动态监管。每周召开个人危机和社会风险研判会议，依据心理危机干预结果、跟踪回访记录，对风险增加的人员进行预警，组建由亲朋、村（社区）组成的看护小组，制订干预计划，防止情况进一步恶化。对风险降低人员的进行重新分类、入档和监管。

四、展望未来

党的二十大报告提出，以中国式现代化全面推进中华民族伟大复兴，明确了中国式现代化是物质文明和精神文明相协调的现代化。在建设健康中国、平安中国、幸福中国的新征程中，精神富有与物质富足同等重要。对个人危机和社会风险预防化解路径和机制的探索、实践与推广，从微观上保障了个体的健康、平安和幸福，从中观上促进了家庭的和睦、社区的和谐，从宏观上助力新时代精神文明建设工作，是推进中国式现代化的重要基石。

第六章

社会心理服务内容体系建设

6

第一节　社会心理服务科普宣传教育体系建构

一、概述

社会心理服务科普宣传教育活动是推进社会心理服务工作最基础的环节。本节以"科普＋宣传教育＋服务"三位一体的联动融合模式为纲，从科学知识普及、政策制度宣传教育、新闻宣传、融媒体中心建设、展会活动和科普宣传教育空间建设六个方面，介绍社会心理服务体系建设科普宣传工作的主要内容。同时针对现有宣传教育活动民众参与度不高、获得感不强、信任度不够的问题，本节总结并提炼做好科普宣传教育活动的经验，坚持生活化宣传教育，融入百姓生活的方方面面，同时创新宣传教育形式，探索吸引更多民众参与的模式，更好地构建社会心理服务科普宣传教育体系，增强民众心理健康意识，培育良好的社会心态。

二、背景

近年来，我国社会主要矛盾已经转化为人民日益增长的美好生活需要和不平衡不充分的发展之间的矛盾，人民群众对社会心理服务的需求日益增加。党的十九大和党的二十大报告明确指出，要加强我国社会心理服务体系建设。然而，大众及基层单位对这项工作的重视程度不够，主要是因为对体系建设的定位与内容的了解尚不全面。例如，很多人将社会心理服务误解为对精神病患者提供服务，将社会心理服务体系看作心理健康服务体系，将心理健康服务理解为心理健康或精神健康服务，以及将心理疾病和精神疾病等同于精神病。其实，社会心理服务体系是一个全方位、多层次、多样化的社会支持系统。社会心理服务体系是积极主动预防和解决个体、群体与社会层面的各类问题，其内涵远远大于治疗精神病患者。因此，为了让更多群众从社会心理服务中受益，首先需要在基准定位上明确，社会心理科普宣传教育是推进社会心理服务工作最为基础、前提、源头的环节，也是小成本、小切口发挥大效益、驱动大项目的环节，还是需要思考及"绣花"的环节，更是目前容易忽略的环节。

人的意识、认知过程、认识，以及观念、思维、理念等都在直接影响自身的行为。社会心理服务宣传教育体系建设的工作动机：通过做好宣传教育工作，改变人的心理，从而引发其行为的改变，进而影响其身边的人群及整个社会环境。目前，我国的心理健康知识普及工作虽已取得了一定成效，但在科普宣传的队伍建设、工作模式探索和内容素材收集等方面仍存在不足，主要表现如下。第一，趣味性不足，民众参与度低。对心理问题的"病耻感"导致只有极少数人主动参与科普宣传教育活动。因此，我们需要探索行之有效、民众喜闻乐见的心理健康科普宣传教育的渠道与方法，吸引更多民众积极主动地参与活动。第二，针对性不强，群众获得感低。不同人群产生的心理问题存在差异，这与其所处的生活环境、受教育程度等因素相关。因此，科普宣传教育工作要有针对性地推进，为民众提供多样性选择，让每个参与者都能从中受益。第三，系统性不够，民众信任度低。现有的科普宣传教育活动主要以心理专家讲授、其他人员配合为主，难以发挥各级各领域人员的优势与力量。民众在科普宣传教育活动中虽然了解了心理服务内容，但是想要在活动后寻求相关支持，往往找不到合适的服务机构与心理服务工作者。因此，我们要建立系统的科普宣传教育体系，明确人才队伍中的角色分工，形成协同配合的合力，将科普宣传教育环节与社会心理服务其他环节紧密衔接，提升群众的心理健康素质，从而促进社会和谐稳定。

做好社会心理服务体系建设的科普宣传教育工作，从根本上为民众心理健康意识的培养提供了方向指引，使人们牢固树立"每个人是自己心理健康第一责任人"的观念认知，并将这种观念转化为关注自己及他人心理健康的实际行动，以促进广大人民群众认可、接受、支持社会心理服务体系建设工作，促使群众培育并养成自尊自信、理性平和、积极向上的社会心态。无论从推动"健康中国、平安中国、幸福中国"建设的角度，还是从基层社会治理、服务群众、提升群众获得感和幸福感的层面思考，打造一个亲民惠民、利党利国的社会心理服务科普宣传体系都势在必行。

三、实践和具体做法

（一）"科普＋宣传教育＋服务"三位一体，多部门联动融合的工作模型

如何让优质的科普宣传教育素材产品更广泛有效地触达用户，是社会心理服务科普宣传教育体系亟须解决的难题。社会心理服务宣传教育体系应该是"科普＋宣传教育＋服务"多位一体且能够同时兼容区域相关工作的联动融合模式，要实现该模式，必须做到以下两点。

首先，整合资源、共建机制联动、动用各方力量，实现各类社会心理服务机构及全社会群众的广泛参与。从单位职能分工来看，科普、宣传教育、服务应该是由不同部门分工负责的三个工作模块。因此，宣传教育体系建设不仅仅是政府部门的工作，关键是要科学整合、统筹利用多方资源，构建"党政领导、部门协同、专业支撑、社会参与"的社会心理服务格局，依托政府部门建立数字化社会心理服务系统平台，引导社会组织参与，分系统、分领域构建"模块化"社会心理服务平台，为儿童、青少年、重点对象等群体提供精准社会心理服务工作，形成心理危机干预和心理援助的联动机制，节省大量公共资源的投入，从而获得较好的工作成果与社会效果。

其次，在日新月异的新媒体时代，科技革新为心理科普传播模式的改变提供了契机。要充分发挥当地新闻宣传机构影响范围广、传播快、表达方式多样等优势，积极探索运用电视台、网站、微信、微博等渠道，在知识共享中高效释放心理科普的价值。

下面以福建省福州市某小学 2022 年"5·25"活动为例阐释该工作模型。

该学校提前通过当地教育局建立的新媒体矩阵，以及社区等相关单位的微信群发布活动消息。学校统筹协调物料，活动当天在学校操场外圈设 24 个服务席位，内圈为大型标志性物料展示与人偶服科普志愿者互动区，当地检察院未检部门工作人员、各心理行业协会、学校周边心理服务机构代表等派人员到场为师生提供各类心理健康服务，精神医疗机构讲解青少年常见精神疾病，并在心理房车上提供一对一咨询与访谈评估。活动结束后，学校与联合主办方第一时间将新闻通稿及现场拍摄的照片、视频素材发给合作新闻媒体及各联盟单位，并在各单位的网站、微信公众号和微信群等媒

体或平台发布，同时将消息链接发给联盟单位，活动结束 24 小时内形成较好的多级裂变效应。

（二）宣传教育体系的工作内容

1. 科学知识普及

首先，要以"一用一备份，定期更新，线上加实体"的方式建立一个科普宣传素材库，内容包含政策文件、照片视频、标语海报、新闻推文、专业书籍、行业报刊、场馆及活动的图纸、招标参数……平时接触的有应用价值的各种素材，及时下载、分类保存，并结合自行生产的各种内容产品，定期汇总、更新到素材库。其次，有了强大的素材库支撑，就可以生产科普宣传教育内容产品，自行策划设计丰富多样的科普宣传教育活动，如出版书籍、办报办刊、开设栏目、开通频道、开展形式多样的社会心理服务融媒体宣传工作。

2. 政策制度宣传教育

首先，将文件汇集成册，作为各级社会心理服务单位的参阅资料。其次，逐级设置政策文件传达学习与总结反馈制度。对涉及工作重点、难点的，可通过组织专题培训、集体专项学习等方式加强巩固。最后，通过开展知识竞赛、主题辩论会和专题征文、征稿等方式，提升宣传教育效果，促进更深、更广的交流、互动，形成更大的社会影响力。

3. 新闻媒体宣传

首先，要注重培养团队工作人员的新闻敏感性与宣传意识，组织学习培训，以帮助相关人员掌握新闻采编、摄影摄像和排版投稿等常用的基础技能，真实、准确、及时地做好内容生产。其次，寻求投稿与宣传推广的媒体渠道（有条件的单位可建立自己的宣传平台），建立长期稳定的合作关系，稿件在自媒体平台发布或被媒体刊载后，尽快请求合作媒体转发推广，不仅可以通过传播裂变提升宣传效果，还可以给单位或机构引流用户，增加关注度。

4. 融媒体中心建设

有条件的机构或单位可设立融媒体中心，实施专人专班服务，配备采访、摄录、编排和印刷等所需的相关设备。融媒体中心的建设规模要与机构或单位的工作需求相适宜，力争做到三个跟进，即"领导决策层关注到哪里，素材筹备与策划工作就跟进到哪里；重点工作部署到哪里，全媒体新闻宣传教育就跟进到哪里；社会反响与工作成效出现在哪里，总结报道与典型培养就跟进到哪里"。如果将融媒体中心比作"厨房"，工作人员就好比各司其职的"大厨"。一组信息素材与主题图片不仅可以被加工为报刊图片新闻、电视新闻、短视频作品，而且可以将它们相互融合，根据不同主题与宣传教育需要，经二次创作形成另一个"新媒体产品"。

5. 展会活动参与

各级单位或机构可结合实际情况，承办或参与政府相关内容的工作会议及展会，以提升自身的社会影响力与行业地位，如某市社会心理服务体系建设推进会、某省心理援助与应急救援工作推进会、全国心理 × × 博览会等。常态化组织开展线下主题活动，可以加深群众对工作品牌的印象，长期有效地提升品牌影响力与行业价值，如某省心理健康大篷车科普公益行、某市社会心理服务"七进"活动、某机构家庭教育大讲堂及某单位周末心理健康科普情景剧等。

6. 科普宣传教育空间建设

根据社会心理服务体系建设不同时期、不同部门的实际工作需要，可以采取线上虚拟与线下实体两种方式，设计建设不同主题（或综合型）的科普宣传教育空间。例如，依托某省委政法委设计建设"某省社会心理服务云端科普馆"；依托某省卫生健康委员会设计建设"心理健康知识科普大观园"；依托某市妇女联合会，通过线上和线下两种方式，设计建设"某市家庭教育宣传教育基地"；依托某街道建设线下"社会心理服务宣传教育体验中心"；依托某市教育部门设计建设"某市校园心理健康 VR科普馆"等。

（三）做好宣传教育工作的方法

1. 生活化科普宣传教育，融入百姓生活工作

心理健康的宣传教育工作要站在民众的立场上，以免把社会心理服务单独拎出来宣传教育，缺乏与生活、工作的融合。要根据不同层次、类别的群体和个体的特性，

灵活运用名片效应,将心理健康知识融入听众所易接受的内容中,从而拉近传播者与听众之间的距离,实现心理宣传教育的精准对接,更加贴近群众、贴近实际、贴近生活。

首先,要从民众中培训、选拔"接地气"的科普宣传教育工作者,他们在掌握一定的心理疏导知识与技巧后能快速融入社区,用老百姓接受的方式说老百姓听懂的话语,做让老百姓舒心的事情。

其次,要依据不同年龄阶段群体的特点选用合适的宣传教育方法。有针对性的宣传教育可以达到润物细无声的效果。例如,面对老年人群体,通过在长者食堂设立舒心茶馆,让老年人相互陪伴,现身说"心",用老年人的思维与语言方式,促使老年朋友们主动参与相关的学习活动,积极分享心理健康知识。面对不同年龄阶段的儿童和青少年,可以设计使用一些带有时尚卡通元素的宣传物料,或者以某个卡通人物为原型设计互动的活动等,吸引他们的关注和参与,并且使用童真的话语将专业的心理学名词通俗化、简单化。同时,对因心理问题引发的各类校园危机事件进行分类解析,编入培训教材中,使校长、班主任更加深刻地认识到社会心理服务的重要性。只有找到合适的钥匙,才能打开一把把不同的"心"锁。

最后,宣传教育模式和方法要契合群众的工作和生活规律,便于群众参与活动。目前的科普宣传教育实践,社区开展活动短则一小时、长则一天,民众普遍反馈参与活动消耗精力。因此,宣传教育活动要最大程度地便于民众的参与,既要把握好休息日的时间,也要合理利用日常的碎片化时间。例如,山东省青岛市提出了见缝插针嵌入式社会心理服务工作法,即利用节假日的时间集中安排心理培训等活动,利用工作日休息的时间组织服务机构进家入户宣传教育,同时结合社区居民出入小区或到居委会办事的时间适时发放心理健康宣传页,从而达到顺其自然、事半功倍的效果。

2. 创新科普宣传教育形式,吸引群众广泛参与

要做好心理健康宣传教育工作,必须善于在潜移默化中、在平常生活中传播心理健康的政策方针和"身心同健康"的宣传教育理念。为此,要融合创新科普宣传教育的形式,想群众之所想,关注群众核心需求,让群众主动参与进来,只有这样才能取得良好的效果。

首先，要创新开展艺术化的科普宣传教育活动。积极探索以情景剧、微电影等艺术形式进行宣传教育的模式，有效发挥艺术易接受、易产生共鸣、易传播的优势。心理学的理论和知识不能束之高阁，要融入生活，做到"温暖、专业、科学、有效"，实现"人人为我、我为人人、互助自助、幸福之路"。从群众生活中挖掘心理问题产生的过程，把阳春白雪式"心"道理，用雅俗共赏的方式尽情演绎，既有欢歌笑语，也能引人深思。例如，安徽省宿州市举办的社会心理服务情景剧大赛，内容不仅涵盖家庭教育、校园心理和社区矛盾等各类问题，而且还新增了搭建平台、组建队伍和科技赋能等社会心理服务内容。参赛剧目既"找病灶"又"开药方"，除提出治疗、干预和咨询等传统方法外，还有针对性地给出聘请心理顾问等预防性措施，收到参演者"荣"、观看者"益"、传播者"众"的良好效果。

其次，要融合创新多感官共同参与的宣传教育形式。传统的授课式宣传教育容易让参与者感到无趣，难以专注地学习宣传教育知识。因此，宣传教育活动可以结合群众的兴趣爱好开展，如运动健心、音乐疗心、书法养心、棋牌育心、阅读悦心和舞蹈动心等，通过图、文、声和象等多感官共同参与的方式，更高效地向群众传递心理健康教育信息，激发广大群众学习心理健康知识的主动性，提高群众对心理健康教育的认知程度、掌握程度，从而让群众更好地理解社会心理服务体系，让知识入脑入心，实现从"要我学"到"我要学"的转变。

最后，要融合创新"社会心理服务＋"模式。在社会心理服务体系建设过程中，我们不应将科普宣传教育工作当作一个独立的模块，而应将其嵌入体系建设的每项工作中，融入所及的各行各业中。同时，要将社会心理服务科普宣传教育融入群众生产和生活的方方面面，推进理念、内容、手段和机制等全方位创新，推动各种媒介资源、生产要素有效整合，吸引各行各业群众积极主动地参与其中，发挥各行各业各领域的专业优势与力量。例如，组织具备心理服务资质、具有成熟的心理服务技能及丰富实操经验的专业人员与志愿者成立科普队，将心理健康公益科普宣传教育知识送进单位、医院、校园、社区、企业中，增强群众的心理健康意识，提升心理健康知识的普及度，一步一个脚印，让"社会心理服务＋"科普宣传教育活动惠及更多家庭。

四、展望未来

社会心理服务科普宣传教育体系的构建要立足于整个社会心理服务体系层面，以系统观念为引领，打造立体多样、融合发展的体系，实现各类要素互动增益、融聚汇合。

1. 拓展视角，提升科普宣传教育的全面性

社会心理服务体系建设的视角必须从个体层面拓展到社会层面，通过全面、及时的政策制度宣传教育与科学、严谨的宣传报道，让广大社会心理服务工作者能够及时准确地了解并掌握社会心理服务体系建设的具体目标及工作要求，使社会心理服务科普宣传教育体系在社会心理服务体系的督导、系统化建设、百姓生产生活和社会治理等领域发挥重要作用。

2. 融合多媒体，提升科普宣传教育可触及度

各地宣传部门应善于借助媒体实现心理知识的科普与宣传教育，结合社区、街道、村落特点建立网格化宣传制度，创新宣传教育形式。同时搭建社会心理服务媒体平台，充分发挥媒体特长，聚合媒体力量，打造多媒体宣传矩阵，从媒体视角把握社会心理服务体系建设的理论特点和实践经验，报道典型人物和示范模式，发挥其传播推广、引导宣传、科普教育的功能。

3. 针对负面心理，提升科普宣传教育有效性

把心理疏导、危机干预作为主要宣传教育任务，纳入公益宣传范畴，创造形式多样的心理文化产品。注重对负面心理的干预，最大限度地消解社会戾气，引导社会舆论导向，对负面群体心理及各类社会不良心态及时进行疏导、化解，营造知荣辱、讲正气、做奉献、促和谐的良好社会风尚，努力提升国民心理健康水平。同时，把针对社会心理服务工作者的督导工作和媒体宣传相结合，引导科学、有效的社会心理服务体系建设取向，督促实现正确的社会心理服务模式。

第二节　社会心理服务测评体系建构

一、概述

心理测评指通过标准化的测试手段测量个体心理特征的方法，主要用于评估个体的智力、能力、性格、兴趣和价值观等，衡量个体心理因素水平和个体间的心理差异。测评体系作为整个社会心理服务体系得以建构的重要基础与科学支撑，不仅能够早发现、预警社会风险，直观体现社会心理服务的趋势和走向，还能够为各项工作的高效开展提供量化指标，保证服务效果。本节基于对各个试点地区建设测评体系经验做法的概括总结，分别从基本概念和内涵、伦理规范、建构原则、建构方法及展望未来等方面阐述如何建构科学化、系统化、长效化的社会心理服务测评体系，为推进社会心理服务体系融入健康中国、平安中国、幸福中国建设打下坚实基础。

二、背景

社会心理服务体系建设是推进新时代社会治理创新的重要举措。《健康中国行动（2019—2030年）》指出，心理健康教育要坚持预防为主、关口前移，把预防摆在更加突出的位置，积极有效应对当前突出的健康问题。社会心理服务测评体系是社会心理服务体系中的基础环节，能起到预防作用。通过对个体的心理健康水平进行监测，并根据一定的指标及对信息的分析和研究结果，对服务对象的心理健康水平进行分类定级，筛选出预警对象和范围，及时发现和识别各种潜在或现实的心理危机因素。社会心理服务测评体系作为社会心理服务体系的基础性系统，是整个体系得以不断发展和完善的重要科学支撑。

三、实践和具体做法

（一）基本概念和内涵

社会心理服务测评体系既是社会心理服务体系建设展开的前提，也是评估社会心理服务体系建设质量和成果的重要方式。首先，社会心理服务测评体系可以帮助我们筛选出不同心理健康程度的个体，为后续提供更具针对性的服务奠定基础。依托社会心理服务测评体系，各地可开展心理危机筛查与预警监测，及早发现和掌握有心理问题的高危人群及突发事件苗头，并在相关部门和领导的指导下，组织心理咨询师、社会工作者、网格管理员和志愿者等各类社会服务工作者，对民众进行摸排调查，及时疏导、化解矛盾问题。同时借助测评体系获得的相关数据。社会心理服务工作者可以为失独家庭、空巢老人、困境儿童和残疾人等弱势群体及其家属提供相应的心理疏导和干预方案，实现培育自尊自信、理性平和、积极向上的社会心态的最终目标。

其次，根据已获得的心理数据结果，社会心理服务测评体系为描述各类群体的心理状况提供量化指标，社会心理服务工作者通过分析这些量化指标为地方社会治理的决策和评价提供重要参考。例如，在社会心态方面，社会心理服务测评体系通过对某一物理区域或行政区划内的全体成员或抽样成员进行测评，收集和测量社会心态数据，形成具有区域特色的指标和标准，直观地体现社会心理的趋势和走向，并将结果反馈至相关决策部门，形成社会心理数据采集、产出和应用的闭环。

最后，社会心理服务测评体系是保障社会心理服务体系建设质量与效果的测评制度。通过对社会心理的各个方面进行广泛的定性、定量调查，系统客观地评估社会心理情况，同时结合心理科学规律制定信度、效度、科学统一的社会心理服务评判标准，在社会心理服务的各个领域进行事前、事中及事后的效果评价和质量控制，衡量社会心理服务水平，保障社会心理服务效果。

（二）伦理规范

符合伦理规范是开展心理测评的必要前提。开展心理测评前，必须由伦理审核系统负责审核每个测评项目是否保证了被测群体的权利不受侵害。伦理审核包括：一是测评实施单位资质、主要负责人资质与信息、被测群体情况；二是测评目的、测评方案与程序、潜在风险、费用；三是受测者的收益、隐私保护、退出程序和知情同意等。

社会心理服务的目的是促进人民群众的美好生活，而不是为其带来负担。因此，社会心理服务工作者应在设计、执行和数据分析等方面遵守伦理原则，保证测评的科学性、可靠性和伦理规范性，具体内容如下。

1. 知情同意

在测评过程中，社会心理服务工作者应向受测者清楚、明确地介绍测评的目的、过程、风险和收益等相关信息，以确保其能够理解研究的意义和可能的风险，并自愿参与测评。

2. 隐私保护

在测评过程中，应保护受测者的个人隐私，不得擅自搜集、使用或公布个人信息，确保受测者的个人隐私权不受侵犯。在对测验结果进行处理和分析的过程中，要注意对结果保密，不得公开或泄露受测者的个人信息。当出现自伤、自杀等倾向和涉及违反犯罪行为时，可以依法依规打破保密原则，及时与相关部门取得联系。

3. 尊重受测者权益

要尊重受测者的人格尊严、自主权和隐私权，不得侵犯受测者的人身自由和尊严，不得强迫或欺骗受测者参与测评工作，优先考虑受测者的需求和意愿。

（三）建构原则

1. 全面系统

一是测量对象全面。建设社会心理服务测评体系，需要明确测量和评估的对象与目标，确保涵盖各个重要领域，将可供测量、可以利用的数据容纳进来，不仅包含心理测评体系中一些抽象的心理概念和特征，同时也包含民众心理服务满意度、社会态度、社会情绪和社会需求等数据。二是测量过程全面。例如，在开展测评工作前，首先需明确测量的对象、目标及形式，建立完备有效的数据采集机制，确保数据的准确有效；其次要科学分析、合理应用数据，为后续工作提供指导和参考，同时在测评工作结束后建立健全测评数据安全保护机制，防止信息泄露；最后要运用科学的指标体系和方法，对测量数据予以评价和反馈。

2. 科学有效

科学性是开展测评工作的根本保证和前提，只有科学地开展测评工作，才能获得准确有效的数据，为决策、服务提供事实依据，从而更好地评价社会心理服务体系的建设效果。在开展测评前，要明确测量的目的，并且优先选择经过反复验证、信效度较高的测评量表。此外，社会心理服务工作者在实际工作中可能会面临复杂多样的情况，因此必须在测评开始前准备好完备的处理方案，提供系统性的支持；在测评过程中，应当遵循标准化的测评流程，保证测评工作系统化、科学化、规范化开展；在测评结束后，需科学、规范地运用并解释测评结果，并保证结果不泄露和被窃取。

3. 服务优先

社会心理服务测评工作是循序渐进开展的，并非一蹴而就，更非流于形式。因此，在开展测评工作前，要将服务对象的利益放在首位，在满足服务受测者需求的前提下开展工作，在服务的过程中嵌入测评，在测评的过程中融合服务。在心理服务测评建设过程中，为了践行"服务优先"的原则，可以同步开展各类心理服务，如举办线上心理讲座、发放自助手册和开展自助心理活动等。

（四）建构方法

1. 建设心理测评综合干预系统

社会心理服务测评体系不仅局限于问卷调查、个案访谈等一些具体工作，而是从心理测量的角度将心理测评、心理咨询、危机干预、大数据分析四大板块进行概括整合，最终形成综合性测评体系。心理测评包含了传统意义上的问卷调查、个案访谈等方法，是直接的心理测评手段。心理咨询是针对个体的更加具体、深入的测评，通过心理咨询师的专业工作对个体形成更完整的个人档案，这有助于对重点个体进行重点关注。危机干预是指当出现紧急情况或危机事件时，采取一系列措施和行动保护个体安全的过程，它区别于一般性测评，是需要单独进行考量的心理测评领域。在大数据时代，心理测评的数字化同样如火如荼，从大数据中发现心理特点，是对传统心理测评的有力补充。下面结合教育系统的具体案例概述如何构建心理测评综合干预系统。

（1）构建科学的心理测评系统

第一，实施测评。针对学生的心理测评可以结合不同年龄阶段学生的心理特点，通过各种形式、各种渠道开展，在学生入校期间以静态的定期心理普查为主，再辅以动态的心理委员、教师、家长的日常观察。在测评工作中需要注意：一是选取合适的测评工具，如与高年级学生相比，中低年级的学生知识面与经验有限，对题目的文字理解能力相对较弱，因此倾向于减少文字使用，采用投射或日常观察的方式开展测评。而针对初中、高中阶段的学生则使用基础普测量表，同时要积极借助专业工具和手段，加快研制更符合我国学生特点的心理测评量表；二是拒绝贴"标签"，个体适应社会往往需要多方面心理特质协同，心理测评是对当下状态的评估，是对当前状态的提醒，因此应动态、科学地看待测评结果，切勿固化测评结果，切忌给学生"贴标签"，要以发展的眼光看待学生的测评结果，并通过后续工作帮助学生调整状态；三是做好隐私保护，一般而言，无需将测评结果告诉学生及其家长。若家长要求提供测评结果，应当充分考虑告知家长后可能会产生的影响，要从有助于学生发展的角度，以建议性的方式告知，不武断做解释。此外，要对测评工具进行保密，包括量表常模、题目具体内容和评判标准等信息。第二，建立档案。把握好新生入学关键期，结合新生普查及每学年定期测评，系统地建立学生动态的心理健康档案、成长发展档案。此外，依据学生入学与毕业数据测评结果的比较，有针对性地开展下一阶段心理健康服务工作（心理健康中心建设、专业培训、讲座等）。心理健康档案要统一保管在指定的档案柜中，由学校心理教师负责保管，严格遵守保密原则，不得随意外借。心理辅导值班教师如需调阅，需登记并写明原因，用后及时归还，不得私自带出保管室。第三，分级管理。科学分析、合理应用测评结果和心理档案，分类制定心理服务方案。针对全体在校学生，在不同年级和不同阶段适时、适当开展心理健康课程、校园文化建设和心理培训等各类心理健康教育活动，普及自我认识、人际交往、家庭理解和生命教育等主题的心理健康知识，以起到预防作用；针对存在一般性心理问题和危机性心理问题的学生，要由专业心理咨询师综合运用现场观察、额外测量和他人评价等手段对测评结果予以核实。之后对有需求的学生交由学校心理咨询室、学生成长与发展中心转介至相关医疗机构进行干预。第四，研制报告。研制形成测评诊断报告、政策咨询报告和学生发展促进等不同类别的报告，用于服务决策咨询、督促问题改进、支撑督导评估和引领质量提升等方面，推动学校社会心理服务工作由仅注重解决心理问题为主转变为培育学生积极心理品质素质为导向，由仅注重心理健康教育转变为开展多元化的社会心理服务，真正促进学生自我管理、自我成长和自我发展。

（2）构建专业的心理咨询系统

首先，教育系统应完善心理咨询场地和教师队伍的建设。一是地方教育部门要建立区域性的心理辅导中心；学校要建立心理咨询室，积极开展线上、线下多种形式咨询辅导服务，让学生能够在第一时间得到辅导与干预。二是配备专职心理教师，同时班主任及各学科教师应接受系统的心理咨询、心理危机干预技术等培训，提高学校心理干预预警系统的反应能力。此外，学校心理咨询室应根据学生心理健康档案，对相关学生进行一对一访谈，提供有针对性的心理咨询服务。通过对重点关注的学生提供心理咨询服务，可以了解学生的代表性心理问题，从而更好地实现对群体的心理关怀和支持。

（3）构建完善的心理危机干预系统

学校可以加强与精神卫生医疗机构的专业合作，定期邀请医生进驻校园开展会诊活动，对有严重心理问题、心理障碍或心理危机学生能有效介入，及时开展心理危机干预。对部分有需求但家庭条件困难的学生开设"绿色通道"，有效解决学生的迫切需要，稳定学生状况。同时可以联合心理专业机构和精神卫生医疗机构对学校心理教师进行定期督导，提升教师心理辅导水平，最终搭建起集危机热线、专家组、工作组、配套组织于一体的危机干预系统，对突发危机进行有效定位、及时干预，从而化解危机问题。

（4）构建综合的大数据分析系统

大数据因其具有海量的数据规模、快速的数据流转、多样的数据类型和低价值密度等特征，逐渐被应用于社会心理服务测评。心理大数据云平台基于综合预警常模和运算模型，能快速生成学生心理测评运算结果，最终可以呈现学生完整的动态心理发展趋势。同时，心理大数据云平台支持学生、家长、学校和社区等相关机构实时查看心理健康变化情况，利于后续及时做出应对和调整。除此之外，大数据分析系统还可以协助学校建立"一生一策"心理档案，档案不仅局限于学生基本信息、学习能力和兴趣特长等，还包含学生的成长环境、性格特征和创伤性经历等。大数据为档案提供心理危机预警级别，以数字化管理方式为学生心理危机的发生、发展趋势预测提供数据参考，并从心理疏导、干预和转介等方面提供方案。

2. 积极寻求充分的社会支持

社会心理服务测评体系不能独立于社会系统而存在，社会心理服务测评体系越能够融入整体社会发展中，其构建就越有效和充分。下面是具体的构建策略。

（1）政策支持

社会心理服务测评体系作为社会心理服务体系的必要组成部分，为社会心理服务体系提供了重要的定性、定量指标，我们应想方设法确保测评准备、展开与结果的科学有效。为此，要做好保障工作，积极争取有力的政策支持，确保呼应社会需求，争取建设空间充足、人员力量健全、资金资源充分。例如，教育部等十七部门发布关于印发《全面加强和改进新时代学生心理健康工作专项行动计划（2023—2025年）》的通知中指出，要开展心理健康测评，坚持预防为主、关口前移，定期开展学生心理健康测评。按照政策要求，各地应积极联动相关部门为学生心理测评工作的开展给予政策上的引导与保障。

（2）部门支持

社会心理服务体系是涵盖心理工作、社会工作和社会治理等方面的综合性服务体系，具有复杂性、系统性特点。为了保证测评工作的顺利推进，首先，应综合统筹社会心理服务测评工作，协调联动各部门对社会心理服务体系全过程进行综合、系统的跟踪监测，做到全方面、全环节、全覆盖；其次，应建立部门间的有效沟通反馈机制，确保不同环节之间的有效衔接，实现对每个环节的客观评估，保证社会心理服务体系的质量和效果。

（3）制度支持

规范性是保证社会心理服务测评体系稳定有效的重要支撑，只有做到依法依规，才能在测评对象心中建立信任感。这就要求社会心理服务测评体系在建设、实施时强调规范性作用，建立健全相关标准政策，保证测评过程可公开、可检验。为了保证规范性，主管部门应充分调研、先行试点，以政策制度建设指导社会心理服务测评体系落地，做到全环节有规可依，以健全的制度支撑社会心理服务体系建设。除此之外，政府还需整合各部门资源和力量提高整体运作及联动效率，加强交流合作与信息共享，建立多部门协同工作机制。

（4）系统涵盖

不能简单地将社会心理服务测评体系理解为问卷测量、个案访谈，它是一个包含心理测评、心理咨询、危机干预和大数据分析等多个版块的综合性系统。只有系统涵盖各方面的内容，才能建立一个全面、科学、有效的体系，为社会心理服务添砖加瓦。

3. 重视心理工作、社会工作、社会治理的多系统融合

心理工作、社会工作、社会治理三者虽定位不尽相同，但同时也是在为相同的目标而努力，所以在实际建设过程中，一定要做好一体化协作工作，助推社会心理服务测评体系建设。

社会心理服务测评体系的核心就是心理工作，社会心理服务工作者、专家积极参与其中。从各个顶层设计到基层执行，由社会心理服务工作者全程参与并起主要作用，一定程度上探索了中国特色的社会心理服务体系建设路径，为心理工作贡献中国智慧、中国方案。

社会工作是开展社会心理测评服务的重要保证，是社会心理服务体系不可或缺的组成部分。一方面，社会工作者群体是整个测评服务直接的执行者，推动社会心理服务测评体系的建设需要有强大的社会工作团队作支撑。另一方面，社会工作者也是社会心理测评服务主要的对象，党政人员、基层的干部、志愿者团队可能比普通的群众承受了更大的心理压力，因此也是社会心理测评服务需要关注和照顾的对象。可以说，社会工作起着穿针引线的作用，将整个社会心理服务测评体系有机地串联起来。

社会心理服务工作的开展为社会治理提供了有效的手段和窗口。在实际心理服务工作中，通过社会心理服务测评体系，不仅可以筛选出存在一定心理困扰的人群，发现个人危机与社会风险，也可以为政策制定、社会风险稳定评估提供重要的决策依据。社会心理服务对社会问题的预防和化解效果显著，是社会治理的重要手段。

四、展望未来

社会心理服务测评体系建设正处于快速发展的过程中，必然有着实践上的局限性和不足，主要体现在以下几个方面。

1. 加强标准规范化建设

对社会心理服务体系建设而言，标准是在实践过程中产生的，而我国的具体实践又有着自身复杂性。现如今，国家层面和地方层面的标准尚未建立起较为明确统一的规范，各地都在不断尝试以自己的方式探索中国式社会心理服务体系建设，这既是现有实践的一种局限，同时也是一种挑战，对整个体系的建设者和服务工作者提出了更

高的要求。因此，未来需要进一步加强标准规范的建设，保障社会心理服务测评体系的科学性、可靠性和有效性。

2. 加强专业力量建设

社会心理服务人才队伍的短缺持续阻碍着社会心理服务测评体系的建设，缺少心理工作和社会工作的专业人才使测评工作的科学性大打折扣。因此，未来在社会心理服务体系建设中应更加注重培养、引进、输送人才，建立起一支专业性、科学性过硬的团队，更好地服务于社会心理服务测评体系的建设。

3. 完善全过程系统性支持

社会心理服务体系是一个新兴的体系，也是一个需要不断探索和挖掘的体系。这要求我们要以更加系统和宏观的视角来构建社会心理服务体系，与其他社会体系相结合，共同建立一个全面、系统、相互支持的社会心理服务测评体系，以此来弥补其缺乏直接的现有支持力量这一局限性。

第三节　社会心理服务教育培训体系建构

社会心理服务教育培训体系就是要探索多样化复合应用型人才培养体系。培养面向各行各业、各类人群提供积极主动、普惠公共服务的社会心理服务工作者。培育社会心理服务必备的基础能力，运用社会心理服务提高各行各业、各个岗位人员的工作胜任力，和各项工作的心理服务需求、科学管理、解决问题有机结合起来。

一、概述

"功以才成，业由才广。"人才队伍培养体系的建设是通过把握社会心理服务人才队伍的功能定位，明确人员配置，构建胜任力模型，并通过"选分育评升"的成长机制，探索一条识人、选人、育人、用人的有效路径，形成一支本土化、专业化、有思想、有能力的人才队伍，为推动社会心理服务工作系统高效、科学规范、常态有序地开展，促进工作质量不断提升、持续向好提供基本的人力资源保障。

二、背景

2015 年 4 月，中共中央办公厅、国务院办公厅印发的《关于加强社会治安防控体系建设的意见》提出，发展壮大平安志愿者、社区工作者、群防群治队伍等专业化、职业化、社会化力量。2020 年 10 月，党的十九届五中全会提出，"十四五"时期要"加强基层社会治理队伍建设"。

社会心理服务体系建设工作能够深入基层、深入群众，发挥其应有的作用，最需要依靠的就是基层的社会心理服务专业人才。然而，基层面临的心理资源匮乏、心理专业人才不足和培养机制不完善等困境，导致很多地方的社会心理服务在数量上无法实现全覆盖，在质量上无法满足心理咨询、心理危机干预等需求，严重制约着社会心理服务在基层社会治理中应发挥的作用，这也是亟待解决的重要问题。

三、实践和具体做法

（一）人才队伍培养体系的建设基础

社会心理服务人才队伍培养体系建设的重要前提是，要明确其功能定位，合理地进行人员配置，制定标准化的胜任力模型，明确"为谁培养人"和"培养什么人"，握好人才队伍培养体系建设的方向盘。

1. 社会心理服务人才队伍的功能定位

重视心理健康和精神卫生，推进健康中国建设，增进民生福祉，提高人民生活品质，是社会心理服务人才队伍的核心任务。因此，这支队伍的功能定位也应聚焦于此。在个体层面，做好心理和精神方面疾病的预防和治疗及心理疏导和心理危机干预，培育积极心态，丰富精神世界，提升心理健康素养，树立正确的价值观，提高道德修养水平；在家庭层面，协助防范和化解家庭失和甚至破裂引发的危机，促进家庭教育、亲子教育水平的提升，营造良好的家庭氛围；在村（社区）层面，协助防范和调处邻里矛盾冲突，不断增加正向的互动与链接，形成同心同德、同向同行、邻里和睦、守望相助的良好局面；在社会层面，能够对社会心态进行监测、预警、上报、研判和干预，协助防范化解各类社会风险隐患，创造和谐稳定的社会环境。

2. 社会心理服务人才队伍的人员配置

为了顺利实现社会心理服务人才队伍的功能定位，完成核心任务，不仅需要进行科学、合理的人员配置，而且要关注各层级、各部门不同的工作重点，以充分发挥个人和团体不同的作用。以县（区、县级市）为例，首先，设立统筹者队伍，由县主要负责社会心理服务体系建设工作落实的干部、社会心理服务中心工作人员等组成，主要负责组织协调、资源整合、人才和机构引进、制订并上报规划计划、督导工作开展、评估汇报工作成果；其次，设立支持者队伍，由相关部门负责心理工作的人员及医院精神科医生、心理专业人员（或第三方机构）共同组成，主要负责对统筹者队伍和基层干部开展社会心理服务工作提供支持，例如，应对家庭暴力事件，需要相关人员给予劝解调处、法律支持和心理援助；最后，设立服务者队伍，由村（社区）工作者、学校老师和单位心理骨干等人员组成，主要负责在基层开展心理测评、心理宣传教育、心理疏导和风险识别上报等工作。

3. 社会心理服务人才队伍的胜任力模型

社会心理服务人才队伍的胜任力模型既是人才选拔的依据，也是队伍建设的方向，主要体现在动力（愿意干）、能力（能干好）和稳定性（能干久）三个方面。

（1）动力方面

一是内在的动机，主要表现为对心理工作、社会工作的喜爱等。二是适宜的性格，主要表现为具有乐观、乐群、乐学、热情和利他等性格。

（2）能力方面

一是基础知识，主要表现在对相关政策法规、体系建设、心理学、社会治理及社会工作基本理论的掌握程度上。二是专业技术，主要表现在心理宣传教育、心理疏导、心理咨询、心理督导、矛盾调处、风险识别、心理危机干预及战略管理、组织协调和工作执行等能力上。

（3）稳定性方面

一是工作的稳定性，主要避免培养会经常调动的人员。二是人员的稳定性，主要避免培养从事临时性工作或频繁更换工作的人员，最好培养本地在编人员。

不同的社会心理服务人才队伍的胜任力模型略有不同，统筹者队伍作为社会心理服务工作的领头羊，更加注重能力和稳定性。支持者队伍本就在各自领域具有一定专业能力，因此更加注重动力。而服务者队伍作为一线工作的非心理专业人员，其动力、能力、稳定性都需要得到重视。在实际工作中，需要结合实际情况，灵活运用该模型。

（二）社会心理服务人才队伍的成长机制

社会心理服务人才队伍培养体系建设的核心驱动力是，通过构建人才的遴选、分类、培训、评价和晋升等"五步培育法"，畅通人才成长路径，明确"如何培养人"，造好人才队伍培养体系建设的发动机。

1. 人才的遴选

作为"五步培育法"的第一步，人才的遴选需要掌握人员的基本情况，初筛出首批人才队伍。

（1）遴选依据

以胜任力模型作为遴选依据，按照动力、能力、稳定性三大类和内在的动机、适宜的性格、基础知识、专业技术、工作的稳定性和人员的稳定性六小类来进行遴选。

（2）遴选流程

第一步，由所在地行政部门、单位、团体等推选；第二步，选择适合的工具对推选的人员进行测评，如有必要，可增加走访和访谈流程；第三步，按照胜任力模型六小类进行评分；第四步，确定合格人选并建立档案。

（3）合格标准

如社会心理服务人才队伍的人员配置中所表述的，不同的社会心理服务人才队伍的胜任力模型略有不同，合格标准当然也有所不同。对统筹者，更注重战略管理、组织协调和工作执行等方面的考察，如果具备这些能力，那么是合适的人选；对支持者，要有致力于借助自身专业知识帮助统筹者和服务者的动力，对心理专家或第三方机构的遴选，要考察其专业水平，如果符合，那么是合适的人选或机构；对服务者，需要其在稳定的岗位上，乐于学习并学以致用，有意愿开展社会心理服务工作，如果符合，那么是合适的人选。

2. 人才的分类

如果所有的人员在所有阶段的培训内容都一样，不仅周期长、效率低，而且会大大制约人才队伍建设进度。作为"五步培育法"的第二步，人才的分类着重通过分组，提升人才培养的效能，最大程度地发挥团队的作用。

根据遴选的结果和人员的属地情况，我们将服务者队伍分成若干小组，每个小组内的成员需要属地相近且分别匹配不同的培养方向。需要注意的是，矛盾调处、危机干预和心理咨询属于难度较大的方向，在匹配时，尽量选择有一定专业基础或学习能力较强的人员。人才培养的方向具体如下。

- 婚姻家庭方向
- 老年心理服务方向
- 妇女儿童心理服务方向
- 职工心理服务方向（主要为机关、企事业单位工作人员）
- 学生心理健康管理方向（主要为学校教育工作者，可选择多人）
- 矛盾调处方向
- 心理危机干预方向
- 心理咨询方向

通过人才的分类来提升培训效率，既保证了人才队伍能在各自不同方向上深耕精进，也保障了以队伍开展服务时，其功能的完整性（统筹者和支持者不需要分类培养，因此暂不分组）。

3. 人才的培训

作为"五步培育法"的第三步，人才的培训也是人才队伍培养体系建设核心中的核心，着重通过基础培训、进阶培训和实践督导三个阶段，构建人才的培训体系，提升人才队伍的业务能力和整体水平。

（1）基础培训阶段

这一阶段的培训是为统筹者、支持者和服务者三支队伍夯实基础，培训课程的安排上可按照"3+3+1"模式来开展。第一个"3"是指社会心理服务工作所需要的基本知识、方法和技术，是社会心理服务工作胜任力的基础，也是社会心理服务人才队伍培养中的基础和通识单元，包括社会治理内容、心理工作内容、社会工作内容三个方面。第二个"3"是指社会心理服务体系中独有的、创新的、具有中国特色的工作方法和模式，培养目标围绕社会心理服务人才队伍的创新工作能力和综合素质提升，是社会心理服务人才队伍培养中的专项和提升单元，包括政策和规范、文化和特色、运用和服务三个方面。"1"是指案例学习和实践操作。

第一，核心基础内容。一是社会治理内容。运用社会治理等相关学科理论，依法推进社会心理服务体系建设，增强运用法治思维与法治方式解决实际问题的本领，推进社会心理服务体系融入市域社会治理现代化与基层社会治理创新，融入平安中国建设，促进社会心理服务体系法治化建设。社会治理具体包括如下内容：法治思想的相关理论，掌握法治思想，以法治思维谋划社会心理服务体系建设，提高运用法治方式推动发展、化解矛盾、维护稳定、应对风险的能力；总体国家安全观与平安中国建设相关理论，掌握总体国家安全观，培育防范和化解社会安全风险的意识，增强运用社会心理服务体系进行风险隐患预判发现和化解处置的本领；社会治理现代化相关理论，运用社会心理服务体系融入市域社会治理，确保把大矛盾、大风险化解在市域，融入基层社会治理，把小矛盾、小问题解决在基层，防范、化解个人极端风险。了解、掌握不同地区社会治理"心"模式的路径方法。二是心理工作内容。采用心理学的方法开展社会心理服务知识和技能的培养，为民众提供心理支持和帮助，提升民众的心理健康水平与幸福感；培育良好的社会心态，识别并初步诊断心理问题和心理疾病，为相关人群提供心理疏导、心理危机干预、心理援助和应急管理等。心理工作内容主要包括社会心态变化趋势的预测与疏导方法、心理健康素养的培养与知识普及、心理发展与不同年龄群体心理特点的鉴别与引导方法、常见心理与行为问题的识别与判断、人际沟通方法与心理会谈技术、心理干预方法与影响技术、压力管理与情绪调适方法、重点人群心理特征的把握与服务方法、心理危机干预与应急管理等。三是社会工作内容。掌握和运用社会工作的模式与方法，积极主动地为民众提供社会支持、各类便民服务，以及特殊和重点人群的救助帮扶、社会融入等。社会工作内容主要包括社会工作价值体系与理论（社会工作理论与社会福利制度）、社会工作与社会心理服务体系之间的关系、社会工作的主要方法（如个案、小组、社区及社会行政）、社会弱势群体社会心理服务实务（涉及儿童、青少年、老年人、妇女、残疾人和失业者等）、社会工作专门技术（如困难救助、权益维护、资源链接、角色扮演、行为训练与矫治）等。

第二，专项提升内容（体系创新和素质提升部分），主要包括以下三点。

一是政策和规范相关内容。

- 社会心理服务体系相关的国家宏观政策。理解掌握国家宏观心理政策的发展脉络，准确把握其中的内涵与外延，切实在社会心理服务实践中贯彻落实政策要求。

- 社会心理服务工作的职业伦理、操守与规范化、标准化。遵循国家相关法律法规，严格遵守社会心理服务中的服务适度、信息保密和伦理规范等原则，防范信息泄露，保护个人隐私，增强服务工作的规范性、标准性和科学性。

二是特色和文化相关内容。

- 特色。掌握针对不同性质行业、单位、地区、民族特点的专项专业社会心理服务内容，培育因地制宜、有的放矢的服务观念与思维。

- 文化。掌握适合当地文化社会特点，以及契合中华优秀传统文化和社会主义先进文化的社会心理服务内容。

三是运营和服务相关内容。

- 社会心理服务知识科普与宣传教育。运用门户网站、微信、微博和手机客户端等平台，采用群众喜闻乐见的形式传播心理健康知识，倡导健康生活方式。

- 媒体宣传与危机公关。发挥媒体优势组织创作心理健康宣传教育精品和公益广告。提高应对重大突发事件快速反应、心理危机干预、心理援助、舆情应对能力。

- 社会风险分级分类管理。提高运用社会心理服务体系融入从源头到末梢的全周期社会治理的能力，对重大社会风险进行分级分类，并尽可能及时发现和处置于萌芽状态。

- 场所建设与管理。加强社会心理服务（工作）站、社会心理服务（工作）室软硬件设施建设与管理，提高提供全面、完善的社会心理服务的能力。

- 线上与线下社会心理服务。掌握运用热线电话、App 和微信公众号等进行线上社会心理服务的技能，同时提高针对各种情况实地开展社会心理服务的能力。

- 经费管理与资金保障。加大政府财政保障力度，探索多元化资金筹措机制与社会资本投入，积极开拓公益性服务的筹资渠道。

- 实效性评估与反馈。加强调查研究，科学评估当地社会心理服务体系建设的现状，弄透、摸清难题与困境，强化对系统性解决问题对策的反馈。

第三，案例与实操。关于各地社会心理服务体系探索与实践应用，采取案例分析、学习研讨、参观调研、角色扮演、情景模拟、小组讨论和督导引领等形式，提高学员的学习参与度和实际工作中的迁移能力。

（2）进阶培训阶段

基础培训阶段结束后，已经掌握了一定基础知识的人才队伍在各自的岗位上开始开展社会心理服务工作，学以致用，实践成长。当人才队伍积累了一定的工作经验后，开始针对统筹者和服务者开展进阶培训，支持者主要利用自身专业支持社会心理服务工作的开展，进行基础培训即可。

第一，统筹者队伍培训。一是技能提升培训。统筹者的工作重点在于规划、督导和验收评估，在进阶培训阶段，可参加社会心理服务督导师相关的培训，系统掌握社会心理服务体系建设、规划设计、推动落实、督导指导和验收评估等方面的技能，不断引领社会心理服务工作的高质量开展。二是各地案例学习。全国社会心理服务体系建设试点工作开展以来，各试点地区党委政府高度重视，结合本土特色，持续探索创新，不断完善各地的社会心理服务体系，积累了宝贵的实践经验，形成了大量的优秀案例。在统筹者队伍进阶培训阶段，我们应积极组织他们进行案例学习、参加线上交流和实地考察学习等，开阔视野，取长补短，为做好本地的社会心理服务工作提供更先进的模式。第二，服务者队伍培训。服务者队伍作为一线工作人员，需要更加实用、易操作、接地气的培训，按照人才的分组所述内容，在这个阶段进行分类培训。一是婚恋家庭方向。此方向的人才队伍培训的重点是了解和掌握亲密关系、婚姻与家庭周期、家庭治疗技术、婚姻家庭相关法律法规等基本理论和常识，能够预防调处婚恋中的情感失和及夫妻矛盾、婆媳矛盾和妯娌矛盾等引发的家庭失和甚至家庭暴力。二是老年人心理服务方向。此方向的人才队伍培训的重点是掌握老年人心理特点，能够预防退休综合征等问题，做好丧偶后的哀伤处理、临终关怀及缓解空巢引发的孤独感、失落感，丰富老年人生活，提升生活品质，培育积极心态。三是妇女儿童心理服务方向。此方向的人才队伍培训的重点是掌握妇女儿童不同的生理和心理特征，做好妇女儿童权益保护过程中的心理保护，尤其要做好对困境儿童、留守儿童和单亲妈妈等群体的心理支持。四是职工心理服务方向。此方向的人才队伍培训的重点是掌握不同阶段职工的心理需求变化，能够解决职工因工作压力、人际关系、职业倦怠和家庭事业不平衡等带来的心理问题，能够激发职工潜能，提高时间管理、团队协作、高效沟通等方面的水平。五是学生心理健康管理方向。此方向的人才队伍培训的重点是掌握学生心理发展特点和教育规律，能够通过给学生开展心理测评、心理课、心理活动和心理疏导等方式，培育学生积极的心理品质，预防心理问题、心理疾病和心理危机事件。六是矛盾调处方向。此方向的人才队伍培训的重点是掌握社会治理的基础理论、矛盾调处前准备要点、矛盾调处过程中的方法技能（倾听、共情、沟通和情绪引导等）和矛盾调处后促进契约达成及承诺兑现的能力。七是心理危机干预方向。此方向的人才队伍培训的重点是掌握心理危机发生的规律、测量评估和识别心理危机的能力、干预疏导及哀伤处理、社会支持系统的构建等方法和技巧。八是心理咨询方向。此方向的人才队伍培训的重点是掌握心理咨询相关知识、操作技能和职业伦理等，能够对正常心理和异常心理进行区分，与来访者建立咨询关系，制定并实施咨询方案，及时评估咨询效果并根据情况进行转介。

（3）实践督导阶段

第一，成立督导基地。探索社会心理服务的督导机制，联合专业的社会团体、学术组织或第三方服务机构，在当地挂牌成立社会心理服务实践督导基地，配备场地、设备设施，组建社会心理服务实践督导专家团队，在人才队伍的培训培养、指导督导等方面发挥作用，保障社会心理服务体系建设工作的系统化、专业化和规范化。第二，开展督导工作。

组织经过培训的社会心理服务人才队伍在各自岗位上进行实践，收集实践中的困惑、难点和典型案例，每月组织专家进行个体督导和团体督导，以纠正工作中出现的错误方向，提出改进建议；为工作中面临的困惑问题提供解决方案；构建人才队伍之间的沟通桥梁，促进相互学习；就典型案例进行讲解分析，提供工作新思路，提升工作能力。

4.人才的评价

人才队伍的成长需要理论与实践相结合，培训与实操相结合。作为"五步培育法"的第四步，人才的评价着重从评价内容、评价方式、评价汇总三个方面建立人才的评价体系，定期实施人才评价工作，整体掌握培养效果，促进整个培训体系的完善和个人能力的提升。

（1）评价内容

一是工作动力与稳定性。关注人才在过去一个周期内对当前工作的整体认知，是否符合其职业发展方向，是否有工作调动或调整的变化，对完成该项工作的自我效能感评价及兴趣、动力增加或衰退情况，以此评价其主观能动性。二是理论掌握与培训效果。关注人才在过去一个周期内理论学习和参加培训的效果，是否掌握了社会心理服务工作所需的通识内容、基本理论与核心技能。参加的分类培训，如婚姻家庭方向、矛盾调处方向等方面的培训内容，是否能够通过定期考试等。三是实践数量与实操质量。关注人才在过去一个周期内的工作数量和质量，是否采取多元方式开展社会心理服务工作，是否实现了社会心理服务全覆盖，工作的满意度反馈和整体效果评价如何，是否解决了某些社会问题或心理需求，工作是否有创新点。

（2）评价方式

一是测评与问卷。从工作适应、工作现状、工作期待、职业规划等方面设计社会心理服务工作自我评价问卷，结合工作倦怠调查等量表，对社会心理服务人才进行调研和测评，了解其整体状况。二是考试与访谈。梳理评价周期内，社会心理服务人才参加培训的内容，整理学习重点和核心技能，设计笔试试卷和访谈提纲，通过"笔试＋面试"相结合的方式，评价其对基础理论与核心技能的掌握情况。三是走访与检查。结合社会心理服务工作内容，从心理测评、心理宣传教育、心理疏导、危机干预四个方面，以及数量、质量（效果）、满意度三个维度，设计社会心理服务工作数量、质量及满意度评价细则，据此通过走访和查验档案，评价社会心理服务人才的工作完成情况。

（3）评价汇总

根据三项评价内容，依托三种评价方式开展评价工作，将得出的评价结果参照表6-1中的权重和得分进行汇总，最终形成社会心理服务人才现阶段的综合得分和画像。

表 6-1　评价汇总

评价人： 评价对象：				
序号	评价内容	评分项得分（百分制）	权重	得分
1	工作动力情况		10%	
2	稳定性情况		15%	
3	通识内容掌握情况		5%	
4	基本理论掌握情况		5%	
5	核心技能掌握情况		15%	
6	工作数量		15%	
7	工作质量（效果）		20%	
8	工作满意度		15%	
总分				

5. 人才的晋升

晋升奖励对激发社会心理服务工作动力，形成长效服务机制方面发挥着重要作用。作为"五步培育法"的第五步，人才的晋升着重从级别的设置、依据与标准、流程与审核、奖励四个方面服务人才成长，激发工作动力，提升服务水平，促进社会心理服务工作提质增效。

（1）级别的设置

成立社会心理服务人才库，包含见习、初级、中级、高级、专家级五个社会心理服务分级人才库，对应不同级别的人才，形成社会心理服务人才的晋升阶梯。

（2）依据与标准

根据人才的评价中的评价汇总结果，在社会心理服务人才队伍中，按照 10% 的比例推选优秀人才进行（按照流程）申报审核，逐年逐级晋升。

（3）流程与审核

在社会心理服务人才晋升的过程中，可按照评分推选、内部讨论预审、提升上级审核、批复、公示、公告六个步骤进行审核。

（4）奖励

社会心理服务人才按照流程通过审核晋升的，给予其精神和物质双重奖励。精神奖励可以通过社交网络、媒体平台等发布社会心理服务人才红榜，颁发不同等级的荣誉证书进行表彰等方式进行。物质奖励可以为其提供优先参加培训、外出观摩学习的机会，根据条件，也可以纳入工作考核、给予积分奖励等。

四、展望未来

社会心理服务人才队伍培养体系是社会心理服务体系的重要组成部分，是通过孵化优秀人才以保障个体身心健康、家庭和谐美满、社区邻里和睦、社会和谐稳定的重要手段，是更好地服务于社会治理体系和能力现代化，促进健康中国、平安中国、幸福中国的重要支柱。未来，在实践的过程中，应重点从个体、团队和服务环境三个维度发挥体系的作用，实现人才队伍在促进社会心理服务体系建设中的重要功能。

1. 注重个体发展

在微观层面，关注人才队伍中每个人的发展。向内，注重个体心理品质的培育和心理能量的累积，从积极心理学的角度，提升其自我心理调适能力，挖掘其自我心理优势，形成围绕个体散发出来的积极的、有力量的能量场，能够以持续良好的精神状态潜移默化地传递幸福能量，影响身边的人。向外，注重个体服务意愿和服务能力的提升，完善精神和物质激励机制，把握个体成长需求与规律，采用集中培训和定向培养相结合的方式，让个体有意愿、有信心、有能力开展社会心理服务工作。

2. 发挥团队力量

在中观层面，注重团队合力的形成与作用发挥。社会心理服务体系是一个全过程、全方位、多角度地为民服务的系统，涉及积极心态的培育、心理问题的解决、心理疾病的防治及家庭美满、邻里和睦和社会和谐等良好氛围的营造，靠独立的个体是远远无法完成的，需要按照生物—心理—社会模式，组建一支包含多种专业人才的团队。生物层面包括精神科医生、心理治疗师等，心理层面包括心理咨询师等，社会层面包括社会工作者、婚姻家庭咨询师、家庭教育指导师和律师等。这支团队可以通过通力协作，在精神心理疾病治疗、心理咨询疏导、婚姻家庭调处、社会支持和法律援助等多个方面形成合力，发挥团队的力量来提升社会心理服务的质量和效果。

3. 优化服务环境

在宏观层面，注重整个服务环境的优化。充分发挥领导小组、统筹者队伍和各级党组织的力量，加大人力、物力、财力资源投入，给一线社会心理服务工作人员创设服务平台和机会，让他们能够真正地行动起来，服务到人民群众中去，形成人人在行动的服务生态。探索形成科学、实用、易操作的规章制度和服务流程，积极引进社会心理服务方面的专家和第三方机构，让一线社会心理服务工作人员有依据、有依靠、有支持，形成专业规范的社会心理服务生态。

第四节　社会心理服务咨询服务体系建构

一、概述

本节简述了社会心理服务咨询服务体系的概念、建构及相关的重要理念。区别于传统的心理健康服务仅仅把目光局限于个人，社会心理服务咨询服务体系是覆盖全人群、全周期的一种主动给予的专业助人服务，是不同领域、不同要素、不同资源融合与应用的具体体现。从某种意义上讲，这种服务模式更像国家为民众所提供的一种福利。政府购买、构建相应的服务，使普通百姓能够看到、了解到、享受到，并从中受益，因此它又兼具公益性质。学习和了解本节内容，可以帮助我们从一个更宏观、体系化的视角理解和开展社会心理服务工作。

二、背景

社会心理服务咨询服务体系是社会心理服务六大内容体系中不可缺少的重要组成部分，是指采用包括个体咨询、团体辅导、自助干预等多种咨询服务模式，科学有效地解决社会心理服务对象诸如心理干预、法律援助、矛盾调解、医疗转介等各类问题。为了更好地理解社会心理服务咨询服务体系的内涵，我们将其拆开来阐述。

首先是咨询。这里的咨询不等同于传统心理咨询的狭义概念，而是指以解决服务对象的问题为目标导向，由咨询双方共同合作，最终达成互利共赢的咨询服务过程，其本质是一种专业助人服务。在服务过程中可能会涉及宣传教育、评估疏导和安抚支持等一系列咨询内容，提供服务的方式也可以根据咨询双方的实际情况灵活选用，如可以通过线下面谈、线上会晤的形式，甚至可以采用热线咨询的方式帮助服务对象解决各类问题。除此之外，社会心理服务咨询服务所能解决的问题也绝非传统的咨询服务可比拟的，它不仅可以解决心理健康问题和情绪困扰，还关注个体发展的方方面面，帮助个体解决其在现实层面遇到的一些困境。例如，当服务对象需要法律援助时，社会心理服务咨询服务也可以给予相应的支持，帮助其链接相应的资源，所以这里的咨询涵盖的内容更为宏观和宽泛。

其次是服务。服务是最基本的落脚点和出发点。社会心理服务咨询服务体系是以人民群众所需所求为出发点，所努力实现的一种覆盖全人群、全周期的服务模式。这里所提及的全周期一方面指服务贯穿个体从出生到成年各个人生阶段，是一种毕生发展的社会心理服务；另一方面指服务对象可以在事前、事中和事后全过程都能寻求获得的一种咨询服务，在问题发生前，服务的内容主要是科普宣传，以起到预防的效果；遇到问题时，则聚焦于问题解决，服务的内容可以是提供一些具有针对性的干预措施及帮助服务对象链接合适的社会资源来解决问题；而在问题解决后，可以开展相应的追踪和回访的工作，来更好地关注服务对象的后续情况。此外，服务的形式和内容也是多种多样的，既可以针对个体开展咨询服务，也可以面向伴侣、团体，所要解决的问题可能是心理方面的，也可能是法律方面的，甚至是与医疗健康相关的。社会心理服务咨询服务体系的本质就是服务，而一切服务的基础、核心、灵魂就是与服务对象建立起一种合作同盟的关系，这也是开展后续服务工作的重要前提与保障。

最后是体系。搭建一个体系需要人、财、物、机制和机构等多要素的整合，同时也需要机关企事业单位、学校教育、医疗卫生、基层社区及农村四大系统之间打通联动、互通有无，整合多专业、多领域、多学科的信息与资源，为个体、群众乃至社会提供多层次、全方位的社会支持，这些都是体系化建设所涉及的内容。

三、实践和具体做法

（一）社会心理服务咨询服务体系的建构

具体来看，社会心理服务咨询服务体系的建构可以从四个方面着手。

1. 端口前移，预防为先

（1）重视宣传教育

构建社会心理服务咨询服务体系首先要重视科普宣传，要向群众普及身心协同健康发展的完全健康的理念。其中，宣传教育的内容可能会涉及自我成长、亲密关系、人际冲突、职业发展和法律法规的援助等一系列议题，这就需要社会心理服务工作者不断学习、充实和完善自己，以提高自身的专业素养和能力水平，从而为服务对象提供更高质量的服务。同时，一项成熟且完备的科普宣传，一定是基于前期大量的需求调研，扎根基层，以民众实际的问题与需求为目标导向，采取积极开放的态度与服务对象探讨交流之后所凝练提取得到的结果。

（2）链接资源

很多时候，民众的问题迟迟得不到妥善解决很大一部分原因是信息和渠道的闭塞导致他们不清楚和不了解，而非不需要。因此，基于民众的实际需求，提供相应的信息、资源和渠道，就会使得很多问题得到有效解决。这也是社会心理服务体系建设与传统心理健康服务的区别所在，同时也是优势所在。社会心理服务体系建设更多从中观和宏观维度出发，帮助服务对象建立、激活、链接社会资源，从而协助其解决各类问题。

（3）评估筛查

心理评估与筛查贯穿整个咨询服务过程的始终，是整个咨询服务的重点和难点。评估筛查的第一步是评定服务对象当前的风险水平，然后基于评估的情况，做好分级管理，为其后续匹配更具针对性和定制化的服务。除了对服务对象进行心理评估外，还需要注意收集有助于实现当前咨询目标的信息，尤其要关注服务对象自身所具有的一些积极资源和社会支持，同时在收集信息时，要尽量做到客观全面，不掺杂主观偏见。

2. 建立档案，分级分类

（1）做好咨询记录

社会心理服务的咨询记录包括对服务对象的系统评估，如评估当下的危机风险水平、压力状况及心理水平，这些都需要在测评和访谈结束之后详细记录。此外，在咨询服务的过程中采取了哪些干预和预防措施，这些也需要予以记录和保存，它既可以保护服务对象，同时也体现出服务的专业性、规范性和连续性，也便于后续的服务工作者更清楚地了解情况，对症下药。

（2）细化管理

一是根据服务对象当下的应急状况和风险等级进行分类。针对心理状况良好的群体，我们需要予以关注和追踪；而面对具有较高风险的群体，我们则需要采取相应的干预措施。根据不同的危机风险等级，提供不同的咨询服务。二是根据不同人群的咨询需求进行分类，提供差异化的服务。这里的分类主要包括两个方面的内容，首先是服务对象的分类，分为全体人群、亚健康人群及其家属、特殊重点人群，根据不同人群的需求提供服务；其次是服务内容的分类，社会心理服务咨询服务不仅关注个体的心理问题，还关注群体及整个社会的平安、和谐与稳定。后者就需要在政府的主导之下，建立健全常态化的社会心理服务咨询和预警干预机制，特别是要动员身处一线的社区干部、网格员、基层社会治理工作者，联动整个社会齐心合力及早发现和化解风险隐患。

3. 队伍建设，明确主题，各司其职，团队作战

结合已有试点地区的工作经验和总结出来的一些建构模式与方法，社会心理服务咨询服务的建构至少需要五股力量团结协作。

（1）党政领导，系统联动

整个社会心理服务体系的建设是在推进社会治理能力现代化，建立自尊自信、理性平和、积极向上社会心态的政策背景的引领之下所提出的举措，也是推动心理建设、推进社会治理的具有中国特色的尝试。党政部门整体系统的部署，为整个体系的建设指引了前进的方向，同时也给予全方位的引导与帮扶，包括在政策、资金、场所、体制机制和人员配备等方面的支持。

（2）专业人员，技术赋能

高质量的社会心理服务咨询服务的开展与实施离不开配备专业的人才队伍。一方面，社会心理服务工作者可以通过参加专业化的培训课程及积累实际服务的工作经验，来提升和保障整体咨询服务的水平。另一方面，积极推动研究成果转化，将高校和学术机构的基础性研究融入社会心理服务应用中，进一步优化咨询服务。

（3）民间力量，有益补充

来自民间的力量也不容小觑，我们可以积极动员一些社会公益组织、心理机构的参与来弥补整个体系建设的不足和缺漏。

（4）基层专员，一线服务

在一线基层服务的专员，通过接受专业化、体系化、科学化的培训，掌握一些实用且有效的技术，如基本的心理评估、风险识别、矛盾调解的方法，为服务工作赋能。除此之外，扎根基层的服务人员凭借其与群众密切的关系，也可以为服务对象及时提供朋辈支持和帮助。

（5）人民群众，自助互助

人民群众本身就极具力量与智慧。很多时候，只需要向群众传递一些基本的科普宣传教育知识，开展一些有助于促进彼此间交流、互动，增进友谊和情感的活动，重塑邻里间的亲近感和信任感，搭建起一个人人为我、我为人人的熟人社会，群众彼此就会相互支持、陪伴和帮助，从而有效地预防和解决一些心理心态问题。

4. 人才培养，专业培训，技术保驾，伦理护航

开展社会心理服务基础能力的培训，以提升从业人员专业技术水平，这对构建社会心理服务咨询服务体系，保障高质量的咨询服务也十分重要。首先，应从中华优秀传统文化的瑰宝中汲取营养，将哲学、社会学等人文学科的一些智慧和理念融入社会心理咨询服务体系的建设中，使科学与生活连接得更加紧密。其次，针对各部门有影响力的领导开展体系化、常态化的培训，让其参与社会心理服务咨询服务。最后，必须明确自身能力技术的局限与边界，在一定的伦理范围内开展社会心理咨询服务，同时定期接受督导，这也是提升和保障服务质量，保护咨询双方的一种很重要的方式。

（三）社会心理服务咨询服务体系的理念

（1）系统观点、平台思维

个体的心理发展和社会心态的变化，都有一定的规律可循。在实际的服务过程中，我们看待问题不能只针对问题本身进行思考，更要看到其背后的生理因素、心理因素和社会文化因素等相互交融的影响，这就是系统思维。平台思维则是如何结合服务对象的咨询目标和需要，整合有效的信息与资源来打造一个平台，帮助其获得合适的服务，链接到相应的社会资源。

（2）专业团队，多级支持

社会心理服务咨询服务的专业团队涵盖心理工作、社会工作和社会治理等多个学科领域，以及很多在一线基层服务的工作者。这些基层工作者不一定接受过系统化的培训，但是他们在实践中积累了丰富的经验，因此每位社会心理服务工作者都是应用复合型人才。多级支持则是家、校、社多维度联动，共同建立起一个全方位、多层次的社会支持系统。

（3）鱼水共养，源头治理

首先，要净化水质，以水养鱼。在社会心理服务咨询服务体系的建设中，不能只看到个体和群体的身心健康问题，更重要的是要看到问题背后的社会动因和时代背景，就像鱼缸模型一样，整个体系的建设关注的是整个鱼缸，也就是社会整体的环境与生态健康。通过主动提供面向个体、群体、社会的多元化服务，培育自尊自信、理性平和、积极向上的社会心态，从而向民众提供一个更好、更健康、更平安的大环境，进而从源头上规避许多问题的产生。其次，要以人民为中心，以鱼治水，每个人都是自身身心健康的第一责任人，在整个大环境中都扮演着重要的角色，同时也都是社会心理服务体系建设的参与者、建设者、服务者和受益者。我们要从自身做起，关注自己的身心健康，作为服务者帮助和服务身边的百姓，就像以点带线，以线画面，最终促进整个体系乃至社会环境的改善。因此，要鱼水共养，以水养鱼，以鱼治水，这是一个良性互动和相互促进的过程。

（4）核心价值，精神引领

社会主义核心价值观是社会主义核心价值体系的内核、高度凝练和集中表达，它分别从国家、社会、公民三个不同层面，阐释个人所需要遵循的价值目标、取向及行为准则。无论身处家庭、社区、组织单位、政府部门，还是身处社会，都需要一些核心的价值和理念作为精神引领，使人们在迷惑徘徊之际不至于迷失方向，同时这也有助于培育自尊自信、理性平和、积极向上的社会心态，贴合社会心理服务体系建设的远景目标。

四、展望未来

1. 阵地建设方面

各省市（地区）依托城乡社区已有的综合性服务场所搭建了社会心理服务站（点），以挂牌形式设置心理咨询室或社会心理服务工作室，但实际开展过程中仍有部分站存在一些问题，如社会心理服务活动少且质量良莠不齐，阵地建设满足于"有"。未来，社会心理服务阵地建设需要向特色化、分众化、精品化努力。

2. 专业服务力量和能力方面

从实地调研和走访的结果来看，不少群众认为从事社会心理服务的人员数量不多、专业性不强，当人们有心理方面的困惑时，更多会寻求医院、心理咨询机构和社会组织等专业机构和政府机构的帮助。未来，需要面向市民的高需求，不断加强社会心理服务专业人才，提升专业人员能力。

3. 心理服务覆盖方面

从问卷调查的结果来看，一些地区的社会心理服务建设对普通民众的心理状况和心理需求重视程度不够，相较而言，更注重特殊群体的心理健康，存在重特殊轻一般的现象。未来，需面向全体市民提供无差别覆盖的科普性、知识性的心理服务活动，让心理服务实现普惠性，提示和指导民众缓解焦虑、改善失衡的社会价值观、激发全社会向上向善。

4. 体制机制方面

一些地区社会心理服务体系建设的体制机制存在一定问题，与国内专业科研机构、高校院所的沟通渠道和交流合作较少，对心理健康服务相关指标、社会心理服务指标体系的研究存在空白，对工作实践的总结和研究不够。未来，需形成常态有效的激励机制，政府部门形成向社会机构购买社会心理服务的具体实施办法，对开展心理健康服务社会公益组织制定明确的经费补助措施。

第五节 社会心理服务心理疏导机制、危机干预机制

一、概述

建立健全心理疏导和危机干预机制是推进社会心理服务体系建设的重要一环，其对提升社会治理效果及维护社会稳定具有明显促进作用。整个机制的建立需坚持系统思维，统筹规划，加强组织领导建设，通过跨部门、跨区域协作与联动，汇聚社会力量，分人分类施策，实现长效治理。此外，多措并举加快人才队伍建设和培养，做好科普宣传、平台搭建和定期筛查等预防工作，构建风险预警、联动干预、应急处置三大机制，完善重大突发事件建设，并持续推进事后跟踪管理工作，兼顾事前、事中、事后，建立健全全流程、全周期的心理疏导和危机干预机制，从而有效减轻危机导致的心理应激反应，提高民众身心素养，培育良好的社会心态，构建人类文明新形态。

二、背景

当前，日益加重的就业压力、信息过载所引发的心理困扰，导致心理亚健康群体呈现增长态势，个人极端案（事）件频发，公众对心理疏导和危机干预的需求持续增长。

为响应广大民众的迫切需求，国家也在政策层面提供了相应的指导和支持。2016 年，22 部门印发《关于加强心理健康服务的指导意见》，提出重视心理危机干预和心理援助工作。2018 年，中央政法委等 10 部委联合发文《全国社会心理服务体系建设试点工作方案》，强调将心理危机干预和心理援助纳入各类突发事件应急预案和技术方案，加强心理危机干预和援助队伍的专业化、系统化建设。2019 年，国家卫健委发布的《健康中国行动（2019—2030 年）》提出，政府应当重视并开展心理危机干预和心理援助工作。党的十九届四中全会进一步提出，健全社会心理服务体系和危机

干预机制，完善社会矛盾纠纷多元预防调处化解综合机制，努力将矛盾化解在基层。2020 年，平安中国建设工作会议在京召开，会议提出建立健全经常性社会心理服务疏导和预警干预机制，努力把各类社会不良心态和苗头隐患疏导在早、化解在小，防止引发个人极端案（事）件。2021 年，《中华人民共和国国民经济和社会发展第十四个五年规划和 2035 年远景目标纲要》提出，健全社会心理服务体系和危机干预机制。由此可见，国家高度重视心理疏导和危机干预工作的开展。此外，完善社会心理服务体系，建立健全心理疏导和危机干预机制，是推进新时代社会治理现代化的必要举措。

每一次公共安全危机过后，公众的恐慌和混乱感随之逐渐消减，但社会情绪的平复及公众心理的疗愈仍需一段漫长的时间。在一定程度上，这对维护社会和谐稳定和确保国家长治久安构成了挑战。目前，党中央、国务院高度重视社会心理服务体系建设工作，不断加大支持力度，创新体系建设工作模式，参与主体逐渐多样化，心理干预技术日益成熟，并且取得了一定成效。但仍存在一些问题，如未制定心理疏导和危机干预指导性纲要、相关部门协作机制不完善、专业化培训体系尚未形成、完整统一的心理疏导和危机干预方案缺乏、机构组织参与度不高等。针对以上问题，各级党委政府应充分发挥主导作用，组建专业人才队伍，加强群众危机宣传和教育，完善应急预案细则，提高机构组织的参与度，将社会心理服务体系建设融入社会治理体系和精神文明建设，融入健康中国和平安中国建设，以实现幸福中国的目标。

三、实践和具体做法

在实际工作中，各级党委政府应以推动社会治理现代化为抓手，通过各部门协调联动，充分整合基层治理资源，构建常态化心理疏导和危机干预机制，从源头遏制各种风险隐患，从而健全社会心理服务体系。

（一）强化组织体系建设，明确政府主体责任

1.顶层推进

根据工作性质、内容及各地经验，各级党委政府应当成立社会心理服务体系建设工作领导小组和办事机构，并由政法委负责统筹规划心理疏导和危机干预工作，联动

相关部门，明确各方职责与角色，制定相关工作方案和实施意见，建立健全极端风险的排查、管控和干预制度。同时，将社会心理服务体系整合至社会治理架构中，由政府、企事业单位、社区、学校，以及各类社会组织共同努力，形成多元协同治理的局面。

2. 部门协调

由各级党政领导，政法委牵头，各部门及专业机构、学会和协会等社会组织共同参与，分工合作，共同推进机制建设。公安系统可以运用互联网、大数据等先进技术，同时调配警力，实时监测辖区内社会治安动态。若发现有影响社会稳定的苗头或隐患，及时调配相关警力接处警。司法和民政系统可以为因家庭冲突、邻里纠纷、失业和患病等问题困扰的社会人群，提供法律或心理方面的援助。宣传部门需掌握舆论、文化及民众生产生活等方面的常识，并与当地专业人士合作，通过传统媒体和新媒体开设心理健康专栏节目，以提升居民对心理健康知识的知晓率和接受度，增强其心理健康意识。心理服务机构、协会和学会等社会组织应与各级政府部门、企事业单位及社区建立友好关系，帮助社区矫正人员回归正常生活，并为各部门相关工作人员提供必要的心理技能培训服务。例如，企业邀请心理专家担任顾问，在充分调研后研发心理产品，并推广应用至医疗、教育和管理等场景。

3. 考核评估

有关部门应定期对各部门的社会心理服务工作成果进行评估，如请服务对象为相关部门工作人员进行评分。同时，以公开形式公布工作进展，收集社区、街道及各部门的反馈信息。对存在的问题，及时进行有针对性的调整。此外，建立干部激励制度，并将工作成果、培训效果等进行量化，纳入评选、评优的考核体系，以提升干部的工作积极性。

（二）汇聚社会力量，加快人才队伍建设

1. 组建专业人才队伍

整合各部门、机构、学会和协会等社会力量，培育心理疏导和危机干预专家团队、专业团队和志愿团队三支队伍。首先，专家团队由各高校专家和学者、资深心理咨询

师和治疗师等人组成，负责督导、评估和培训等工作，为当地心理疏导和危机干预出谋划策，持续开展相关科学研究，辅助当地政府对工作成果进行阶段性评估，并承担相关人员的培训工作。其次，专业团队由各单位工作人员及社会工作者等组成，将社会心理服务融入基层治理工作。同时，根据不同情况提供心理应急服务，并组织开展常态化主题教育、培训等活动。最后，志愿团队的成员应包括具备心理学、医学和社会工作等相关学科背景的大学生志愿者等人员，负责开展基层心理服务志愿活动，向大众宣传心理健康知识。此外，积极推动政府购买服务以弥补人员不足问题，并设置社会心理服务工作者见习岗位，探索"传帮带"培育模式，培养社会心理服务后备军。

2. 开展心理疏导和危机干预培训

完善人才培训制度，开展多样化培训，从而全面提升基层社会心理服务工作者的服务效能，打通社会心理服务的"最后一公里"。一是选择培训对象，要求培训标准统一且受训人群覆盖面广。明确各单位受训人员比例和要求，经过推选、面试等流程，从教育、医疗、机关和企事业单位、乡村和基层社区四大系统中确定人选，提高社会心理服务的普及度、推广性。二是开展专业培训。邀请国内知名专家、学者针对青少年心理问题、婚姻家庭矛盾、亲子关系和心理疾患等问题，对培训对象进行理论讲解及实践演练，传授个案技术、微表情分析及沟通技巧等，提升其实操能力，从而定向培养矛盾调解员等专业人才。危机干预培训的课程内容主要包括：①基于危机事件的紧迫性、可能性及当事人的情绪状态等信息，判断其潜在的危险性，并帮助当事人平复情绪，防止危机事件演化成社会治安事件；②识别存在严重心理问题及精神障碍的个体，预测当事人的行为倾向，即是否会自伤或伤人；③系统传授心理疏导与危机干预核心理论、不同阶段的干预方法、自杀危机干预理论及技能等内容；④在面对有严重心理问题或精神障碍的个体时，了解如何向专家寻求援助，并及时将其转介到专业医疗机构进行治疗。三是优化考核机制。在培训结束后，采取"理论笔试＋实践模拟"的方式对受训人员进行考核，并按照考核结果进行评选、评优。此外，全面考虑专长、属地和意愿等因素，将合格的培训对象分配至适当的工作岗位，以充分发挥其专业优势，提高社会心理服务的工作效率。

（三）打造事前、事中、事后体系，实现全过程干预

1. 事前排查预防

危机发生前，需搭建平台、守好阵地，开展预防性系统筛查，发现并识别存在潜在风险的个体。此外，通过定期排查和记录，及时识别和处理问题，将基层矛盾纠纷化解在萌芽状态，预防心理危机事件的发生。

（1）打造线上加线下双阵地

其一，构建线下社会心理服务体系网络。各级社会心理服务中心（站、室）应设立接待区、心理咨询室、沙盘区和舒压区等，全方位为辖区居民提供常态化社会心理服务。其二，创新线上多渠道服务平台。开通心理热线，由训练有素的接线员和各相关部门人员轮流驻守，记录可能存在心理危机的人员的情况并实时关注其心理动态，定期统计并反馈咨询类型、次数等信息，对有可能造成心理危机的因素或事件进行预判，以便后续工作顺利开展。例如，通过接听热线电话，24 小时为群众提供心理疏导服务，对群众反映的问题分级分类进行处理。此外，建立信息化测评系统，实现大规模、快速收集数据，并做好数据保密工作，在严格遵循社会心理服务工作伦理及原则的基础上，对某些特定敏感事件或违法违纪事件向相关单位进行通报及披露。同时，根据测评反馈和报告，建立和完善个体心理健康电子档案，为管理人员提供群体统计数据，从而发现学校、单位及社区等社会心理服务工作的重点和规律，以便有针对性地进行心理健康教育，提高日常工作的质效。

（2）开展预防性系统筛查

依托人工智能、数字技术等信息化手段和专业心理测评工具，定期开展居民心理筛查工作。首先，通过居民自查、治安联防队巡逻、网格员巡查、线上加线下心理测评等方式，定期开展民众心理动态信息采集、特殊人群排查摸底工作。尤其在初次筛查时，可以采取快筛的方式，即在短时间内，以科学有效的方式对全体人群进行大规模的心理测评。在此基础上，对筛查出的重点关注对象进行面对面访谈，澄清或修正测评误差，防止个体因对题目理解偏差、测试环节操作不当等问题影响测评结果，从而较为精准地识别近期和长期发生心理危机风险较高的个体，以便及时干预和预防心理危机事件的发生。其次，依托各级党组织力量、第三方机构等，实施二次评估，并重点关注刑满释放人员和社区矫正人员、易肇事肇祸精神障碍患者和问题未成年人等

特殊人群的心理动态，从而提高筛查的准确性、科学性。

（3）化解基层矛盾纠纷

第一，依托矛盾纠纷调处中心，由调解员深入到群众中，通过与群众密切接触，耐心认真地倾听当事人的诉说，尊重、关心和理解当事人，解开当事人心中的"结"。第二，派遣心理咨询师、家庭教育指导师等社会心理服务工作者参与到矛盾纠纷调处化解中来，对婚恋、抚养等民事纠纷人员，进行心理干预和疏导，舒缓信访人员压力和思想包袱。同时，夯实案（事）件追踪监测及闭环管理机制，着力化解社会矛盾纠纷排查调处与涉法涉诉信访工作的疑难矛盾。第三，对部分问题人群，进行重点关注，提前干预，对其矛盾纠纷的焦点细致分析，准确地理解矛盾问题的本质和当事人的真实意图，逐步引导当事人全面分析问题，推动解决矛盾纠纷和修复社会关系。

2. 事中介入干预

通过心理测评建立起危机数据库后，需建立风险预警、联动干预、应急处置三大机制，分级分类进行管理，从而有效避免重大社会治安事件的发生。

（1）建立风险预警机制

根据心理问题严重程度，分为低、中、高三个风险等级，第一时间做出一级、二级、三级风险预警，并分别予以一般关注、重点监测和转介治疗。具体来说，对于低风险人群，开展心理健康科普宣传，必要时提供一定的心理支持。将心理服务纳入网格化管理、矛盾纠纷化解、重点人员管理的工作范畴，采用线上和线下相结合、科学性与趣味性一体的形式，开展常态化心理健康科普宣传活动，从而提升居民对心理健康的认知，增强人们的心理免疫力。同时，宣传部门可以与本地学会、协会等社会组织达成合作，利用多媒体融合发展优势，通过资讯报道、软文发布、短视频和直播等多元化的方式，向广大民众普及心理疏导和危机干预相关知识，告知民众可以在何处、向何人寻求帮助，从而预防心理危机的发生。对于中风险人群，在开展心理健康教育的同时，定期跟进其心理状况，与其进行面对面访谈。对于高风险人群，以控制实时风险为首要目标，高频率跟进其心理状态，必要时及时将其转介至精神科就诊，定期关注其复诊、用药、好转情况。

（2）建立联动干预机制

通过多方联合协商合作，充分沟通、信息共享，从而形成完整的联动干预机制。

第一，建立以党政部门为核心的领导小组，统筹组织与协调调度各部门，给予人力、物力和财力等支持，从而确保资源合理分配和高效运用，以便心理疏导和危机干预工作顺利开展。第二，相关社区、单位领导等需密切关注个体近况，协助联系家属，主要负责发现、识别危机个体，并初步评估其心理风险程度，配合对其进行监护、陪伴和安抚，如发现个体有极端情况，应第一时间将情况上报至领导小组，通知并接待个体家属，必要时通过绿色通道将其转介至医疗机构进行救治，保证其生命安全。第三，心理咨询师、心理治疗师和家庭教育指导师等人员负责对个体进行心理评估并开展心理疏导和危机干预工作，同时为整个危机干预和自杀预防提供干预方案或给予行动干预方案建议。第四，家属参与治疗，陪伴就医，主要负责了解当事人的心理健康状况和心理困扰，与其进行交流、沟通，给予其包容与支持。第五，医院精神科负责提供医疗服务和治疗方案。同时，医疗卫生机构应与辖区各部门、各单位协调联动，建立绿色转介通道、自杀干预联动等机制，为危机个案提供评估、干预、治疗、支持和转介等一站式心理服务。

（3）建立应急处置机制

邀请心理学、社会工作和公共管理等各领域专家，根据当事人性格特征及心理危机阶段特征等信息，制定相应的心理危机干预应急预案，主要内容包括危机干预的指导思想、目标、基本原则、机构设置、干预对象、干预程序，以及后期的跟踪服务和保障措施等一系列内容。应急事件发生前，各部门、各单位应定期开展危机干预培训与演练，相关人员需熟练掌握应急预案和操作手册，学习有关理论知识和实战技能，培养团队默契感、信任感，提高整体应急协调能力。同时，及时总结经验，持续优化应急预案，以提升对突发事件的应急响应能力，加快信息传递速度，提高各部门协作效率。应急事件发生时，应急工作小组应立即做出反应，及时联系相关部门及学会、协会和专业机构等社会组织并采取相应措施。例如，民警应开展全面调查，维护现场秩序，并密切关注事态发展，向上级部门报告具体情况；医护人员应随时准备抢救伤员，提供医疗救护，挽救生命；心理专业人员应对当事人进行观察、分析及心理疏导，帮助当事人平复情绪、恢复冷静等。

3. 事后保障评估

（1）提供跟踪服务

心理危机干预后，通过跟进、服务与保障工作，对当事人后续情况进行持续关注，帮助其恢复社会功能，重建健康心态。第一，采取非介入方式，定期开展心理评估，避免对其造成二次伤害。若经评估仍有风险，心理咨询师等及时提供专业的心理辅导，提高其心理韧性。第二，重视家庭支持在心理危机干预后的作用。通过开展家庭访问、心理辅导等活动，帮助家属分析干预情况，并学习如何与当事人建立良好沟通关系，共同面对并克服困难。第三，密切关注当事人就业、教育等实际需求，为其提供合适的就业指导、培训机会和政策支持，帮助其逐步恢复正常生活。

（2）评估干预效果

对基本恢复正常社会功能、社会支持系统基本建立或完善、暂时无危机风险的当事人，将心理危机干预记录进行留存归档，相关信息主要包括初步评估结果、心理干预具体方法和干预成效评估等。同时，总结不同人群的心理需求、干预重点，以及所使用的专业知识和技术，制作优秀案例风采集锦、宣传片等，形成不同人群的模块化服务策略，为各地区、各部门有效开展工作提供有益借鉴。

（四）关注重点特殊人群，实施精细化服务

1. 呵护青少年心灵成长

（1）强化考核激励

各地教育部门可以考虑将社会心理服务体系建设工作纳入学校绩效评估体系，把心理健康教育纳入课程设置计划，以评促建、以评促优。

（2）完善软硬件设施

开发心理健康知识系列课程，同时设立心理辅导室，聘请专职和兼职心理教师为存在心理困扰的学生和教职工提供有针对性的辅导。

（3）构建"家－校－社"共育格局

充分发挥教研部门的专业优势，组织开展心理健康培训、心理课例展示研讨活动、普及型沙盘游戏培训等分层研训班。与医疗机构签订"医教结合"协议，打通学生绿色转介通道。同时，开设社区家长课堂，传授亲子教育相关知识，增强学校、家庭和

社会教育合力。

（4）落实"双减"构建新载体

加强屏幕时间管理、作息管理、按时就寝、睡眠充足、减轻课业负担五项管理机制，促进学生身心健康发展。不断深化体育改革，推广全员运动新模式，优化特色运动项目，使青少年在运动中愉悦身心、强健体魄、健全人格。同时，扎实推进美育工作，建立学生全员艺术展演常态化机制，大力推广合唱、戏剧、诗歌朗诵和心理情景剧等美育实践活动，让学生在欣赏美、感受美、创造美中健康成长。此外，提升教育教学质量，如建设高效课堂，开展多层次的教学教研活动；在制订教学计划和安排教学进度时，以实用性、探究性、互动性、反馈性为原则，明确作业总量，提高作业设计质量等。

2. 化解婚姻家庭矛盾

（1）源头预防

组织社区服务中心以大讲堂、游戏等形式开展社区公益活动，宣传《中华人民共和国反家庭暴力法》《中华人民共和国民法典》《中华人民共和国妇女权益保障法》，阐述良好家庭关系对儿童和青少年成长、老年人幸福安康及家庭发展的重要性。

（2）苗头发觉

开通各种新媒体平台，并根据居民服务人数需求设置若干婚姻家庭咨询服务站，建立上下联动机构，从而提高发现、记录与及时反馈问题的能力。

（3）冲突化解

社区服务中心通过电话、在线和面询等方式解决简单的家庭矛盾，由心理咨询师提供方案与辅导。或者通过线下的专家团队介入服务、执行解决方案，直接帮助当事人解决问题。

（4）危机援助

建立线上连线求助绿色通道服务，对于夫妻关系恶化、家庭暴力、冷暴力和自杀倾向等进行危机干预。对个别弱势群体家庭成员给予上门服务、保护、援助，协调婚姻家庭调解员、法律顾问和社会工作者等，一对一开展调解、辅导和宣传等服务。

（5）关系修复

寻求正规专业机构及相关专家咨询，帮助当事人及时调整不良情绪，恢复和睦夫妻关系，重建和谐家庭氛围。六是跟进服务。社区服务中心组织婚姻咨询与情感维护专业人员，活跃于社区、服务于群众，及时跟进婚姻家庭矛盾与纠纷化解，搭建全方位的线上、线下联动服务空间。

3. 关怀精神障碍患者

（1）完善医疗卫生服务网络

精神病院、综合医院精神科、社会心理服务中心及社区卫生服务中心等组建医联体，城乡医疗机构对口帮扶，全方位加强对精神障碍患者的及时治疗和管理。同时，通过专家下沉传帮带教、返聘（离）退休专家在基层医疗机构坐诊，提升基层医疗机构的医疗保障服务水平，构建"精神病院给予重症患者住院治疗 – 综合医院就近就诊轻症患者 – 社区机构进行康复管理"的三级服务网络格局。

（2）持续跟踪管理

定期进行家访、巡查，及时了解精神障碍患者管控情况及相关信息，对疑似患者登记在册，并由社区（街道）卫生服务中心、乡（镇）卫生院等基层卫生机构填写"严重精神障碍患者线索调查登记表"后第一时间上报至当地医疗机构，由专业人员进行评估后形成"三级预警"机制，并向下推送进行跟踪管理，形成上下贯通服务体系。

（3）建立救治经费保障机制

各级政府应根据当地的经济发展水平和医疗资源情况，明确精神障碍患者救治经费的投入比例和救助标准。同时，建立严格的资金使用审查制度，加强对患者救治经费的监管，确保经费落实到患者身上。

（五）完善重大突发事件应对机制，增强公众信心

在应对重大突发事件时，应充分考虑幸存者、受害者家属和消防队员等人员的需求，提供个性化、针对性的心理疏导和危机干预服务。同时，新闻媒体应合理、准确传播相关信息，避免因信息不明导致恐慌情绪蔓延。

（1）救治救助幸存者

在全力挽救幸存生命的同时，由精神卫生及心理危机干预专业人员对幸存者的身心状况进行诊断与评估，并实施一对一心理急救及危机干预，以降低幸存者患上创伤后应激障碍及其他精神障碍的可能性。首先，要与幸存者建立信任关系，以尊重、真

诚的态度，用心倾听其心声，给予其必要的支持。其次，引导幸存者合理宣泄情绪，帮助幸存者运用哭泣、向他人倾诉、转移注意力和运动等方式，表达和释放负面情绪，减轻其心理压力，帮助其重获生活的信心和勇气。最后，完善其社会支持系统，如专业人员、家属和社区工作人员等需密切关注幸存者状况，给予其物质和精神支持，帮助其回归正常生活。

（2）安抚受害者家属

根据危机事件发展规律，在不同阶段对受害者家属进行心理疏导，并给予其支持、帮助。在初始阶段，应迅速组织心理咨询师等专业人士通过面对面访谈、电话或视频等方式，帮助其宣泄因突发事件引起的悲伤、愤怒甚至抑郁等不良情绪，舒缓其心理压力。同时，政府应及时召开新闻发布会，公布事件起因、发展和相关处理措施，追究相关人员、单位的责任，安抚受害者家属情绪。在中期阶段，应考虑为家属提供个性化的心理援助和家庭支持，如进行心理咨询或哀伤辅导、提供心理治疗和组织家庭成员支持团体等。同时，政府相关部门需给予受害者家庭相应的经济补贴和救助，帮助其渡过难关；联合慈善组织和爱心企业为受害者家庭提供物资、医疗等方面的帮助，以减轻其经济负担；开展社区活动，组织志愿者、社会工作者对受害者家庭进行走访慰问，了解家属生活、工作状况和情绪状态，避免出现心态失衡进而引发极端行为。在后期阶段，仍需关注家属的生活状态、心理动态，为受害者家属提供及时有效的生活帮助，如协助寻找住房、安排交通工具和提供生活必需品等。同时，鼓励和引导家属积极参与社区活动，建立社会支持系统，从而摆脱心理阴影。

（3）关注相关人员

受害者所在学校、企事业单位和社区等要对受害者的同学、同事及邻里等人员采取一定的措施，做好善后工作。对影响较大的同学、同事及邻里进行一对一沟通和开展团体辅导，密切关注其身心状况，引导他们正确表达哀伤情感。同时，通过组织开展心理危机专题讲座、邀请心理专家进行访谈等形式，引导相关人员理智看待受害者的遭遇，从而帮助其走出困境，减轻心理负担。

（4）调试救援人员压力

首先，对参与救援的工作人员实施心理评估，了解并掌握其心理状况及压力水平。其次，在评估过程中，若发现存在心理困扰的消防队员，应立即安排个体或团体心理辅导，帮助其正确认识和接受急性应激反应。对于出现闪回、噩梦症状甚至心理健康问题的救援人员，应及时为其提供心理治疗。

（5）规范媒体舆情

首先，媒体应恪守职业道德操守，充分发挥正确的舆论导向作用，对信息进行核实，避免渲染现场的惨烈场景，减少血腥、暴力的画面，防止大众产生替代性心理创伤。其次，媒体记者应事先征求心理专家的意见，根据幸存者的实际情况，在其心理状态稳定且自愿的前提下，适时、适度、适当进行采访和询问，避免提及细节和创伤过程。再次，积极参与公众的意见收集和反馈工作，及时向公众传递官方的意见和解释，帮助公众正确了解和应对事件。最后，相关部门应时刻关注自媒体传播的信息，加强对信息的审核和管理，避免误导公众。如有谣言出现，应及时发布权威信息进行辟谣，并追究造谣者的责任，肃清网络环境。

四、展望未来

健全社会心理服务体系和心理疏导机制、危机干预机制要求各级党委政府高度重视，构建起党委领导、政府负责、部门联动、社会参与、专业支持、群众受益的工作机制，多措并举将问题化解在源头，将心理风险降至最低，从而提升社会治理"软实力"，维护社会和谐稳定和国家长治久安。未来，我们仍需做好三个方面的工作。

1. 微观层面

对社会心理服务体系建设工作，人才培养是关键。细化社会心理服务相关人员的职业教育从业资质标准，明确其考核制度和师资要求，同时制定心理服务相关机构的准入制度及经营标准。针对不同服务对象及其需求，建立起"我为人人、人人为我"的社会支持系统，以人民为中心，将潜在风险、矛盾纠纷化解在源头，为民众构建心理屏障，提升其获得感、幸福感、安全感。

2. 中观层面

通过综治信息系统平台整合资源，加强各部门信息共享、协调联动，为心理疏导和危机干预工作提供社会稳定情况、群众思想动态和治安状况等基础数据，并通过大数据分析和人工智能技术深入挖掘和处理数据，及时发现和处理可能存在的心理问题和危机事件。同时，加强舆情危机防控意识，树立正确的媒体舆论导向，严控虚假报道和蓄意炒作。

3. 宏观层面

建立国家层面的心理危机干预指挥体系，专门负责全国危机干预的组织管理、沟通协调和指挥调动等职能，坚持系统思维，坚持问题导向和目标导向相结合，坚持理论与实践相结合，把握全局，统筹协调人力、物力、财力，实现人员统一调配和资源优先整合分配。

第六节　社会心理服务保障与评估体系建构

一、概述

社会心理服务体系由党政领导为核心、全社会协同供给的组织体系，多位一体实现社会全覆盖的运行体系，规则完善、覆盖全面和信效度兼备的反馈和评估体系，总体统筹、保障适度和可持续的保障体系构成。其中，组织体系是主体，运行体系是路径，反馈和评估体系是标准，保障体系是保证，它们相辅相成、有机统一，构建起了社会心理服务体系的顶层制度架构。本节重点介绍其中的反馈和评估体系、保障体系的基本概念与核心内容。首先，反馈和评估体系是保障社会心理服务体系建设质量与效果的制度设计，要构建一个规则完善、覆盖全面和信效度兼备的反馈和评估体系，应当充分完善社会态度、社会情绪调查系统和社会需求、社会影响调查系统，建立社会心理服务绩效评估系统，并将社会心理服务纳入健康、平安城市与村镇的评估指标体系。其次，保障体系的主要目的是使社会心理服务相关政策和工作方案的效益最大化，确保决策和实施方案贯彻落地，推进社会心理服务体系建设常态化和规范化。要构建一个总体统筹、保障适度和可持续的保障体系，应当落实人才队伍和学科理论体系保障、资金及物质保障、监督保障与法治保障。

二、背景

社会心理服务体系是由党政领导为核心、全社会协同供给的组织体系，多位一体实现社会全覆盖的运行体系，规则完善、覆盖全面和信效度兼备的反馈与评估体系，总体统筹、保障适度和可持续的保障体系所构成。其中，组织体系是主体，运行体系是路径，反馈与评估体系是标准，保障体系是保证，它们相辅相成、有机统一，构建起了社会心理服务体系的顶层制度架构。

三、实践和具体做法

（一）规则完善、覆盖全面和信效度兼备的反馈与评估体系

反馈和评估体系是保障社会心理服务体系建设质量与效果的制度设计，通过对社会心理走向进行定期追踪和广泛调查，反馈和客观评估社会心理服务体系建设情况，并将情况纳入地方社会治理的决策系统，实现全方位、多层次的质量控制，为相关工作的开展提供依据和参考指标。

1. 反馈体系

反馈体系通过把握社会心理的动态变化来进一步调整社会心理服务的各项工作，主要是指社会心理服务主管部门对社会心态数据的收集和测量，通过及时反馈，实现对社会心态的把握和闭环控制。这是承载心理状态的主体数据反馈到决策部门的过程，也是集体心理数据采集、产出和测量的过程，该任务需要观察和监督的范围应当是某一物理区域或行政区划内的全体数据或抽样数据，以直观体现社会心态的趋势和走向为基准。

（1）社会态度、社会情绪调查系统

社会态度是人们对社会现象所做出的价值判断和主观评价；社会情绪是社会群体的情感体验，由客观环境和人们的主观体验相结合而形成。两种指标能在一定程度上反映社会心态和主流价值的变化，也可作为衡量社会心理服务效果的指标，以进一步研判社会态度积极、社会情绪平稳的地区和消极、波动地区的阶段性演变与内在发生机制。

对社会态度和社会情绪的调查横向要覆盖不同区域、不同文化、不同阶层，纵向要涵盖各个时间段，可通过定期的心理测评与周期性心理监测等收集社会态度和社会情绪动态数据，包括社情民意、社会热点、网络舆情和公众反应等。目前，中国科学院心理研究所已经在全国范围内探索建立多学科共同参与的社会心态监测平台，构建多方参与、科学合理的社会心态研究模式。

（2）社会需求、社会影响调查系统

民众的社会心理需求结构影响着他们的行为方式、认知能力、心理状态和个人决策，社会心理服务体系要成为排解不良社会心态的安全阀。首先，通过认识国民心理和行为规律，深入剖析新的社会矛盾下民众的社会心理需求、需求结构及个人与社会的心理关系，提高公共服务的科学性。其次，不同时期的社会事件会影响人际交往信任类型和文化传承模式，从而影响公众心理发展进程。对影响较大的社会事件，要构建社会心理支持系统，及时评估社会影响（某一社会事件在社会范围内所产生的影响），掌握公众心理动向，进行社会心理干预和疏导。这一阶段的调查工作也可采取科研部门、高校和政府部门相结合的方式进行，设立区域性观测点。

2. 评估体系

评估体系是指结合心理科学规律制定信度、效度科学统一的社会心理和社会心理服务评判标准体系。它对涉及社会心理服务的各个领域进行事前、事中及事后的质量控制，通过对社会心理服务效果的及时评判，保证其应有的效用。

（1）社会心理服务绩效评估系统

社会心理服务绩效评估是指运用科学的指标体系和方法，对社会心理服务主体提供社会心理服务、产品达成既定目标的情况，以及在政治、经济和文化等领域所产生的影响进行评估。对社会心理服务进行绩效评估应当坚持如下价值取向。一是效能的价值取向，强调既要重视社会心理服务的效率，又要重视质量，要把能否提供均衡、高效、优质的社会心理服务作为一项重要衡量指标。二是公平地满足公众需要的价值取向，政府要以公众需求为导向提供全覆盖、多元化社会心理服务。三是在对工作绩效进行评估前应明确考核方式、考核人员和考核指标等内容。考核指标包括服务过程（服务计划记录、服务活动）、服务成效（服务对象满意度、服务对象心理改善状况等）、服务方式等。四是当一定阶段的社会心理服务工作完成后，要及时对绩效进行评估。绩效评估包括制订绩效评估计划、选择绩效评估主体、制定绩效评估标准、选定绩效评估方法、实施绩效评估几个环节。与此同时，国家还应对各地的社会心理服务工作落实情况进行监督和评估，对落实情况较差的地区，应建立责任倒查机制。

（2）将社会心理服务纳入健康、平安城市与村镇的评估指标体系

首先，将社会心理服务纳入健康城市与村镇评估指标体系，作为健康细胞工程（健康社区、健康学校、健康企业、健康家庭）的重要内容。健康城市与村镇评估指标体系既要包括个体层面的心理健康，也要包括群体、社会层面的心理心态健康。要加强城市、村镇的心理评估指标比较研究，关注不同地域的社会心理演化差异。同时，应建立权威的社会心理健康评估标准。该评估标准是在社会背景、社会环境和群体效应的作用下衍生的公共论题，当前对个体层面心理健康标准的论述和研究较多，而对社会心理健康标准的探讨则较少，对后者的探讨更要注重把握和探索社会心理的周期节律性与心理耐受力，建立标准相对统一、内容较为完善的社会心理健康衡量准则。

其次，将社会心理服务纳入平安城市与村镇评估指标体系，作为基层平安建设的重要内容。建立健全经常性的社会心理疏导和预警干预机制，并结合城乡区域特点划分风险类别和风险等级。及时识别个人极端风险、社会矛盾风险等社会风险，摸排各类风险隐患，形成动态化的风险评估研判机制，努力把各类社会不良心态和不稳定因素解决在萌芽状态、化解在基层，精准防控个人极端风险和社会重大安全风险。

（二）总体统筹、保障适度和可持续的保障体系

社会心理服务建设的保障体系是指为顺利完成社会心理服务工作而设计的涉及人、财、物、制度和法律的体系。设计该体系的主要目的是使社会心理服务相关政策和工作方案的效益最大化，确保决策和实施方案贯彻落地，推进社会心理服务体系建设常态化和规范化。

1. 人才队伍和学科理论体系保障

社会心理服务既是一项治理工程，又是一项社会工作，是人与人之间的一种互动和交流。社会心理服务的效果与服务主体有着直接关系。人才队伍和学科理论体系为社会心理服务体系建设提供生力军和理论方法支持，是一项事关成效的组织保障工作，是体系建设可持续发展的关键。

（1）建立社会心理服务体系人才队伍培养体系

随着社会心理服务体系建设的深入推进，各地心理工作者、社会工作者人才队伍的匮乏制约着体系发展。为了解决上述问题，各地涌现出各类不同方向、不同名称、不同内容的考试认证培训，但人才培养的方向与效果难以保证，尚需进行规范化引导，培养切实符合社会心理服务体系建设实际需要的人才队伍。

目前，在社会心理服务从业人员中，心理咨询师队伍受限于职业伦理，难以主动积极地预防、解决心理心态问题，同时在心理咨询师资格证考试认定取消后，心理咨询师队伍培养面临困境。社会工作者队伍虽然具备一定的心理学基础知识与技能，但是在深度心理健康服务方面的技能相对薄弱。此外，社会心理服务体系建设需要庞大的人才队伍，有群体、有组织的地方都要有开展社会心理服务的人员，因此需要广开来源，对来自不同行业、领域、学科背景的人员进行知识与技能培训，从而为实现社会心理服务全覆盖的预期目标夯实一定规模的人才队伍基础。

结合国家政策与实地调查研究，我们建议从事社会心理服务的专职、兼职人才队伍可统称为社会心理服务工作者，是指融合多学科理论与方法，按照社会心理服务体系建设的内容、规范、要求，积极主动地预防和解决个体、群体与社会层面的各类问题，进行全方位、多层次、多元化社会支持的人员。

社会心理服务工作者人才队伍培养体系可分为社会心理服务工作者（初级、中级、高级）水平分级体系，以及继续教育培训、督导认证等。各地区可以此为参考，系统开展本地区社会心理服务工作者人才队伍培养工作。

①社会心理服务工作者（初级）。社会心理服务工作者（初级）是指来自不同领域、不同学科背景的人员经过专业知识学习、专业实操及培训认证后可以开展基础社会心理服务工作的水平资格。社会工作师、心理咨询师、媒体宣传人员及来自基层社区（村部）、教育系统、各机关企事业单位、医疗机构等从事社会心理服务的人员均可（参加培训后）成为初级社会心理服务工作者。②社会心理服务工作者（中级）。具备社会心理服务工作者（初级）资质者，经进一步加强知识和技能的更高层次培训，在累积一定的社会心理服务时长后，可进行理论与实操能力的进阶认证，合格后即认为达到可以指导社会心理服务工作的预期水平，成为中级水平的社会心理服务工作者。③社会心理服务工作者（高级）。具备社会心理服务工作者（中级）资质者，若相应学科知识群储备完善，实操能力突出，累积达到规定的社会心理服务时长，且精通社会

心理服务体系系统性工作的部署开展，即认为达到可以督导社会心理服务工作的预期水平，成为高级水平的社会心理服务工作者。④继续教育培训、督导认证。政府与相关机构要加强对已获得培训认证的人员的继续教育培训。要定期开展知识理论更新，继续提升其理论水平。要结合不同行业特点与工作方向，因地制宜、有的放矢进行类型化后续培训，增强社会心理服务工作者解决各行各业实际问题的能力和水平。要加强督导认证，对社会心理服务时长进行累计，实现理论与实践相融合。

未来，随着社会心理服务体系建设全面开展，以及各地区社会心理服务工作者人才队伍培养体系的成熟，可探索将培养体系转化为国家认可的专业技术人员职业资格认证，即社会心理服务工作者职业资格，探索建立助理社会心理服务师、社会心理服务师和高级社会心理服务师三个级别的水平评估类职业资格认证。

（2）社会心理服务体系人才培养所需的学科理论体系

社会心理服务工作者队伍培养需要有健全的学科理论体系作支撑。社会心理服务体系学科理论体系可按照"3+3+1"模式构建（前文已介绍，这里不再赘述）。

2. 资金及物质保障

资金保障是保证社会心理服务工作顺利开展的物质基础，包括政府投资和非政府投资。政府投资主要是指财政投入。非政府投资主要是指社会筹措和市场投资，以此可建立多元化的资金筹措机制。

（1）加大政府的财政投入力度

中央财政与地方财政应积极支持社会心理服务体系建设，要给予必要经费保障，财政部门将试点工作专项经费列入年度财政预算；对社区、学校和企业等的社会心理服务机构按经济发展水平进行适当补贴；制定合理的绩效考评制度，对考核评分较高的单位，采取以奖代补的方式给予资金支持。

（2）建立市场化的运行机制

完善市场准入原则，为相关企业发展创造良好的社会条件；释放政策红利，为相关服务型企业提供创业支持，降税减息，提供创业贷款；提供创业资源，进行跨区域、跨领域的需求对接，政府可以通过向企业购买服务的方式为民众提供高质量的社会心理服务。鼓励建立多元化资金筹措机制，探索社会资本投入心理健康服务领域的政策措施。市场化的运行机制有助于在市场竞争环境下充分调动社会力量从事社会心理服务工作的积极性，保证社会心理服务资金来源的多样性和所提供服务的优质性。

（3）积极开拓公益性服务的筹资渠道

要发挥行业组织、公益组织、志愿性组织的作用，降低治理成本，建立专门的社会心理服务公益基金，充分发挥社会资本的有效作用，为社会心理服务体系建设提供多元化的支持和保障。

3. 监督保障

监督保障是指对社会心理服务主体履行服务职能、提供服务的过程进行监督和约束，通过督导检查进行监督和问责。

（1）监督主体

社会心理服务的监督主体主要包括内部监督和外部监督两类。内部监督是指垂直监督，即党委、政府、主管心理建设的行政机关和其他业务主管部门对下级的工作完成情况进行的监督。外部监督是指行政体制之外的主体对公共服务职能履行情况的监督，包括人大、政协对政府社会心理服务行为和效果进行民主监督，司法机关对社会心理服务提供者的服务行为和职能履行情况进行监督，以及公共服务过程中的社会舆论监督和第三方评估等。

（2）监督内容

从监督内容上看，对社会心理服务的监督应贯彻以下几个方面。一是预算监督控制。负责监督工作的上级行政部门可以通过经济审计的方式监督社会心理服务支出，并在政府预算中讨论社会心理服务的服务项目和服务标准。二是服务规划监督，主要是指对服务规划的决策、制定、执行和落实情况的监督，确保社会心理服务的规划与当地的经济发展水平相适应，关注规划是否能在指定时间、指定地点满足相应要求。三是服务公平监督，主要是对社会心理服务过程中的公平问题进行监督，包括城乡服务体系覆盖平衡问题，少数民族地区、不同群体和阶层的供应平衡问题及其市场竞争的廉洁问题等。四是服务绩效评估。在绩效指标体系的基础上，对社会心理服务是否达成预设目标和经济性、效率性等方面进行常态化评估。

4. 法治保障

法治是国家治理体系和治理能力的重要依托。只有全面依法治国才能有效保障国家治理体系的系统性、规范性、协调性，才能最大限度凝聚社会共识。社会心理服务体系建设是多维度、立体化的全方位建设，当其组织和运行发展到一定程度时，保障措施应上升到法律规范和制度规范层面。

一是加强公民心理健康信息的安全保护。随着心理测评作为各类单位组织常态化管理服务的重要环节，测评后心理问题人群个人信息隐私保护亟待关注。同时，信息技术与社会心理服务的融合，使得心理数据在收集、存储和运用过程中仍需规范。因此，防范因违反伦理、安全意识不足等造成的信息泄露，保护公民心理健康信息隐私尤为重要。要建立健全心理健康信息安全保护制度与机制，加强对违规行为的惩处。二是通过法律引导社会心理服务体系规范化建设。首先，完善社会心理服务体系组织法规，制定组织条例，规范引导组织建设，实现中央与地方、各职能部门间及市场、社会组织的职责配置。其次，将社会心理服务管理制度、监管模式等以法规的形式确定下来，如研究制定社会心理服务机构和人员登记、评估等工作制度。同时，制定市场准入条例和相关行政法规，让步一定空间给市场和社会组织调节供需平衡。最后，针对具体的社会心理服务类型，如心理咨询，通过法律法规明确其内容、标准、要求及伦理规范，实现更为有序的社会心理服务。三是健全社会心理服务绩效和救济规范，建立社会心理服务绩效的法律问责和社会监督制度，健全医疗事故后的责任认定和追查赔偿机制，设置风险挽救方案。

四、展望未来

1. 反馈与评估体系层面：评估指标体系尚待健全

社会心理服务体系评估体系的科学性、合理性、精确性、公平性和普惠性仍需加强，当前的实务实践在各级评估指标体系细化过程中未能充分考虑社会心理服务供给的现实需求、反应效率和服务效能与质量，这部分仍稍显薄弱。未来，要以健全"社会心理服务体系建设"评估体系为抓手，在完善以五纵两横（五纵是预测预警、宣讲宣传教育、排查排除、治疗治愈、关爱关注五个阶段指标，两横是特殊人群和正常人群）为框架的评估体系基础上，进一步科学量化和细化评估相关指标，发布城市、乡村心态指数，来推动更高水平的社会心理服务体系建设。

2. 保障体系层面：社会心理服务法治建设不足

目前，我国尚无关于社会心理建设及服务方面的公共法规，指导性意见仅限于国家宏观政策、学理研究和发展性文件与报告等，存在社会心理服务组织法律制度不健全，政府相关机构职责界定不明、责任缺位的问题。同时，社会心理服务主体逐渐多元化和市场化，但尚未形成统一的规范服务主体的法律规章，竞争市场法制也尚不完善，存在从业者资质认证体系不健全、泄漏公民个人信息风险和侵犯公民隐私权、服务绩效法规缺位等问题。

针对以上问题，应进一步完善社会心理服务体系建设相关法治保障，明确相关职能部门和从业人员法定职责义务、法律责任和社会监管制度。

第七章

社会心理服务转介机制与督导机制

7

本节以社会心理服务基层实践和实践认识为切入点，阐述了引入转介机制和督导机制的社会背景及其重要性和必要性；详述了实行社会心理服务转介的识别、原则、服务边界与工作流程；分享了引入督导机制的现实需求和督导工作原则、方法等，创新性地介绍了"陪伴式督导"应用实践和"三统一五结合"的经验体会；探索性地提出了促进基层社会心理服务走深走实的一些思考和创设中国式社会心理服务体系的基层方案。本节内容具有一定的可参考、可复制的价值。

一、社会心理服务基层实践启发及再认识

1. 有效发挥社会心理服务体系的作用是社会心理服务基层工作者的神圣职责

党和国家高度重视广大民众的心理健康。为贯彻党中央关于加快推进社会心理服务体系建设的决策部署，全国许多地区先后印发了加强社会心理服务体系建设的意见，提出精心打造符合国情的社会心理服务体系的目标。大众心理健康是平安中国、健康中国和幸福中国行动的重要组成部分。健全和完善社会心理服务基层体系建设，发挥社会心理服务基层体系的作用，既是社会心理服务基层工作者的初心使命，也是各类社会治理工作者的神圣职责；社会心理服务基层工作者应该将社会心理服务细化为心灵人文关怀的具体行为，努力使社会心理服务站点成为居民身边提高日常生活幸福指数的打卡地，成为居民心理健康的守护者和把门人，提升人民心理健康水平与幸福感和获得感，为实现基层社会治理现代化发挥积极有效的作用。

2. 将社会心理服务置身于社会综合治理的坐标体系中发挥作用才能更有作为

社会心理服务是一个系统的服务体系，是政府主责建设、相关部门合作、专业机构运维的民生工程，是解决社会现实问题的一种社会治理行动。当前，我国正处于经济社会快速转型期，出现心理问题的相应增多。一方面，心理行为异常和常见精神障碍人数逐年增多，成为影响社会稳定和公共安全的危险因素。另一方面，社会心理服务体系和工作机制尚需健全和完善，现有的社会心理服务状况远远不能满足人民群众

的需求及经济建设的需要。因此，健全社会心理服务体系任重而道远。

促进社会和谐稳定，搞好社会治理，重要的是解决好人的问题，而涉及人的重要问题之一便是心理问题。要通过健全社会心理服务体系、加强心理健康服务等工作解决好相关心理问题。做好社会心理服务站点建设与运维督导工作的重要前提是，使社会心理服务充分运用心理学方法和技术解决好社会治理的主体、客体在治理过程中所触及的客观心理问题。唯有心安，才有民安，方有国安。因此，要将社会心理服务体系建设作为社会治理的"软手段"，不断推进我国社会治理现代化。反之，只有将心理健康服务真正融入社会治理体系，社会心理服务才能凸显作用、更有作为，才能通过识别判断、疏导化解、跟进服务、配套多元化社会支持，真正做好矛盾突出、生活失意、心态失衡和行为失常等人群的心理疏导和干预，构筑守望相助、亲善关心、互助自助的多元支持网络。

3. 多元化、多角色的基层社会心理服务矩阵及其人员结构的示范引领与督导

目前，全国不少地区已基本做到街道级社会心理服务中心全覆盖。以北京市西城区为例，该区已形成"1+15+N"的格局，即1个区级社会心理服务指导中心作为指挥中枢，发挥统筹协调与业务督导功能；15个街道级社会心理服务中心是服务阵地，根据居民心理需求提供就近便利的专业心理服务；N个社区服务站拓展了社会心理服务半径，是服务触角、服务场景，是打通服务"最后一公里"的实体。通过部门联动，形成合力，实现互助共赢。社会心理服务基层组织的参与人员包括社会工作者、心理咨询师、网格员、志愿者等社会心理服务工作者，且分布在各个部门，呈现多元化、多角色的特征。但有些人员对心理学、社会工作及社会治理等相关领域的认知存在一定程度的误差，对专业性的相关法律法规理解不够深刻，缺乏事前预防、事中干预、事后保障的全链条思维，存在服务认知不统一、服务边界不清晰和专业胜任能力不足等问题，影响了社会心理服务的实效性、精准性及可持续、高质量发展，需要进行专业引导、示范督导和规范评估。

4. 引入转介机制与督导机制可以为促进社会心理服务的融合发展奠定基础

《中华人民共和国精神卫生法》明确规定，心理咨询人员不得从事心理治疗或者精神障碍的诊断、治疗。心理咨询人员发现接受咨询的人员可能患有精神障碍的，应当

建议其到符合本法规定的医疗机构就诊。社会心理服务实行的是针对全人群的服务，对任何一个求助者都不能拒之门外。因此，这就需要社会心理服务厘清服务边界，不越位不跨界，做好后续衔接服务，建立转介机制，撬动部门联动，形成服务全链条，做到服务功能的全覆盖；同时，社会心理服务要求值岗人员具备对心理健康、亚健康与疾病的识别能力。然而，术业有专攻，形成这一能力素养需要一个漫长的过程，这就需要建立一个既守法，又能保障服务的督导管理机制。陪伴式督导作为督导管理机制中的一种有效方式，督导组专家在科普讲座中以听众的身份、在心理团体辅导中以成员或观察员的身份全程参与活动，深度介入服务过程，活动结束后，现场与科普讲座老师或团体带领者总结活动亮点和不足，提出整改建议，进行有效督导。陪伴式督导的引入及运用，有助于推动社会心理服务工作者螺旋式提升对不适症状与心理行为异常的识别能力与服务能力。

综上所述，社会心理服务功能的实现需要多部门协同发力，共同推进。引入社会心理服务转介机制与督导机制，能够有效协助社会心理服务站点厘清专业医疗服务与社会心理服务的服务边界，厘清专业医疗机构与社会心理服务站点的业务功能对应关系。社会心理服务的多元人员结构就好比专业医疗机构的跨学科团队，社会心理服务的部门联动相当于专业医疗机构的综合会诊，社会心理服务专业边界把控犹如医疗机构的鉴别诊断诊疗技术，社会心理服务的转介机制类似于医疗机构实行的转诊机制；社会心理服务的转介机制与督导机制在一定程度上可以有效参与到社会治理中，转介机制可以协助社区主动搜索和发现"最后一公里"疑似存在治安风险的人员，实现社区、社会心理服务站点、专业心理咨询机构、医疗机构及社会治安管理部门间的服务联动，解决难点、堵点问题；督导机制可以促进社会心理服务站点的服务质量和服务能力逐步提升，与参与成员实行有效互动联动，了解社会舆情高频词和集体潜意识的倾向性表达及心理服务需求，协助处理个案现场的评估，以评促建，形成不同部门之间唇齿相依的关系，实现社会心理服务与社会治理的融合发展。

二、社会心理服务转介机制

在国家层面，相关文件多次强调部门间合作的必要性。在实际执行层面，由于不同服务机构及其人员的职能有限，确实需要进行横向合作，才能实现健康服务全覆盖。

从求助者个人层面而言，一次求助就可以找到恰当的资源，尽快找到恰当的渠道，可以满足健康的多元化需求。上述三个方面构成了引入转介服务的客观必要性。

引入社会心理服务转介机制可以有效规范社会心理服务站点的心理危机干预过程，确立社会心理服务工作者对心理健康与危机干预认知的科学态度、转介意识和自助、互助、求助意识，厘清心理服务边界，提高心理危机预防与干预工作技能、识别能力和心理服务工作的胜任能力，形成互为链接、互为支撑的社会心理服务体系，构建更加有效的心理危机防火墙。

社会心理服务专业人员在处理心理危机状态时，一些心理援助者特别容易忽略服务边界，出现盲目且无效的干预。而心理危机干预是以专业的心理危机干预技术帮助来访者稳定情绪、调整认知、恢复平衡。转介机制就是帮助来访者（被服务对象）从履行服务的一个人或机构转移到另一个人或另一机构，以便提高服务效率和服务效果，为其提供更适宜、更专业、更人文的调整认知、恢复平衡的一种服务方式。

（一）转介识别

1. 实行首接负责制

社会心理服务站点应建立首次访谈接待负责制，明确岗位责任制，把好来访接待第一关口；接待来访者的社会心理服务站点专职人员应具备首次接待负责的意识，必须在首接环节明确识别、界定不同心理状态下的处理方式。

2. 进行有效识别

首次接待访谈时，应根据首次访谈所收集的相关信息，明确识别来访者的诉求目的。例如，当来访者表达出明显的养老问题时，需要将其转介至社区相关养老部门；当来访者表达出明显的经济救助问题时，需要将其转介至社区相关民政部门；当来访者表达出明显的生活问题时，需协助将其转介到相关部门，等等。

3. 心理诉求的识别与转介处理

当来访者表达出明显的心理诉求时，首先需要进行心理状态的识别。识别来访者属于心理正常还是心理不正常。当属于心理正常时，需要鉴别是属于心理健康还是心理不健康。当属于心理不正常时，需要识别是否处于心理危机状态。当处于心理危机状态时，需要鉴别是否需要心理危机干预。

对于经过鉴别处于心理危机状态、需要进行心理危机干预的来访者，要及时进行心理诉求的转介处理。当来访者表达出明显的心理诉求，社会心理服务人员通过访谈可以明确鉴别其属于何种情况（心理正常与心理不正常、心理健康与心理不健康、心理问题与疑似精神障碍等）时，社会心理服务人员须先根据自己的角色，识别自己及所在岗位是否具备胜任能力，对不具备胜任能力的诉求，须通过识别不同情况进行相应的转介处理。

（二）转介原则

1.秉持主动转介适时干预的原则

心理诉求的转介是服务功能的转介，而不是服务责任的转介，更不是服务责任的推卸。要以人民至上为服务理念，适时、果断地进行相应的处理。

2.秉持把握时限对症转介的原则

适时把握危机干预时限，做到早发现、早处理，力求将问题消灭在萌芽状态；同时做到针对性转介，对属于心理健康问题的诉求，应适时进行相应的心理援助，对属于中重度心理问题的，应及时转介到专业心理服务机构，对属于疑似精神障碍问题的，应及时转介到相应的专业医疗机构接受专业诊疗。

3.秉持保密及保密例外的原则

严格执行档案管理制度和职业规范，严格遵守从业人员的职业操守，严格保密来访求助者的相关信息；对给自己和他人生命构成威胁的"双威"人员、诉求触及法律等情况时，应按照保密例外的原则，及时介入，果断应对，迅速联系相关部门适时介入心理危机干预。

（三）转介服务边界

根据《中华人民共和国精神卫生法》第二章"心理健康促进和精神障碍预防"所规定的心理咨询师、心理治疗师，以及所属服务机构及其场所的职责范围，社会心理服务应充分发挥在解决普遍性、倾向性、群体性社会心理问题及在创新社会治理中的积极作用，对社会心理服务工作的规范性、专业性及职责范围做出明确要求。

每个人所提供的服务都是有局限性的，因此根据站点专业心理服务人员的胜任力和服务边界，我们应建立社会心理服务专业人员执业资历、服务能力由弱到强的转介机制和由社会心理服务站点向专业的医疗机构转介的服务机制。转介服务工作边界主要体现在以下三个方面。

第一，在个案心理服务过程中，若发生不利于服务进行的事件，或社会心理服务专业人员感到自己无法胜任的咨询服务或难以处理的案例时，应由低年资专业人员向高年资专业人员转介，及时将个案转介给其他社会心理服务专业人员或上报站点负责人（站点负责人为该站点第一责任人）。

第二，当触及服务边界的案例时，要明晰并严格保持执业服务界线；当遇到严重心理障碍和疑似精神疾病时，要向专业医疗机构转介。一是在咨询服务过程中，如发现当事人心理异常情况较为严重，疑似心理障碍或明确诊断处于精神疾病的急性期、非稳定期等心理危机状态时，应及时将其转介到专业医疗服务机构就医，进一步明确诊断和给予相应处理。二是当心理危机当事人的行为已经对自己和他人的生命构成威胁，严重影响正常生活和社会治安秩序时，要主动或建议并协助其去专科医院就诊。

第三，为辖区居民开设就诊绿色通道，与辖区内的专业医疗机构形成全链条转介服务机制。对有自杀企图并有计划实施自杀行为的当事人，应在第一时间上报相关管理部门和监护人，同时启动就诊绿色通道。

（四）转介工作流程

接待来访者的心理服务专业人员，首先应向来访者详细说明转介原因及流程，在来访者自愿的情况下进行转介或提供转介建议。来访者同意转介时，须有申请者本人填写的转介服务需求申请、上级站点填写的转介确认记录和处理机构填写的就诊或咨询处理记录等内容的"来访者转介服务记录单"（见表7-1），并与该个案的咨询记录一起转介。要求在监护人的陪同下转介专科医疗机构。每一项具体工作均须严格遵守相关法律法规，避免引起法律纠纷。

表 7-1 来访者转介服务记录单

×× 社会心理服务中心（站）

编号:（　　　　年）第_____号

温馨提示	为尊重被转介人员，请不要向任何无关人员解释或传播所填报内容，让我们共同遵守职业保密规范。

一、转介服务需求申请

转介站点名称:　　　　　　　　　　　　　　　　日期:　　年　月　日

转介者姓名		性别		年龄		联系电话	
所属街道				联系人姓名		联系电话	
主要表现及其说明							
转介原因	□进一步明确诊断		□疑似精神障碍		□疑似严重心理问题		□其他
申请转介的心理服务人员签字:　　　　　　　　　　　　　　接收人（签字）:							

二、转介确认记录（由上级站点填写）

转介记录			
疑似成立建议去向	□精神专科医疗机构	□心理咨询服务机构	签字:

三、就诊或咨询处理记录（由处理机构填写）

转介去向	就诊或咨询记录
□ ×× 医院 □ ×× 中心 □返回原服务站点	
初步诊断	
医生或心理治疗师（签字）:　　　　　　　日期:　　年　月　日	

三、社会心理服务督导机制

社会心理服务人才的业务能力决定服务质量。引入社会心理服务督导机制，其作用既包括为专业人才赋能，也包括为社区治理工作人员赋能；督导的目的是要扎实有序地推进社会心理服务站点运维工作，激发站点主体活力，提高执行落实效能，推进社会心理服务体系建设和社会治理现代化建设的融合发展。

（一）督导工作原则

督导工作应坚持以下原则，以体现督导工作的科学性、规范性、专业性和示范性。

（1）坚持公平公正、以评促建原则

力求使督导指导工作做到统一内容、统一标准、统一进度，以有利于站点建设运维任务及其整改措施的落实。

（2）坚持专业督导、提升能力原则

发挥督导工作政策先导、业务指导、信息交互、人才培养和社会心态调研等重要作用，督促规范运行，鼓励互助互学，促进交流互鉴，为站点运维服务赋能，促进专业人员素质和站点服务能力的提升。

（3）坚持保质保量、注重实效原则

紧贴实际需求，围绕工作任务，强调工作的计划性、时效性、实效性和服务性，确保工作任务的完成。

（二）督导工作方法

1. 督导频次

以促进工作为目的，灵活采取定期或不定期、事先不发通知或不打招呼等方式。

2. 督导手段

督导组由心理专家、临床精神卫生专业人员、主管部门管理人员组成，一方面，通过开展个案督导、小组督导和专业技术培训等方式赋能专业服务人员，协助心理咨询师、社会心理服务工作者提高专业化水平。另一方面，通过系统知识培训、专题业务培训和岗位专人陪伴指导等方式为街道干部和社区工作人员赋能，用心理技术武装

基层干部头脑。对督导中发现的问题立行立改，形成工作合力。同时，将督导考核指标纳入对站点的年度绩效考核指标体系，不断推动以评促改的良性工作循环，发挥社会心理服务在基层社区治理中的优势作用，形成更有温度的社区治理格局。

3. 督导内容

制定统一的站点建设标准和服务标准及配套的实施细则，既有涵盖服务半径、服务功能、服务设施和服务团队等方面的宏观控制指标，又有包括服务标准、服务内容、服务考核和服务评价等方面的微观指导细目，并在实践中不断加以修订、完善。

督导主题因需调整。在站点建设阶段，督导组主要围绕站点选址、空间设计、专业机构与人员选择、专业设备配置等问题，提出建站督导意见，确保政府资金和空间资源投入的准确性、专业性；站点建成后，重点围绕站点服务策划、服务质量、社会治理重点和难点问题、社会心态调研等方面开展督导服务。

4. 督导方式

（1）实地查看

深入站点实地查看指定任务完成进展情况，以解决当下问题为切入点，严格执行站点负责人负责制，对照社会心理服务站点工作任务及运维服务工作评价记录，依据督导标准逐条核实，督促指导站点完成预定任务。

（2）听取汇报

听取站点工作计划和总结，根据各自服务特色和能力，指导各站点积极开展社会心理服务体系创新性研究和服务模式研究；共同商讨推进站点可持续发展的重点、焦点和热点问题，助力各站点确立社会治理从心服务的理念。

（3）查阅资料

针对站点开展的各项活动，查看活动记录和各项工作痕迹管理，考察心理科普讲座专业性、团体活动的辅导性，力求把社会心理服务真正落到实处，切实提升辖区广大居民及职业人群的心理素养。

（4）座谈交流

由心理学专家、设施设备及财务和安全管理等专业人员和政府主管部门负责人等组成专家组，利用各种活动、培训、会议和督导工作的机会，根据不同情况分别以学员、成员、观察员的身份参与站点活动和现场讨论。例如，以学员的身份与居民一起学习，一起聆听心理科普知识讲座；以团体成员或观察员身份参与心理团体辅导活动，与居民一起活动、一起讨论、一起分享，从中亲身体验讲座的科普性、心理团体辅导活动的规范性。必要时通过召开专题座谈会，深入了解站点在实际工作中遇到的困惑和问题，打通"最后一公里"，保障站点工作的专业性和水准，促进站点团队专业水平的提高，统筹指导，推动各站点社会心理服务体系建设持续、安全和稳定发展。

（三）督导工作创新

1."陪伴式督导"服务模式的应用

社会心理服务体系建设是一个新生事物，不少地区站点建成后，在社会心理服务人员的思想认识、机构的体制机制和人员的能力素质等方面都存在不适应的问题，需要进行帮扶。陪伴式督导是指由心理专家、临床精神卫生专业人员和主管部门负责人等组成督导组，深入站点，在科普讲座中以听众的身份、在心理团体辅导中以团体成员或观察员的身份全程参与活动，深度介入服务过程，现场总结并提出整改建议的一种督导方式。

2."陪伴式督导"创新实践与体会

实行"陪伴式督导"应本着高起点、高标准、高质量工作要求，坚持问题导向，设计并优化督导细则，力求做到"三统一五结合"。"三统一"是指统一工作安排，整体推进有部署；统一标准规范，公平评价有依据；统一工作要求，目标管理有细则。"五结合"是指实行督导理念与专业赋能相结合，促进与服务并重；督导方式与专业分工相结合，示范与指导并举；督导过程与质控管理相结合，细节与目标共管；督导实效与目标任务相结合，求实与求新同促；督导评估与优化改进相结合，考核与激励齐抓。同时要严格过程监督、评价和反馈，发现问题立行立改。

（四）督导效果评价

督导工作以提高服务质量，提升服务技能，以评价促建设为宗旨，确定全年督导评价总分值为100分，以一个季度督导一次的频次为例，第一季度、第二季度、第三季度的分值各占20分，第四季度为40分；分为优秀（90~100分）、良好（80~89分）、合格（70~79分），不合格（69分及以下）四个等级。每次督导结束后，填写现场记录，进行现场反馈。年终督导评价运用"两率两度"（即设施设备使用率、受众群体覆盖率、活动需求匹配度、参与成员满意度）进行定性、定量综合评估。综合评价结果作为站点年度绩效综合考核的重要依据。

四、促进基层社会心理服务走深走实的几点思考

不少地区的社会心理服务体系建设工作做到了党委领导、政府主导、综治牵头、部门配合、社会协同、民众参与，坚持以人民为中心，注重源头预防，通过心理疏导、心理危机干预等社会心理服务手段，塑造自尊自信、理性平和、积极向上的社会心态，提高社会风险防控能力，增强人民群众的安全感，建设更高水平的社区环境。站在新时期的新起点上，促进社会心理服务基层工作走深走实，需要不断探索，谋求可持续、高质量发展路径。具体做法如下。一是需要在不断探索、不断深化、不断思考的过程中守正创新。社会心理服务工作者的思想境界和服务水准应瞄准营造自尊自信、理性平和、积极向上的社会心态这一定位，将所有服务的最终目的转化为提高社区居民的心理健康素养。二是坚持用社会治理的理念开展社会心理服务，将心理健康服务融入社会治理体系，建立健全经常性社会心理服务心理疏导和干预机制，实行融合发展，打造"心治"链条，实现更有价值、更有作为的社会心理服务。社会心理服务需要全社会参与，人人都是服务者，人人又都是受益者。要将心理健康服务融入社会治理体系、精神文明建设。同时要联手搭建社会心理服务平台，打造集心理健康知识咨询、重点人群管理、严重精神障碍患者回访和转诊的社会心理服务体系，探索 12345 接诉即办、第四调解室等有效方法，尽最大可能减少矛盾纠纷、生活失意、心态失衡和行为失常等极端案（事）件的发生。

【案例 1】组成第四调解室参与社会治理

某街道建立了由街道司法所、社会心理服务中心、社区居委会、社区调解委员会和社区助老志愿服务队等共同参与的第四调解室，在搭建社区事务治理多元协作平台中，从心理和情绪的角度协助解决居民关心的问题或邻里纠纷等，发挥社会心理服务的作用。

【案例 2】参与 12345 热线接诉即办联席会

某街道实行心理咨询师进社区服务，将心理咨询师安排到固定社区，陪同处理社区难点案件。

参与方式与作用。优化沟通话术，在语言沟通的基础上，增加心理准备、情绪准备、语音语调和姿势等非语言要素；与社会工作者一起沟通案件的解决方法，提供不

同的方案；为社会工作者提供心理支持。

填写"参与 12345 热线接诉即办工作过程记录表"（见表 7-2）。

表 7-2　参与 12345 热线接诉即办工作过程记录表

心理咨询师姓名			联系电话	
当事人姓名			所属社区及办件人	
投诉事件概述				
社区处理过程概述				
心理咨询师参与过程记录				
当事人基本情况分析	生活状态（年龄、身体状况、家庭情况、经济状况等）			
	沟通过程（典型的情绪、语言、行为表现）			
	诉求分析（动机、需求、内在心理过程分析）			
	其他补充信息			
解决策略	已使用的策略与结果			
	或可尝试使用的策略与原因			
沟通话术提炼				
社区接诉即办工作人员分析	是否产生了负面情绪及原因			
	案件处理的重点 / 难点 / 堵点			
	心理咨询师沟通过程及采用的情绪疏导方法			
参与效果反馈	案件处理结果（包括目前情况及未来计划）			
	社区工作人员反馈（认为心理中心工作起到哪些效果，无论对案件本身还是对社区工作人员）			
	社区干部 / 街道相关工作科室反馈（认为心理咨询师的工作起到的效果有哪些？需要改进的或待改进的有哪些）			
	协助处理案件的第三方反馈（物业公司、其他相关单位等）			

三是需要努力打造富有特色的社会心理服务基层工作体系。要加强心理健康服务体系建设和规范化管理，加大全民心理健康科普宣传力度，提升心理健康素养。要坚持"社会心理服务 +"的理念，针对大众群体的多层次、差异化、个性化需求，构建全周期社会心理支持链；要始终站在人民至上的高度，应用心理学技能、跨学科多部门联动的举措、全心全力服务的态度，试点先行，以点带面，丰富和健全社会心理服务体系的内涵，完善社会心理服务科普宣传教育、心理测评、人才培训、咨询服务、心理危机干预、保障和评估等体系的规范化、制度化建设，为打造中国式社会心理服务体系贡献基层智慧和基层方案。

第八章

社会心理服务体系的数智化建设

8

一、概述

数智化是指信息化、数字化、智能化与自动化结合的不同建设阶段的统称。进入智能时代，社会心理服务体系数智化已具备实现的条件与基础，旨在以数智化为底座实现社会心理服务体系的智能化提升。

目前，各地建设了大量诸如社会治理等不同专业性平台，社会心理服务体系数智化建设可以嵌入这类平台中，也可以独立建设社会心理服务体系数智化平台，与这类平台实时对接，目前后一种情况更多。例如，赣州、青岛、濮阳、宿州及放眼全国地方的平台建设，虽然数智化程度还比较低，但是在解决属地社会心理实际问题的场景方面有很大贡献。到底要建设什么样的社会心理服务体系数智化平台，才能让百姓更喜欢、更愿意使用呢？这就需要在数智化建设过程中增强用户思维、体验思维，满足用户通用性需求和地方个性化需求，解决社会心理的刚性业务需求，切实提升数据效能，挖掘数据价值。

本章简述了社会心理服务体系数智化概念、需求、关键技术、建设模式、集成应用和研究试验等，重点展现了社会心理服务体系数智化的原理、方法及作用。通过数智化应用，一是解决社会心理服务体系的基础；二是提升社会心理服务体系的执行效率，精准评估，动态跟踪，态势预测与预警；三是为社会心理服务人员、管理人员和用户等带来不同角色与不同功能，精准实现社会心理服务；四是实现社会心理服务体系标准化、规范化，便于基于大数据和人工智能进行社会心理服务体系的研究。

二、背景

第一，政策背景。数智化的政策背景为 2018 年 10 部委联合印发的社会心理服务体系建设通知和方案，22 部委文件《关于加强心理健康服务的指导意见》，以及近年来卫健委、教育部门等出台的相关文件。

第二，科技背景。中国互联网技术处于全球领先地位，造就了无纸币、手机互联、便捷生存、便捷工作、高度专业化分工，这为数智化奠定了认知、环境、技术、接受和使用基础。进入智能时代，尤其是 ChatGPT 的崛起，人工智能已开始普适化应用。

第三，建设现状。目前，各地社会治理系统大多建设了大量平台，如社会综合治理平台、社会治安防控平台、社会疾病防控平台、个人极端案（事）件预警平台、社会志愿者平台和慈善平台等。与此类似，各地也出现了不同功能的独立建设的社会心理服务体系数智化平台，大多采取委托科技公司研发，前述社会治理系统类平台为社会心理服务体系数智化提供了大量专业数据。但从现状来看，其数智化程度处于初级信息化平台，部分达到准中级阶段，尚未达到社会心理服务体系建设总体要求及实务应用需求。从调研结果来看，大多效率低、不精准、不便捷、依赖人，有感测评线上和线下方式并行，线上作为辅助形式存在，线下为心理服务的主体形式。在标准化、规范化、完整性、专业性方面均显不足，专业分析数智模型缺乏深度，业务数据流程参差不齐，知识图谱和数据挖掘达不到业务要求，软件厂家产品缺乏检测，所用方法传统，测评与矫治缺乏标志物，从表面上看"面子工程"居多。

第四，现有方法。一般采取传统诊疗，依靠病史和面谈，通过与患者、家属的交流，搜集相关资料，最终做出主观判断。判断的根据主要是国际或国内相关的诊断标准，通过这些标准，医生进行综合分析；同时还会借助辅助检查，排除其他器质性疾病，做出最终诊断。治疗主要途径是通过药物治疗、声光电磁及脑机接口等神经调控和心理治疗等方法，其中心理治疗方法大多是人工心理咨询和人工心理治疗等方法（以下简称"谈话疗法"）。到目前为止，有关精神障碍的病理学机制探索仍在不断进行中，还没有形成一致性结论，且当前评估与矫治缺乏生物学标志物。

第五，供需失衡。2022 年，国民心理健康蓝皮书公布抑郁风险检出率为 10.6%，焦虑风险检出率为 15.8%。进入智能时代，尤其是 ChatGPT 的崛起，为人类带来了前所未有的压力。按世界卫生组织（World Health Organization，WHO）每千人应拥有一名心理咨询师的标准计算，我国大约需要 140 多万名心理咨询师。由于我国国民基数大，并且随着社会的发展，大家对心理健康越来越重视，各行各业对心理学人才的需求也越来越强烈，与从事心理服务专业人员的匮乏局面形成了强烈对比，导致供需失衡。

第六，需求迫切。当前由于社会心理服务体系复杂、涉及面广、领域多、被服务对象机构多、角色多，构建社会心理服务体系难度大，难以精准实时掌握社会幸福指数、社会心态指数、心理资本计算、社会平安指数和社会治理指数等决策指标；社会对社会心理服务体系数智化有需求但认知度不够；社会心理服务体系服务工作机制不健全；等等。社会心理服务体系会不断产生大量数据，需要数智化进行处理，除汇集数据构建大数据以外，还要提升数据效能、挖掘数据价值。目前，社会心理服务体系领域的档案、测量评估、心理预防、心理治疗、防御机制、应急干预、科普培训、人才培养与管理、志愿救援、社会治理和社会心态等相关专业方向的实施，各环节数据采集、处理分析及数据决策等均需数智化处理。

第七，解决方案。为解决当前突出问题，如业务流程需求、供需失衡问题、心理障碍发病率居高不下、方法传统落后、各环节数据留存规范不到位及无法发挥非药物治疗作用等诸多问题，尤其要解决社会心理服务人才与资源紧缺，通过数智化进行补充，如社会心理服务各个环节都会产生数据，但是目前很多平台仅记录留存数据，并没有很好运用数据，数智化技术可以提高利用效能，实现降低社会心理问题发生比例。AI 及科技发展提供了诊疗新可能，如目前已经开始把 AI、大数据、神经科学、新技术融入心理诊疗（即数字疗法），已初现成效。它是通过 AI 算法来治疗某一类精神障碍的一种方法，采用基于循证证据，能有效缓解精神障碍的症状。

既然有政策依据、科学技术已能满足需求、现实需求又迫切、社会心理服务方法亟待数智化提升，因此，社会心理服务体系数智化建设非常有必要。

三、实践和具体做法

数智化内容繁杂，覆盖社会心理服务体系建设的全周期。

（一）总体概述

1. 数智化建设定位

数智化建设在共同体中的位置。数智化处于共同体的横断面上：服务于心理工作、社会工作、社会治理与服务实践，服务于金字塔的各层，服务于同心圆中各圈，具体如图 8-1 所示。

数智化服务于金字塔的各层。数智化服务于 1 个中心、2 个定位、3 个分类、4 大系统、5 大要素、6 大内容体系、7 大人才培养模块，具体如图 8-2 所示。

数智化服务于同心圆中。数智化服务涉及自我支持、家庭支持、亲朋邻里与同学同事支持、社区（村）与组织（单位）支持、专业机构与行业组织支持、政府与法治支持、社会与文化支持及生态环境支持，具体如图 8-3 所示。

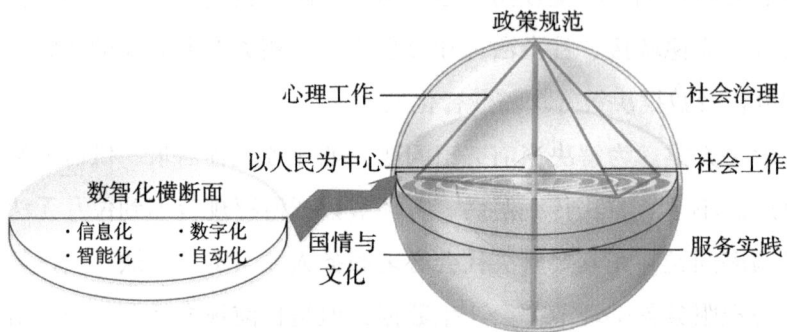

图 8-1　数智化建设在共同体中的位置

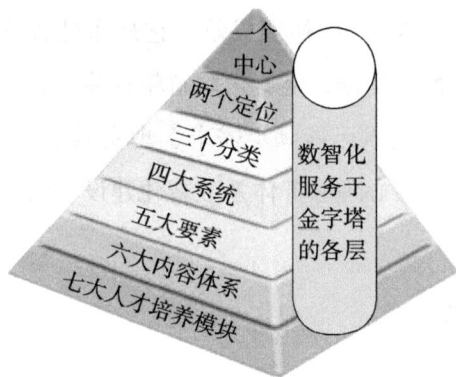

图 8-2　数智化服务于金字塔的各层

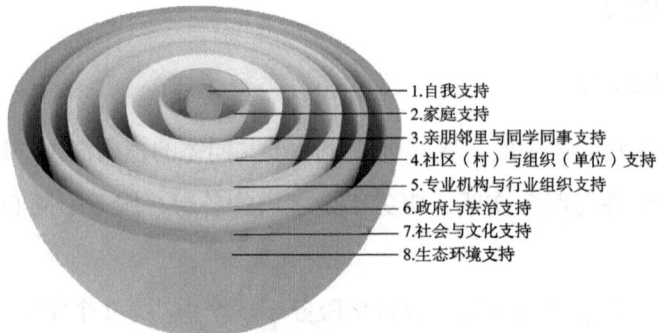

1.自我支持
2.家庭支持
3.亲朋邻里与同学同事支持
4.社区（村）与组织（单位）支持
5.专业机构与行业组织支持
6.政府与法治支持
7.社会与文化支持
8.生态环境支持

图 8-3　数智化服务于同心圆

2. 数智化概念

数智化＝（信息化＋数字化＋智能化）＋自动化。

信息化。信息化是初级发展阶段，内容包括业务标准化、标准流程化和流程信息化。目前，我国各行各业的信息化都达到了一定水平。

数字化。数字化比信息化更高级，是全领域、全过程、全方位的集成化、透明化和实时化，可衍生出数字服务模式。数字化强调以数据为核心，实现数据价值提升、数字服务社会、来访者数据画像、汇聚经验数据和常识、建构数据预测模型及挖掘数据价值等。目前，我国已全面进入数字化时代。

智能化。在智能化时代，数据自身会思考、会说话，可以替代部分人工决策或行为，包括可预测、可配置、自优化、自适应服务能力。例如，心理测评的智能调整、测评质量智能判定、分析评估智能决策、社会心态智能预测、数字药物智能推荐、药物开发智能导航、服务对象智能导航和服务工作智能导航。

自动化。与信息化、数字化和智能化构成并行发展的是不同程度的自动化。自动化主要应用在有感测量、无感测量、信息加工、研判预警、数字药物和聊天机器人等领域。

四化关系。信息化、数字化、智能化构成了层层递进的关系、不断深化发展的关系，即数字化比信息化更高级，智能化比数字化更高级，而自动化则与三化并行伴随发展，具体如图 8-4 所示。

3. 社会心理服务体系数智化的概念

定义与内涵。社会心理服务体系属于复杂社会系统，尤其是涉及人的心理和精神层面，将更加复杂，但可控、可计算。既然是可计算的数据体系，那么就具备数据特征：相关性、预测性、推理性和可建模。因此，社会心理服务体系数智化是指用数学、心理学、神经科学和计算科学等交叉研究社会心理机制，构建社会心理行为、表征与机制的数学模型；并以网络、云 / 边 / 雾计算、移动互联、大数据、人工智能为技术方法，以社会心理学、神经科学、社会工作、社会治理和法学等为研究领域，将社会心理服务体系各环节产生的各要素数据，通过科技手段采集、传输并汇总至社会心理服务大数据，进而进行分析、预警和服务决策等。数智化将极大提高各种社会心理服务体系环节行为的效率，降低成本，优化业务流程，推动标准化建设，推动人类社会心态良性发展和社会治理现代化。

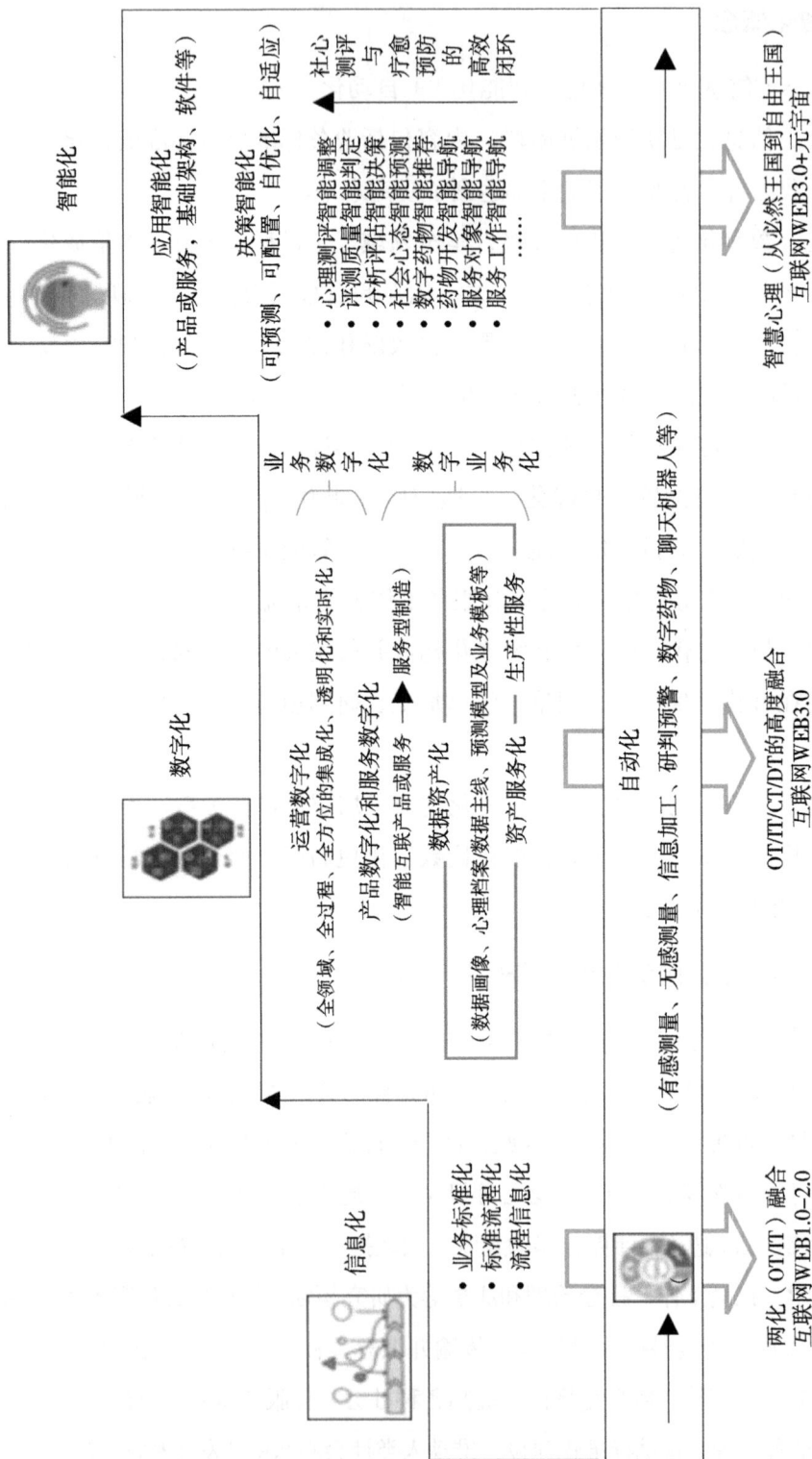

图 8-4 信息化、数字化、智能化和自动化的关系

注：图中社会心理服务简称社心。

外延。具体研究社会心理服务体系逻辑结构和物理结构，研究多模态生理心理测评技术，研究社会心理的数字药物和数字疗法，研究基于 AI 大模型的心理服务机器人，研究社会心理时空数据行为，研究循证社会心理，研究在线心理咨询与服务、社会心理服务体系知识科普、社会心理服务体系在线人才培养，研究社会心理服务体系大数据挖掘分析，研究社会心理视角的社会治理现代化手段，研究方法技能、建设模式及案例分析等。

（二）数智化系统需求分析

这部分主要回答社会心理服务体系数智化在功能和非功能上有什么要求的问题。

1. 社会心理服务体系需求用例总图

社会心理服务体系需求用例总图如图 8-5 所示。图 8-5 相当于一个边界框，展现了整个需求边界，框里都是数智化建设范畴，框外是人工交互或其他系统交互。图中有两类机构：对象类机构和服务类机构。图中个体又分为三类：严重心理问题个体、一般心理问题个体和心理健康个体。

2. 对象类机构系统需求用例子图

对象类机构系统需求用例子图如图 8-6 所示。对象类机构包括党政机关、基层政权（一般指县级政府）、社会团体、厂矿企业、常规教育、专门教育（依据《中华人民共和国未成年人保护法》和《中华人民共和国预防未成年犯罪法》的新名词，之前称"特殊教育"）、民政机关、医疗卫生、军民融合、法院司法、检察机关、公安机关、监狱机关、社区矫正、戒毒机构、看守所和应急消防等。对象类机构系统跟大数据对接。每个系统都可以独立建设，它的功能可能都不同。

3. 数智化功能性需求框架

（1）数智化功能性需求框架

数智化功能性需求框架如图 8-7 所示。

（2）各子系统的功能性需求

①档案。依据不同类型机构确定不同服务对象。不同服务对象的心理测量与治疗方法也不同，要分门别类地建构个体和团体心理档案库。

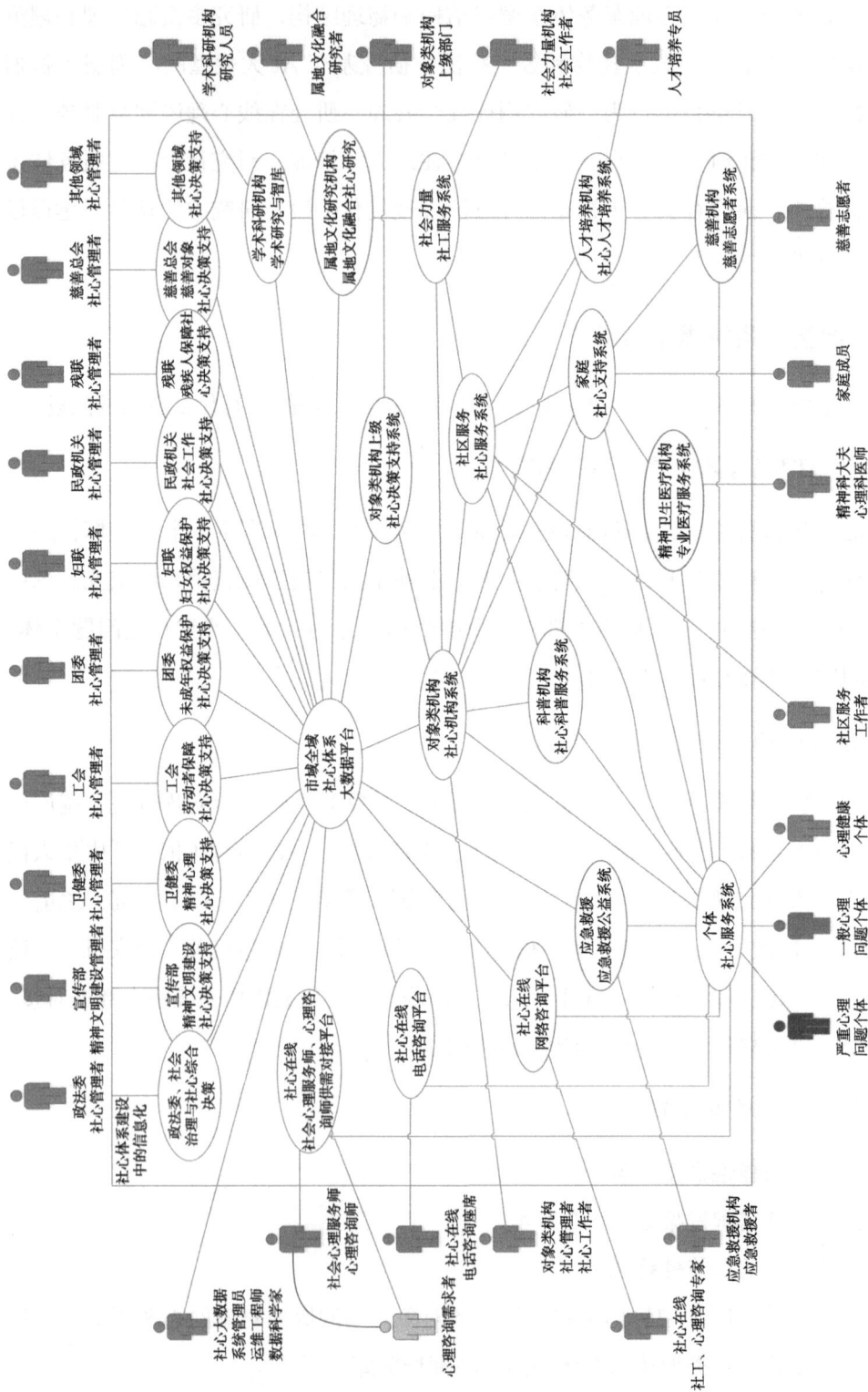

图 8-5 社会心理服务体系需求用例总图

注：图中社会心理服务简称社心。

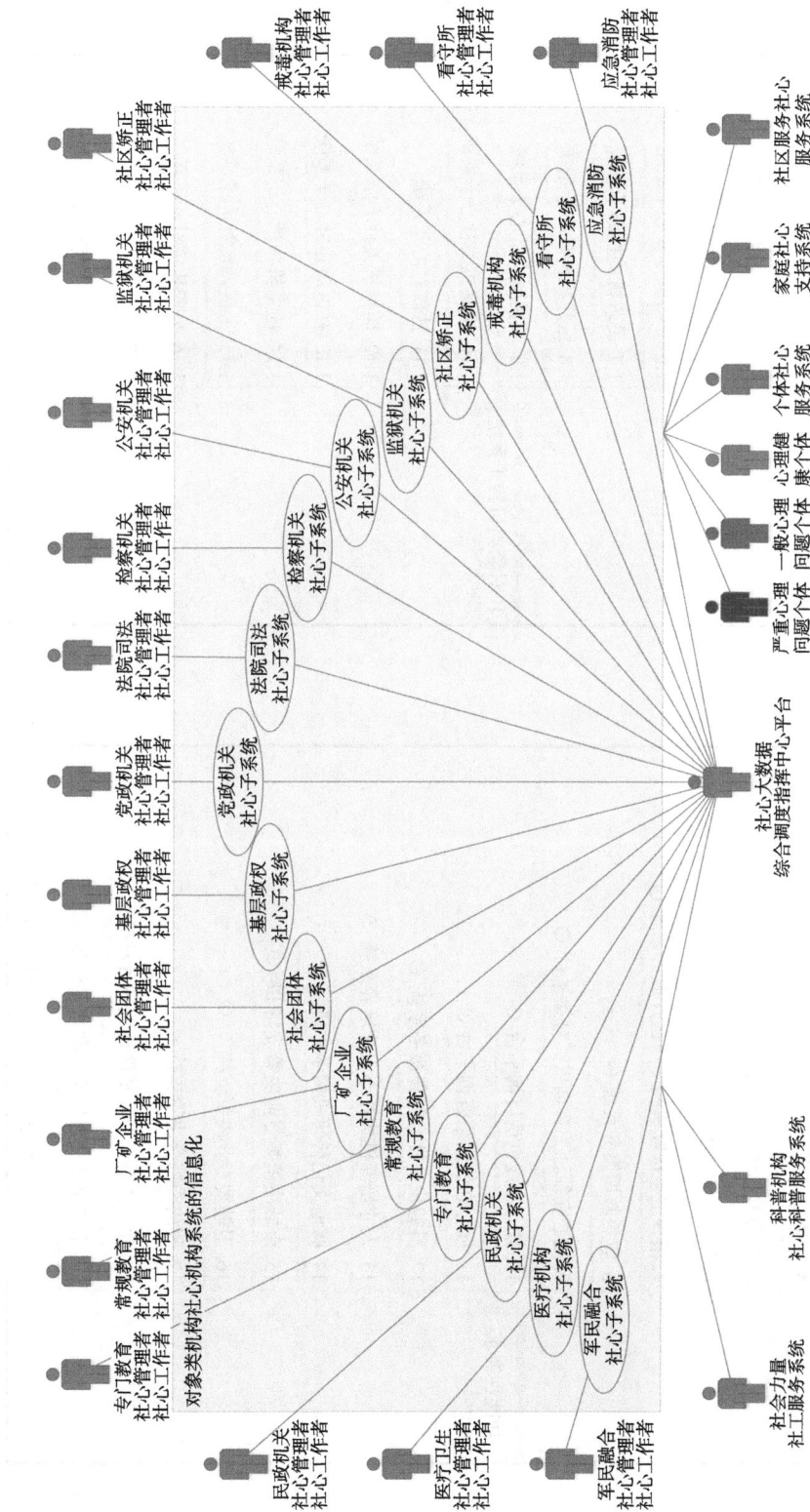

图 8-6　对象类机构系统需求用例子图

注：图中社会心理服务简称社心。

功能性需求

1. 对象类机构子系统 ⊕
2. 社区服务社心服务系统 ⊕
3. 家庭社心支持系统 ⊕
4. 个体社心服务系统 ⊕
5. 社会力量社工服务系统 ⊕
6. 慈善机构慈善志愿系统 ⊕
7. 精神卫生医疗机构专业医疗服务系统 ⊕
8. 应急救援服务系统 ⊕
9. 社心在线社工咨询供需对接平台 ⊕
10. 社心在线电话咨询平台 ⊕
11. 社心在线网络咨询平台 ⊕
12. 科普机构社心科普服务系统 ⊕
13. 人才培养机构社心人才培养系统 ⊕
14. 属地文化科研机构学术研究 ⊕
15. 市域决策类专业决策支持 ⊞⊕
16. 卫健委专业决策支持 ⊕
17. 政法委综合决策支持 ⊕
18. 社心体系与外部其他相关平台对接需求 ⊕
19. 市域全域社心体系大数据平台 ⊞⊕
20. 社心体系信息化 + 助力市域社会治理现代化需求 ⊕

1. 对象类机构子系统

1. 通用机构社心子系统 ⊕
1.1 党政机关社心子系统
1.2 基层政权社心子系统
1.3 社会团体社心子系统
1.4 厂矿企业社心子系统
1.5 常规教育社心子系统
1.6 专门教育社心子系统
1.7 民政机关社心子系统
1.8 医疗机构社心子系统
1.9 军民融合社心子系统
1.10 检察机关社心子系统
1.11 法院社心子系统
1.12 监狱机关社心子系统
1.13 社区矫正社心子系统
1.14 戒毒机构社心子系统
1.15 人民调解社心子系统
1.16 公安机关社心子系统
1.17 看守所社心子系统
1.18 应急消防社心子系统
1.19 其他对象类机构社心子系统

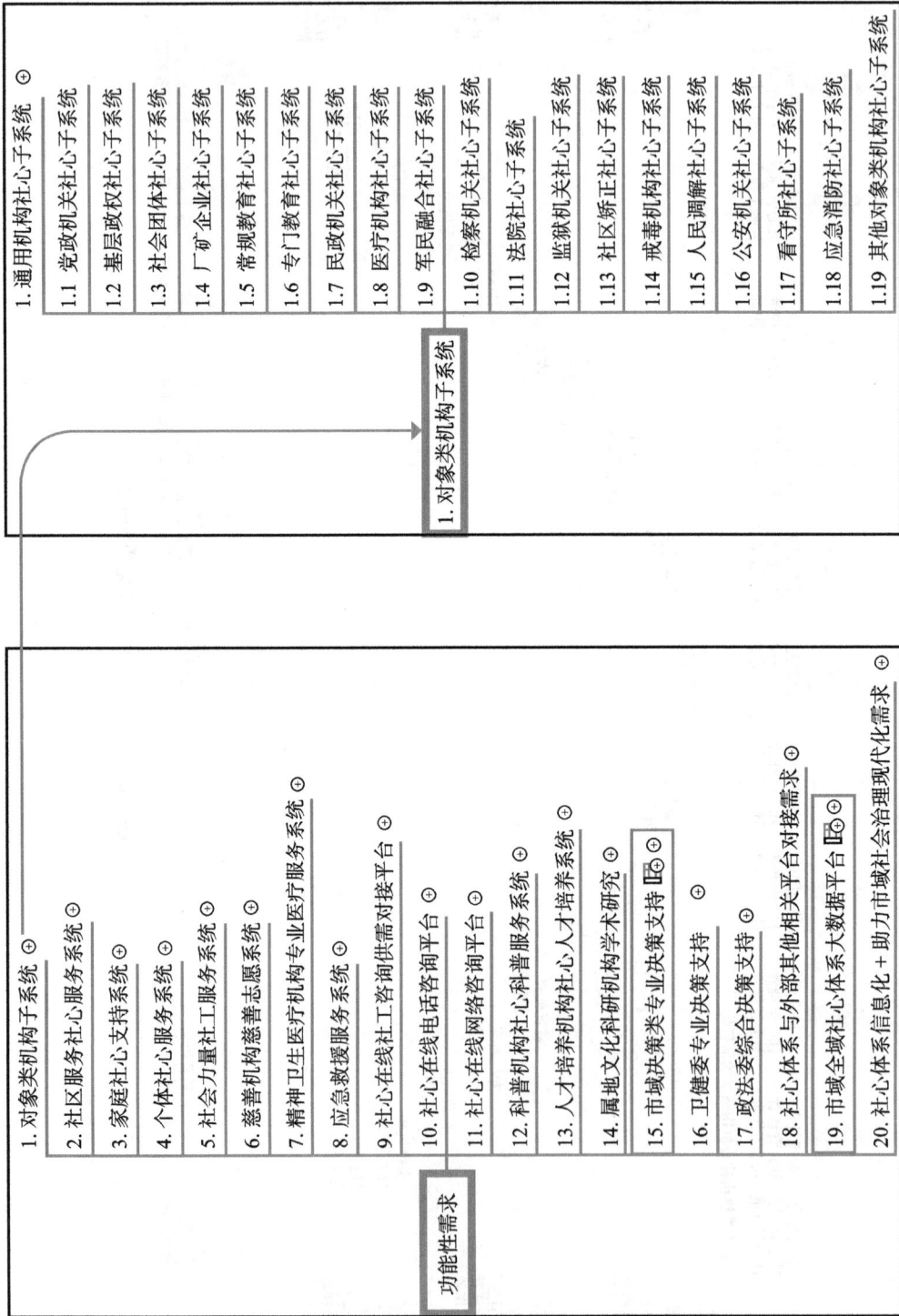

图 8-7　数智化功能性需求框架

注：图中社会心理服务简称社心。

②测评。采用传统心理测量、数字心理测量相结合，包括智能量表、有感心理生理测量、无感心理生理测量和多模态生理心理测量。

③干预。采用数字心理干预，包括数字药物与数字疗法。

④社会心理咨询服务室。机构可针对自身条件建立社会心理咨询服务室，配置传统心理测量装备、多模态数字心理测量装备和数字药物装备等。

⑤数据分析。社会心态指数、数据挖掘。配置社会心理服务体系 App。社会心理服务体系数据对接外部：全域大数据平台、其他相关社会心理服务子系统。

⑥社会心理服务两级体系。本身社会心理服务体系、行业主管部门社会心理服务管理平台。

⑦社会心理服务体系支撑基础设施。雾计算节点、边缘计算节点。

上述功能适合各对象类机构子系统（同前范围）、社区服务社会心理服务系统、家庭社会心理服务支持系统、个体社会心理服务系统、社会力量社工服务系统、慈善机构慈善志愿系统、精神卫生医疗机构专业医疗服务系统和应急救援服务系统等。

（3）其他平台

其他平台包括科普机构知识科普服务系统、人才培养系统、在线网络咨询平台、在线电话咨询平台、在线咨询供需对接平台及属地文化科研机构学术研究平台等。

（4）专业辅助决策支持平台

专业辅助决策支持平台包括团委、工会等相关部门及其他领域专业辅助决策支持平台等。

（5）领导决策支持平台

①卫健委专业领导决策支持需求：建议基础设施可采用全域大数据平台和云计算模式。业务需求建议包括全域社会心理服务数据统计查询、社会心态指数、全域社会心理数据挖掘、全域精神医疗数据挖掘和全域社会心理服务数据态势分析等。

②政法委综合领导决策支持需求：建议基础设施可采用全域大数据平台和云计算模式。业务需求建议包括全域社会心理服务体系数据统计查询、社会心态指数、全域社会心理服务数据挖掘、全域精神卫生医疗数据挖掘、全域社会心理服务数据态势分析和全域社会心理服务社会治理态势分析等。社会心理服务建设绩效考核管理需求建议包括全域社会心理服务建设绩效计划、全域社会服务心理建设绩效实施、全域社会心理服务建设绩效考核和全域社会心理服务建设绩效奖惩等。

（6）市域全域社会心理服务体系大数据

市域全域社会心理服务体系大数据如图 8-8 所示。

全域社心大数据服务对象	全域社心大数据支撑	全域社心大数据服务	前端心理科技装备	全域社心大数据对接内部	全域社心大数据对接外部	家庭社心App/小程序	个体社心App/小程序
各对象类机构及其上级主管部门	基础设施 — 云计算节点 / 雾计算节点 / 边缘计算 / 区块链 / 移动互联	市域各对象类机构领域大数据分析	心理装备	各对象类机构社心系统	社会治安防控体系	家庭App/小程序	各类服务对象个人
各服务类机构及其上级主管部门		市域各服务类机构领域大数据分析	边缘计算	各服务类机构社心系统	社会综合治理体系	家庭数字心理测量装备	教师
社区服务机构及其上级主管部门	大数据后台 — 数据湖 / 数据仓	卫健委专业决策支持数据分析	区块链确权	各社区服务机构社心系统	社会疾病防控体系	家庭数字药物装备	社工工作者
家庭		政法委综合决策支持数据分析			雪亮工程		心理咨询师
各类个体	大数据中台 — 技术中台 / 业务中台 / 数据中台	全域社心大数据挖掘与知识图谱			人口信息		精神、心理医生
社会工作组织与社心工作者		全域社心大数据资本			通信移动信息		公益志愿者
慈善机构与志愿者		全域社心志愿指数			矛盾调解信息		应急救援者
精神卫生医疗机构	大数据前台 — App / 小程序 / 边缘计算 / 终端设备	全域社心幸福指数			群防群治		服务对象个人的家庭成员
应急救援机构		数字心理评测			社区戒毒体系		人才培养教员
在线咨询		表达性艺术疗愈数字药物			智慧城市与城市大脑		科普教员
科普研究		运动疗愈数字药物			省级社心服务体系		各类对象机构心理工作者
人才培养		属地地方文化挖掘与数字药物			大数据平台		各对象类机构主管
本地文化科学研究支持							各对象类机构上级主管
卫健委专业决策支持							
政法委综合决策支持							

图8-8 市域全域社会心理服务体系大数据

注：图中社会心理服务简称社心。

（7）数智化助力市域社会治理现代化

数智化助力市域社会治理现代化侧重于社会心态建设。社会心态是指在一定时期内具有代表性的心理特性和倾向的社会群体的普遍表现，它反映了社会现实并对社会现实产生反作用。在社会治理中，社会心态的大数据分析已成为重要的依据。同时，通过数字化手段培育积极的社会心态已成为重要的社会治理举措。此外，加强重点群体社会心理服务体系建设和健全社会心理服务体系建设也是社会治理的重要体系。为了支撑这些工作，加强社会心理服务体系人才队伍建设也是社会治理中的重要人才培养方面。数智化助力市域社会治理现代化如图 8-9 所示。

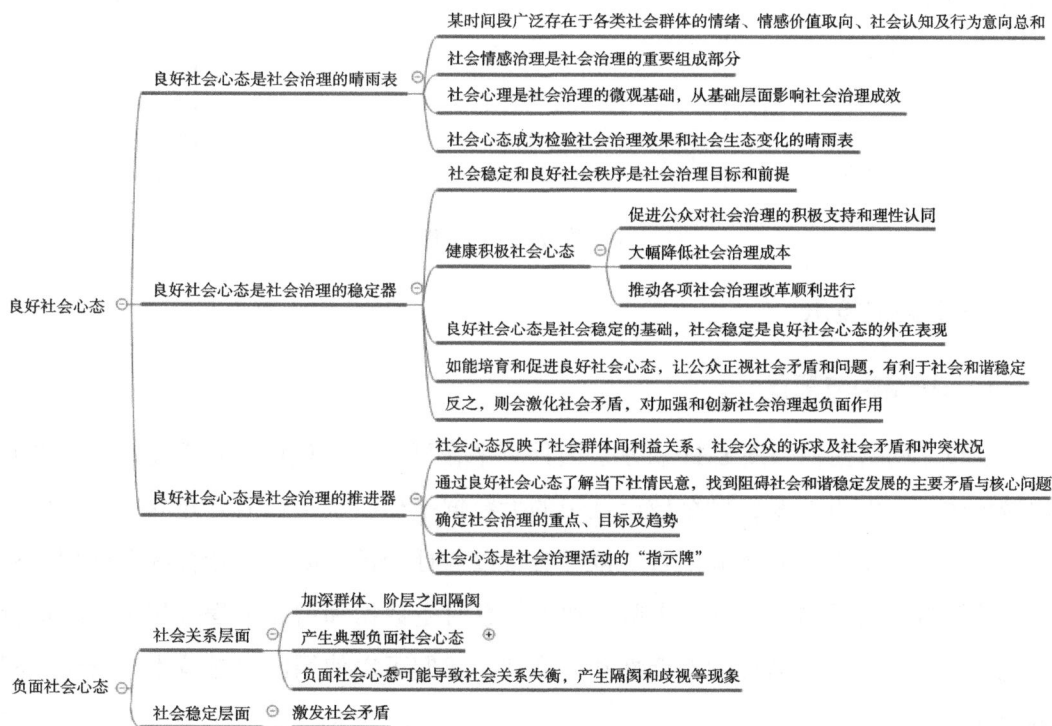

图 8-9　数智化助力市域社会治理现代化

4. 数智化非功能性需求

数智化非功能性需求如图 8-10 所示。

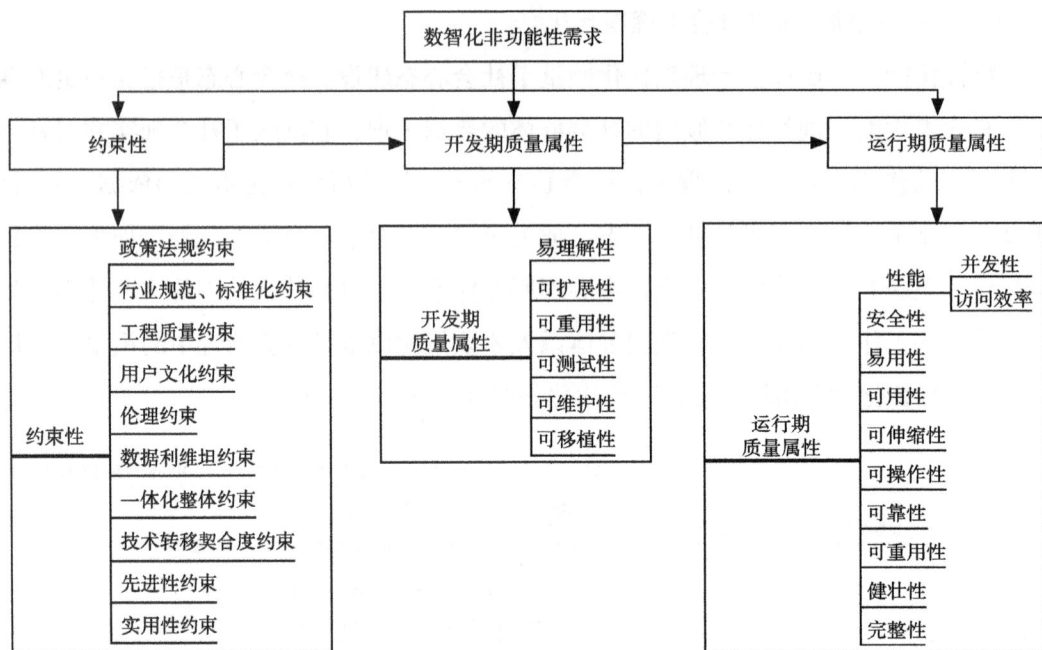

图 8-10　数智化非功能性需求

（三）关键技术

1. 系统结构与配置

数智化网络拓扑如图 8-11 所示。云计算平台可以选择租赁或独立建设，或者使用城市政务云等方式来建设全域市域级的大数据平台。该平台需要建立中台，包括数据中台、技术中台和业务中台。该平台可以与社会治安防控、社会综合治理、社会疾病防控、智慧城市、城市大脑、地理信息时空数据和雪亮工程等相关系统进行信息对接。为了确保信息的安全性和可靠性，我们可以使用区块链技术进行全域间的信息对接。

数智化体系结构如图 8-12 所示。数智化体系结构分为感知层、接入层、边缘层、边缘链、雾计算、雾层链、云计算大数据、智能化应用等多层结构。

①感知层：主要是视频监控、数字心理测量终端、表达性艺术疗愈、数字药物装备等。

②接入层：通过协议来进行，进入网络的协议，Wi-Fi、4G/5G/6G。

③边缘层：边缘计算，不可能所有的计算都运用大数据，由于网络限制，前端加

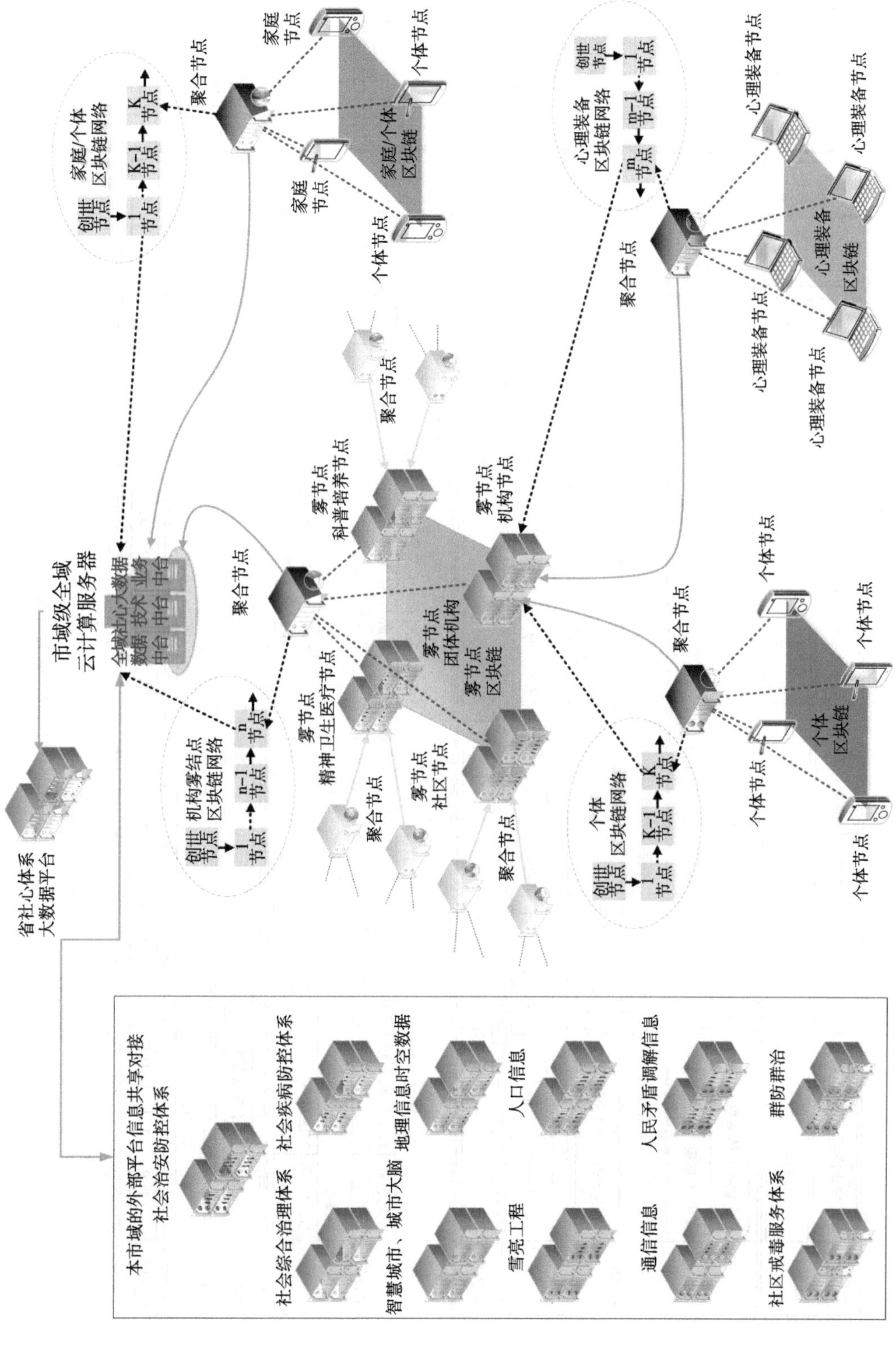

图 8-11　数智化网络拓扑

注：图中社会心理服务简称社心。

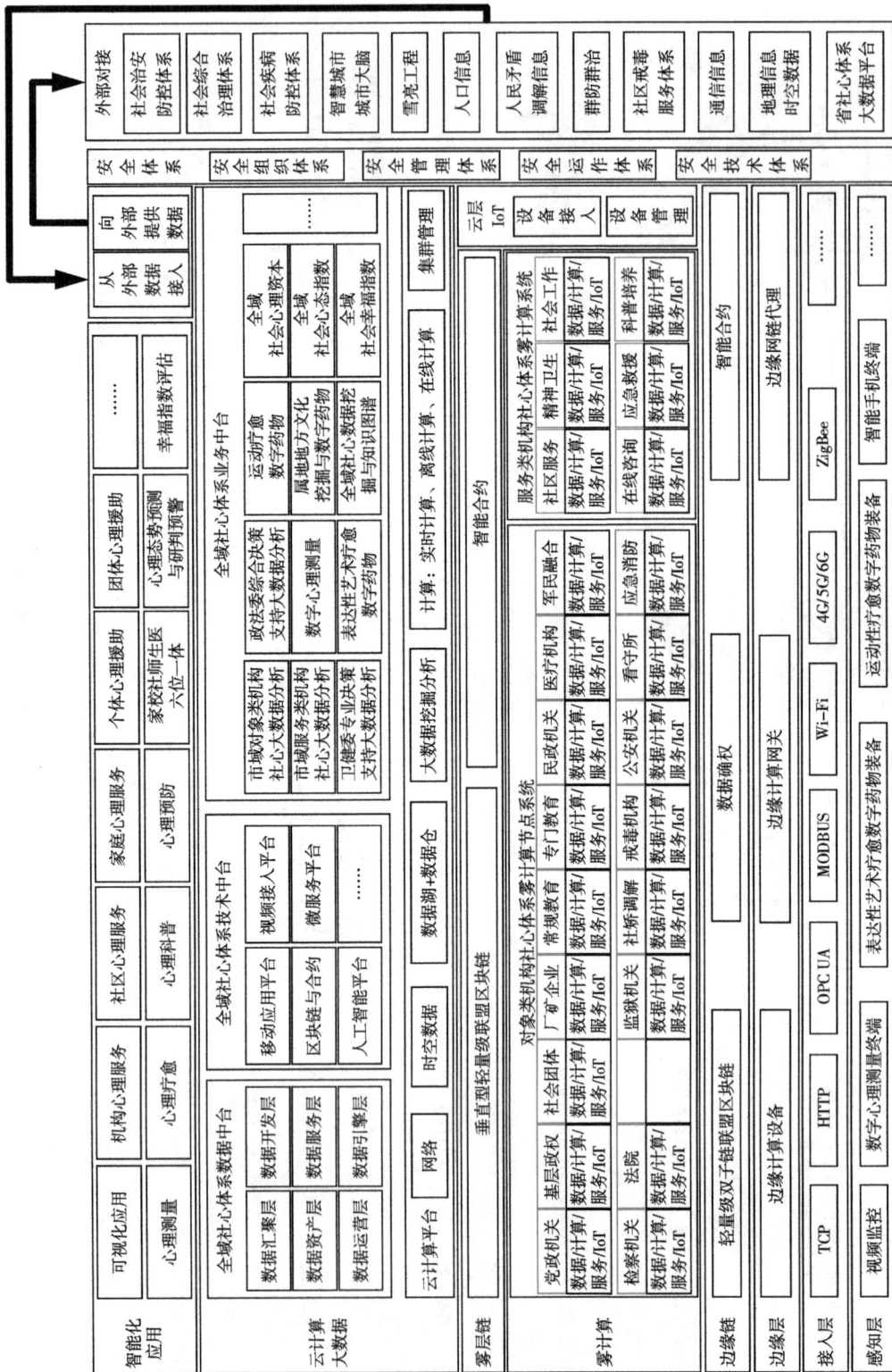

图 8-12　数智化体系结构

注：图中社会心理服务简称社心。

以计算，把模型训练好了以后放到前端进行。

④边缘链：轻量级双子链联盟区块链。

⑤雾计算：包含数据、计算、服务/IOT，每一块都可以独立建设，对象类机构也可以独立建设自成体系；服务类机构也可以。服务类机构的对象一般是个体。还有另一个通道，没有纳入对象类机构，直接进入大数据。尤其是个人和家庭。它可以通过云层直接进入后台，然后通过小程序从智能手机端直接进入。

⑥雾层链：大数据也是通过区块链另一层的区块链进行对接。

⑦云计算大数据：一是云计算平台，主要是网络、时空数据、数据湖+数据仓、大数据挖掘分析、大型计算、集群管理。二是中台，共分为三类：全域社会心理服务体系数据中台、全域社会心理服务体系技术中台和全域社会心理服务体系业务中台。全域社会心理服务体系数据中台重点是把社会信息采集来的数据进行统筹的管理，即进行数据资产管理；全域社会心理服务体系技术中台通用一些算法；全域社会心理服务体系业务中台是针对社会心理服务体系不同的主要业务。

⑧智能化应用：包括用这些中台的功能和数据进行服务、应用，家庭心理服务、社区心理服务、机构心理服务，心理测量、心理疗愈、心理科普、心理预防、家校社医师生六位一体、心理态势预测与研判预警、幸福指数评估等，用可视化的方式来展现，依据权限使用。

数智化计算配置模式如图 8-13 所示。我们可采取云计算、雾计算、边缘计算等模式。

2. 多模态数字心理测量传统

（1）有感测量

采用智能量表；电子沙盘测量，VR 沙盘测量；绘画投射心理；超宽带雷达 UWBR；微表情识别；手部识别（掌纹识别、指尖跟踪）。有感心理生理测量：采用脑电，心电、心音、心震、面部血流脉冲信号 BVP、远程光电容积脉搏波描记法（rPPG）；皮电，肌电，呼吸，脑磁图，眼动与瞳孔，体温，脉搏波信号，血氧等。另外，要进行有感多模态心理测量。

（2）无感测量

情绪识别（语音情绪识别、文本情绪识别）、现场互动（互动小程序、情感词典知识库、互动文本情感分析）、手游测量（包括心理手游库、手游心理测量等），以及多

云计算	雾计算	边缘计算	区块链与智能合约
支撑全域社会心理服务体系大数据平台 政法委、卫健委 ┐后台 ┘中台	支撑各类团体机构社会心理服务体系系统	家庭系统	垂直型联盟链 机构雾节点之间构成链 数据存在对应雾节点
	支撑社区服务社会心理服务体系系统	个体系统	社区服务雾节点之间构成链 社区服务雾节点与心理装备边缘计算节点之间构成链 数据存在对应雾节点
支撑机构上级主管部门社会心理服务体系大数据平台 机构上级主管部门 ┐后台 ┘中台	支撑应急救援社会心理服务体系系统	数字心理测量装备 智能量表 多模态生理心理装备 微表情与发表情感识别装备	家庭边缘计算结点之间构成链 数据存在云存储
	支撑心理医疗社会心理服务体系系统	数字心理 艺术行为识别装备 肢体行为识别装备 时空数据认知行为识别装备	个体边缘计算结点之间构成链 个体边缘计算结点保存在云端大数据
	支撑科普社会心理服务体系系统	数字药物 元宇宙+表达性艺术疗愈 移动物联+运动性疗愈 聊天机器人	全域数据保存在云端大数据
	支撑在线咨询社会心理服务体系系统		
	支撑科学研究社会心理服务体系系统		
	支撑社会工作社会心理服务体系系统		

图 8-13 数智化计算配置模式

注：图中社会心理服务简称社心。

模态情感识别等。视频监控人体行为分析包括步态行为识别、骨架行为识别、人脸识别（限制性人脸识别、眼睛式人脸识别）、穿衣行为识别、身体姿态识别、AI 镜面舞动行为识别、群体聚集识别，以及多模态人体行为识别等。手机定位行为轨迹包括手机步态识别、手机定位轨迹等。进食行为分析包括进食小程序、营养配餐菜单、进食信息采集、进食行为测量等。其他消费行为分析包括其他消费小程序、其他消费信息管理、其他消费信息采集及其他消费行为测量等。

3. 数字药物和数字疗法

（1）数字药物

数字药物是通过软件程序，提供了一个基于循证的治疗方法，它的效果与药物是一样的。数字药物分为以下几类。表达性艺术疗愈数字药物，包括音乐、戏剧、绘画、心理剧、游戏、歌词、文学、朗读、影视观看、艺术交叉融合和艺术预防心理问题等。例如，AI 房树人，AI+ 非结构曼陀罗 / 结构曼陀罗，AI+ 自发性曼陀罗 / 主题性曼陀罗，AI+ 彩绘曼陀罗 / 着色曼陀罗。运动性疗愈数字药物，包括跑步、走路、球类、体操、武术、潜水、游泳、攀岩，以及结合体质监测的心理投射等。借助数字心理和 VR/AR/MR 元宇宙技术，可采用数字运动疗愈解决戒瘾、抑郁、焦虑、其他心理问题，以及预防心理问题。国学疗愈数字药物，包括觉性科学、国学、地方文化等。人文关怀疗愈数字药物，包括虚拟旅游陪聊、虚拟下午茶陪聊、虚拟陪走陪聊、虚拟陪购陪聊和虚拟人文关怀等。地方文化疗愈数字药物，每个地方都有其地方文化，如宿州画、凉州词、砀山桃与梨等

（2）智能督导辅助

当前实务操作中一般是"谈话疗法"，也就是通过心理治疗师与来访者之间的对话交流来对其进行治疗。心理治疗师本身也需要通过此过程不断地积累经验和成长。因此，在这个过程中，需要有人（即督导师）来督导，但事实上，心理治疗师本来就非常少，督导师则更为稀缺。

在心理治疗过程中，我们可以把声音录下来，通过计算机自动分析，以探索其中的一些高危词，如当来访者提到一些消极的相关词，"走到悬崖边""走到窗口""走到楼边""非常的难受""心情非常沮丧甚至想哭"等；准确地识别这些词汇，并观察记录心理治疗师此时有无回应；如果当来访者提到这些消极的意思和表述时，心理治疗

师没有回应，那么数字医疗系统便会提醒心理治疗师。

（3）心理咨询机器人

心理咨询机器人一般指通过模拟人类对话实现心理咨询的 AI 算法，被用到计算机化的心理治疗，包括 AI 进行心理咨询，以及实现叙事心理疗法、认知行为疗法、正念冥想等，具有便捷性、可行性、普及性和低成本等特点。研究显示，来访者对很多素未谋面的心理咨询师很难产生信任感。但是面对机器人，他们会放松警惕。即便如此，机器人也会在不确定性和模糊性的场景中犯错，因此在目前的实践中，仍需心理咨询师帮助机器人优化其学习系统框架，如识别潜在的性别、种族和年龄偏见等。即便如此，随着自然语言处理技术和生成式 AIGC 等 AI 大模型的不断进步，以及智能手机的全面普及，心理健康的虚拟化成为可能。

AI 在心理咨询领域的应用可追溯到 20 世纪 60 年代，如虚拟咨询师伊丽莎。

比如，前几年的 Woebot 聊天机器人。Woebot 的对话设计基于 CBT，由 6～18 次谈话组成，每次谈话约 1 小时，谈话间隔 1～3 周，CBT 对抑郁、焦虑等都有疗效，也经常与药物、催眠等治疗手段配合使用；在临床医生的指导下，通过程序让人经历 CBT 对话过程，可以得到类似面对面的治疗效果。Woebot 基于产后抑郁开发的 8 周起步的治疗方案 WB001，获得了美国食品和药物管理局颁布的"突破性设备"称号，意味着相关部门认可了数字治疗方案 WB001 的临床疗效。

又比如，目前市面上的聊天机器人 Chatbot。Chatbot 虽然无法完全替代心理咨询师，但在一定程度上获得了用户的青睐。

（4）智能手机 App

在智能手机中用 App 来治疗抑郁症，目前有五种模式。一是家庭作业模式：在面对面心理治疗之后，用户可以在 App 上完成一些家庭作业或练习。二是生态即刻干预模式：通过传感器收集信息，比如整天就在家里没有运动、今天没有与朋友通话，这时它会即刻提示"你该出去活动一下了""你该找朋友聊聊天"等。三是自主学习和练习模式：用户可以打开 App 随时随地使用相关的产品。四是游戏模式：通过一些角色扮演的游戏与现实生活中的一些内容结合，并通过游戏化的升级过关的方式治疗来访者的疾病。五是互助咨询模式：包括一些同伴线上的支持、多学科的加入与学习。

（5）社会时空异常大数据分析预警

基于社交媒体等大数据挖掘分析，建构情感分析预警与异常行为分析预警和救援机制。比如，武汉科技大学教授黄智生发起"树洞救援团"，两年时间阻止了3000多人自杀；突破了一些技术障碍，通过微博、微信、社交媒体的情感分析预警，线下救援志愿行为配合完成。

又比如，国内某研究机构正在研究异常激情行为预警与救援公益大数据平台，包含自杀、家暴、拐卖和暴力等方面。

（6）XR与元宇宙沉浸式心理

基于XR（包括VR/AR/MR）与心理治疗方法结合进行心理咨询和心理治疗，使用XR心理治疗营造沉浸式的交互环境，增强心理治疗的真实性和安全性。例如，柳叶刀精神病学杂志上的一篇文章介绍了一个随机对照临床试验：通过每周6次，每次50分钟的阿凡达疗法治疗精神分裂症的幻听症状。

阿凡达疗法是指建立符合患者幻听声音和形象的可视化虚拟化身，心理治疗师实时驱动化身与来访者对话，依据来访者的现场反应，切换成心理治疗师身份，鼓励来访者与化身对话。借助实时动态的三人对话模式（来访者、心理治疗师、虚拟化身），改变来访者的认知模式，支持来访者在与幻听声音的人际关系（来访者与幻听内容）中获得主动权和控制权，最终减轻幻听症状。对来访者来说，本来无法控制的幻听，通过主动控制可以减轻症状，从而达到治疗的目的。在治疗结束后，这种效果可以持续24周；半年后，它与对照组支持性心理咨询的效果会越来越接近，但仍然保持在较好的状态。

基于XR、数字孪生和元宇宙装备，采取沉浸式或沉浸式密室等方式，将音乐疗愈、游戏疗愈和戏剧疗愈等结合进行，构成XR+音乐/游戏/戏剧等沉浸式表达性艺术疗愈数字疗法，使得来访者沉浸在音乐、游戏、戏剧中，承担一定角色，进行逐步疗愈。XR–家庭心理疗法如图8-14所示。

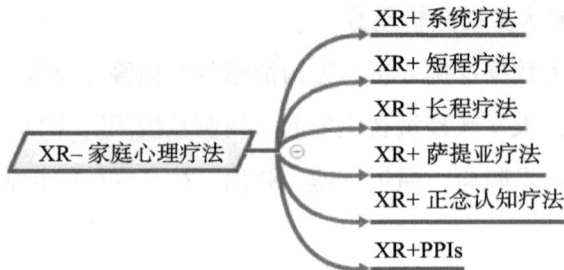

图 8-14　XR—家庭心理疗法

（7）数字孪生社会心理

数字孪生社会心理仿真推演：七维模型、循证优化、模拟仿真；采用数字孪生体的七维模型构建心理的数字孪生体。一是采用数字孪生心理，用于对循证心理的方案进行仿真模拟推演，并优化方案；二是采用数字孪生心理，用于模拟仿真和跟踪研判个体心理和团队心理的动态情形；三是数字孪生脑 DTB，就像人类大脑的"备份"或克隆体，用于整合各类生物脑研究结果，揭示脑机理、启发类脑智能、解锁所有和脑有关的疾病。数字孪生社会心理体系如图 8-15 所示。

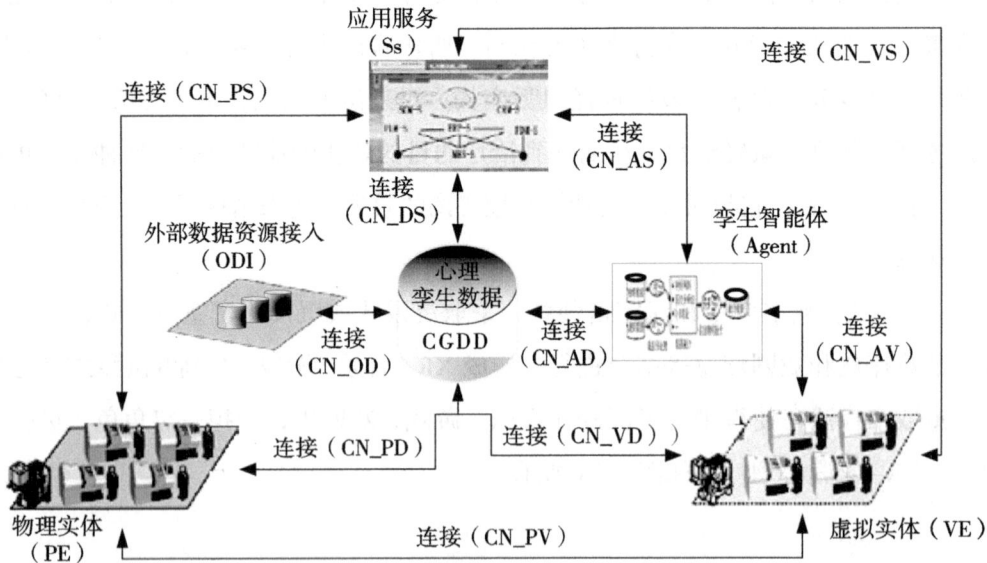

图 8-15　数字孪生社会心理体系

（8）大数据社会心理服务循证体系

大数据社会心理服务循证体系如图 8-16 所示。基于区块链和智能合约技术，建构循证社会心理服务的证据库，共享共建；在社会心理服务证据库的基础上，根据来访者的个案情形，进行循证社会心理方案的检索。检索后，通过数字孪生心理推演方案、优化方案，然后实施方案，并对方案进行评估和再调整；基于循证社会心理服务证据库逐步生成循证社会心理数字疗法与数字药物指南，供实务部门使用。

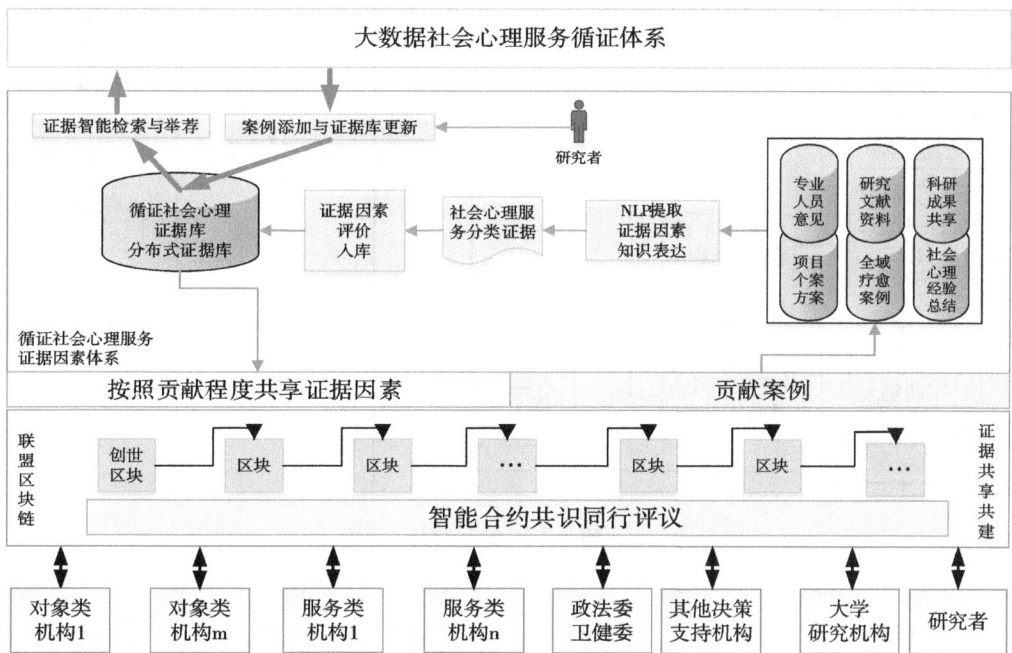

图 8-16　大数据社会心理服务循证体系

（9）数字疗法

与数字药物相匹配的是数字处方。数字心理处方理应与各类数字心理药物相配套，逐步按照数字心理处方药物和非处方药物分类使用，逐步构成依据病症和程度的处方标准及药物标准。数字疗法如图 8-17 所示。

4.在线心理咨询与服务

24 小时热线电话服务—对接语音识别预警：市域全域设置以 400 开头的 24 小时电话热线，可依据市域服务对象规模配置不同数量的社会心理服务与咨询的专业座席；采用呼叫中心技术配置和运营管理；在呼叫中心系统的基础上，配置语音识别系统，

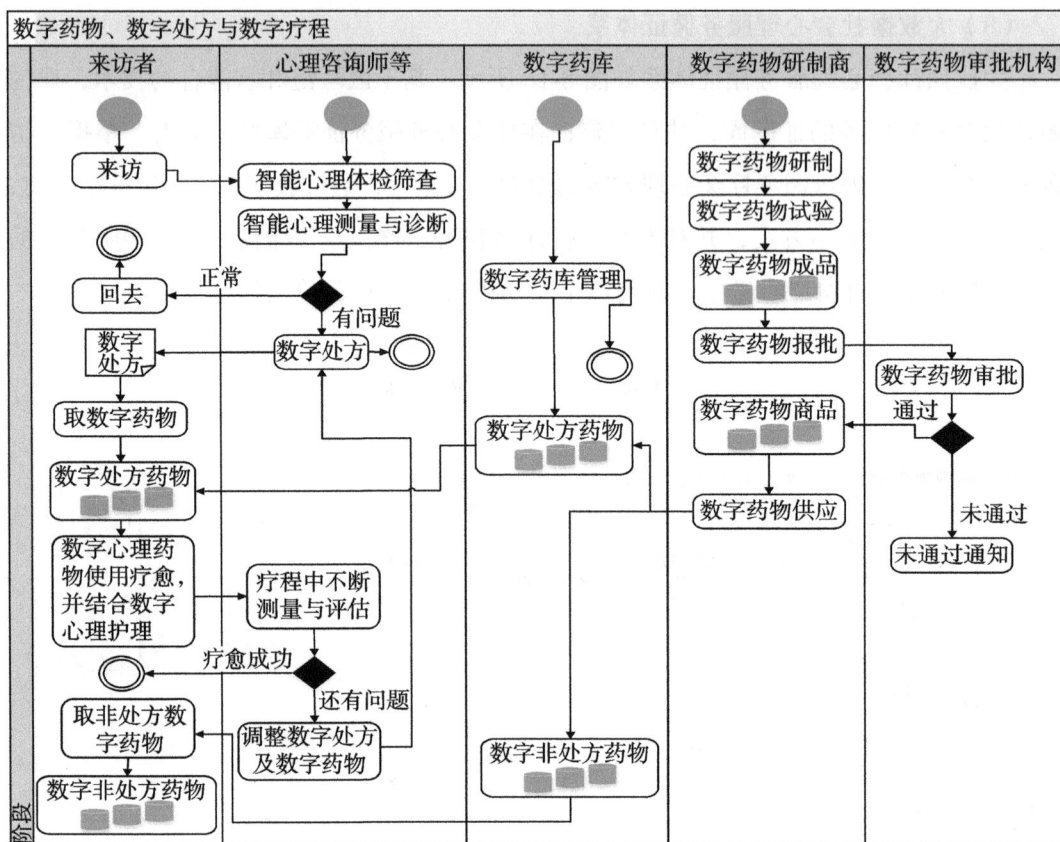

图 8-17 数字疗法

对咨询电话及互相对话全程进行实时智能识别计算和语言情感分析，并根据咨询对话内容识别进行预警。

24 小时线上网络服务—对接文本、语音和标识符识别预警：基于微信平台设置专门的市域全域微信公众号或小程序等，24 小时值班，可依据市域服务对象规模配置不同数量的社会心理服务与咨询专业人员；采用微信公众号、小程序等技术配置和运营管理；在微信公众号、小程序等系统的基础上，配置言语识别系统，对咨询文本和言语及标识符等全程进行实时智能识别计算和情感分析，并根据咨询内容识别进行预警。

市域建立社会心理服务专家库，从专家库中可定期抽取相关专业专家到 400 热线坐席咨询；到微信公众号、小程序等进行专家坐诊咨询。

在线提供供需智能对接碰撞模型，在线对接供需社会心理服务业务等。

5. 社会心理服务体系知识科普

基于市域全域社会心理服务体系大数据平台，设置社会心理知识科普版块；在社会心理知识科普版块里上传相关科普内容课件，可定期循环播放或下载自行学习。

基于微信公众号、小程序等平台，设置社会心理知识科普版块；在社会心理知识科普版块里上传相关科普内容课件，可定期循环播放或下载自行学习。

科普课件包括基础心理学、应用心理学和社会心理学等有关内容；传统心理测量、心理危机干预等有关技能知识的课件；基于计算心理学的数字心理测评、表达性艺术疗愈数字药物、运动性疗愈数字药物、国学疗愈数字药物和人文关怀疗愈数字药物等课件；地方文化疗愈数字药物等的课件；积极心态、幸福感培育和正能量培育等积极心理学内容等的课件；其他相关科普内容的课件。

6. 社会心理服务体系在线人才培养

在线培养对象包括市域内各对象类机构、服务类机构和社区服务等从事或拟从事社会心理服务专业的心理咨询师、社会工作者等。

在线培养内容包括传统心理学、数字心理测量、数字药物、数字治疗、相关法规知识和相关伦理知识等。

7. 社会心理服务体系大数据挖掘分析

社会心理服务体系的知识图谱与心理数据挖掘：社会心理服务体系的知识图谱采用 RDF、因素空间等知识表示方法来表示；社会心理服务数据 11 要素包括人、地、物、组织、事（案）件、线索、时间、网、时空、心理资本和幸福指数；采用知识图谱进行知识图谱语义分析，获取大数据体系的数据因素之间关系；通过知识图谱进行社会心理服务体系大数据的知识因果性、预测性、相关性和社会关系等获取。基于社会心理服务体系大数据的知识图谱，将个体、家庭和机构等各类要素进行心理数据画像。

指数建模与计算包括幸福指数、心理资本、社会心态指数、国家信心指数和国家认同指数等。其中，社会心态是指在一段时间内弥散在整个社会或社会群体、社会类别中的社会共识、社会情绪和感受，以及社会价值取向。构建上述指数等社会心理评价指标，全面准确地衡量共同体认同建设效果。

大数据挖掘包括大数据分类分析、决策树分类算法、大数据回归分析、多元回归分析算法、逻辑回归分析算法、弹性网络回归分析算法及大数据聚类分析等。

8. 助力市域社会治理现代化

社会心态大数据分析：良好社会心态大数据分析；社会治理晴雨表计算（某时间段广泛存在于各类社会群体的情绪、情感、价值取向、社会认知及行为意向总和；社会情感治理是社会治理的重要部分）；社会心理是社会治理的微观基础，从基础层面影响社会治理成效；社会心态成为检验社会治理效果和社会生态变化的晴雨表。

社会治理稳定器计算：社会稳定和良好社会秩序是社会治理的目标和前提；健康积极的社会心态；促进公众对社会治理的积极支持和理性认同；大幅降低社会治理成本；推动各项社会治理改革顺利进行；良好的社会心态是社会稳定的基础，社会稳定是良好社会心态的外在表现；如能培育和促进良好社会心态，让公众正视社会矛盾和问题，有利于社会和谐稳定；反之，则会激化社会矛盾，对加强和创新社会治理起到负面作用。

社会心态反映了社会群体间利益关系、社会公众的诉求及社会矛盾和冲突状况；通过良好社会心态了解当下社情民意，找到阻碍社会和谐稳定发展的主要矛盾与核心问题；确定社会治理的重点、目标及趋向。社会心态是社会治理活动的"指示牌"，以进行正面或负面社会心态大数据分析。种种负面社会心态会催化个人危机与社会风险的产生，因此，我们应采用数智化平台加强重点群体的社会心理服务体系建设，健全社会心理服务体系建设，以助力社会治理现代化体系建设。

（四）建设模式

社会心理服务体系数智化建设分为嵌入式、独立式和混合式三种建设模式，各地可依据自身条件加以选择。

1. 嵌入式建设模式

目前，各地社会治理系统大都建设了大量的系统与平台，如社会综合治理平台、社会治安防控平台、社会疾病防控平台、个人极端案（事）件预警平台及社会志愿者平台和慈善平台等。这类平台为社会心理服务体系提供大量专业数据内容，从而增强体系的发现、识别、预警个人与社会风险的能力，增强平台后期的危机干预与保障服务能力。该模式强调社会心理服务体系数智化建设嵌入目前各地政府既有的相关平台或系统中，而不是单独建设，这样做的优点是上线快，缺点是不易构成社会心理服务体系的完整体系，不便于统筹，可能会降低数据效能。

2. 独立式建设模式

（1）垂直型建设国（家）省（级）市（级）三级大数据平台

在地市级别建设基础大数据平台，供地市内的各对象类机构和服务类机构独立构建子系统，并供家庭或个体使用。省级社会心理服务体系大数据平台依赖地市级大数据平台进行数据上传和汇总，而国家社会心理服务体系大数据平台则依赖省级大数据平台进行数据上传和汇总。

（2）以市域为核心，统筹规划并分步择序实施

在市域内建设全域社会心理服务体系大数据平台，由当地政法委和卫健委牵头建设，经费由市域自行提供。市域建设包括市域云节点、市域大数据平台等，并与市域内各对象类机构系统、服务类机构系统及社区服务机构系统进行对接。同时直接对接家庭终端和各类个体终端，并与市域社会治理系统等其他已有相关平台进行数据对接，接受其他平台的相关数据；通过区块链技术实现与省级甚至国家级全域社会心理服务体系大数据平台的实时数据上报。

（3）对象类机构子系统

各对象类机构可独立建设子系统，包括机构雾计算节点和社会心理咨询服务室。一旦市域大数据平台建设完毕，该子系统就可以选择上传数据独立构建汇总数据平台，也可以选择将数据上传至市域大数据平台，由数据中台和业务中台进行处理。

（4）社区服务子系统

各社区可独立建设社区服务子系统，包括社区服务雾计算节点和社会心理咨询服务室。一旦市域大数据平台建设完毕，该子系统就可以选择上传数据独立构建汇总数据平台，也可以选择将数据上传至市域大数据平台，由数据中台和业务中台进行处理。

（5）服务类机构子系统

各服务类机构（如在线咨询机构、科普机构、人才培养机构等）可独立建设子系统，包括服务类机构雾计算节点和社会心理咨询服务室。一旦市域平台建设完毕，该子系统就可以通过传统方式或区块链确权和智能合约与市域全域大数据平台进行信息共享。

（6）家庭配置

家庭可以依赖市域平台进行配置，自行提供经费。家庭可选择性配置心理科技装备，也可通过传统方式或区块链确权和智能合约与市域全域大数据平台进行信息共享。

（7）各类个体配置

各类个体如服务对象个人、教师、社会工作者、心理咨询师、精神科医生、公益志愿者、应急救援人员、服务对象个人的家庭成员、人才培养教员、科普成员、各对象类机构心理工作者、各对象类机构主管及各对象类机构上级主管等，可自愿依赖市域平台进行配置，自行提供经费。个体可选择性配置心理科技装备。个体选择配置的心理科技装备以边缘计算模式，基于区块链确权和智能合约进行信息共享；若依赖机构或社区等平台进行配置，个体不选择配置心理科技装备，而使用 App 或小程序，个体可通过传统方式或区块链确权和智能合约与市域全域大数据平台进行信息共享。

3. 混合式建设模式

在嵌入式建设模式上层，构建上层的社会心理服务体系的大数据平台，加强顶层社会心理服务体系大数据挖掘等，并将在顶层平台训练的社会心理服务 AI 模型嵌入其他相关平台中使用，同时补齐其他平台的短板底层系统。

（五）实践案例

从当前各地的情况来看，社会心理服务体系数智化建设尚未达到数值化状态，仍处于信息化初级阶段，并且未构建真正全域社会心理服务体系数智化平台，有待更加专业化团队的参与和专业内容的融入。

- 福建省漳州市：漳州信息化平台，线上咨询与科普等。
- 安徽省宿州市：宿州市信息化平台，线上咨询与科普，兼顾社会治理与矛盾化解等。
- 山东省青岛市城阳区：青岛市城阳区信息化平台，线上咨询与科普，兼顾社会治理与矛盾化解，社区矫正等。
- 云南省临沧市：临沧市信息化平台，线上咨询与科普，兼顾社会治理，边疆文化特色等。

• 河南省濮阳市：濮阳市社会心理服务系统 PSS 和一站式智慧云平台"和心云"从"三个层面、两个导向"开展社会心理服务体系建设等。

• 其他：各地都建设了大大小小的社会心理服务体系平台。

目前，各地方的平台建设虽然数智化程度较低，但是在解决实际问题的场景方面做出了较多贡献，也为全国各地数智化建设提供了建设经验、教训和参考，从而知晓数智化平台建设的优点和缺点，以及接下来应该怎么做、怎么完善提升、如何分阶段开展等。

我们应进一步基于各地数智化建设案例数据，汇聚大数据循证社会心理的证据库，以用于社会心理服务体系的研究与实践。

（六）进一步研究与建设工作

加强横向合作，立项研究试验，为各地社会心理服务体系数智化建设提供研究和成果转化基础。一是基于全域社会心理服务体系智能化的研究实验，包括社会心理服务体系的多模态心理测量、数字药物与数字疗法、基于 AI 大模型及 ChatGPT 的心理咨询机器人等。二是新型交叉心理学研究前沿，包括可拓心理学、元宇宙心理学和计算心理学的交叉研究；脑与类脑及计算神经科学；数字疗法和数字药物的算法歧视、伦理和规制研究，包括心理算法歧视、伦理和规制，以及法治和规制等。三是基于属地文化的地方文化数字药物研究，包括挖掘研究属地地方民俗特色文化，研究属地文化对心理的调节作用，进行基于属地文化的数字心理和数字药物研究，并将其应用于属地。

建立权威性的信息化、智能化建设咨询智库。各地社会心理服务体系信息化、智能化建设属于文理交叉，专业性强，各地缺乏建设经验，更需要专业团队交叉建构咨询智库的方式进行智库建设和咨询服务。

产学研一体化推进。产学研一体化产业化生态是一种综合利用产业界、学术界和科研界资源的模式。采用该模式可以促进创新和产业发展。在该模式下，智库作为咨询的龙头，与科学研究、系统集成、产品研制与供应等环节形成一个一体化的生态体系。

四、展望未来

社会心理服务体系数智化建设任重道远，其体系庞大而复杂，是一项系统工程，需要各方面持续发力才能真正建设成良性、科学、用户可依赖的数智化系统与科技装备。

首先，需要广大理论研究人员进行跨学科研究与试验，研究其物理结构和逻辑结构，构建各类数智化模型，为实际工作奠定基础和提供理论支撑。其次，需要广大平台/系统研发单位研究社会心理服务体系的业务流程、信息流程及服务流程，打造实用的社会心理服务体系平台或行业子系统。再者，需要决策支撑，把控和统筹各地社会心理服务体系数智化建设的大方向和总体布局。随后，各地不同行业主管部门要在各地总体布局方案框架下，组织力量进行所属行业的社会心理服务体系数智化子系统建设。紧接着，组织编写社会心理服务体系数智化建设的相关科普教材和学术专著，不定期组织科普讲坛，进行数智化建设的内容普及、宣传与培训。

第九章

社会心理服务体系长效化工作机制

9

一、概述

社会心理服务体系是站在时代高度上，以人民为中心，为解决个体、群体和社会层面各类问题，运用心理学、社会工作等各类学科的理论和方法，既扎根于中华优秀传统文化，又与我国具体国情相结合的一套全方位、多层次、多元化的社会支持系统。为了保证整套社会心理服务体系长期有效正常运作，我们需要建立相应的常态化、长效化工作机制，其中包括两个必要条件：一是必须具备规范稳定、与之兼容适配的制度体系；二是提供能够推动并保障该制度体系正常运作的"动力源"，如专门的人、财、物、组织等。基于对各地社会心理服务体系建设试点工作经验做法的总结和概括，我们梳理出基本的实践逻辑，按照事业和产业双轮驱动、齐头并进的工作思路，以标准化建设为引领，以源头化治理为目标，以信息化技术为手段，以制度化、法治化为保障，探索建立健全九项常态化工作机制，努力为广大人民群众提供全方位、全周期、多层次的社会心理服务，打造具有中国特色的社会心理服务品牌。

二、背景

社会心理服务体系建设作为社会治理的重要内容，国家给予了高度重视，主要有三方面的原因。一是上级有要求。党的十九大报告指出，要加强社会心理服务体系建设，培育自尊自信、理性平和、积极向上的社会心态。"十四五"规划建议中四处提及心理工作。2018 年，国家卫健委等 10 部委联合下发《关于印发全国社会心理服务体系建设试点工作方案的通知和方案（2018 年）》，在全国范围内开展社会心理服务体系建设试点工作。此后，社会心理服务体系建设试点工作持续火热进行。2021 年，试点工作正式收官，在按照国家要求进一步开展相关工作的同时，各地还需及时总结提炼优秀经验做法，通过微电影、风采锦集等多种形式向其他地区推广。二是社会有需求。近年来，国民健康需求快速增长，社会日益关注心理健康问题，未来几年，我国心理健康产业将迎来快速发展，预计将达到数千亿市场规模。目前，我国心理咨询行业发展初具规模，有关机构发布的报告显示：2020 年，我国心理咨询行业市场规模达到 480.4 亿元。心理服务教育与培训行业日渐兴起，但截至 2021 年年底，我国精神科医生仅有 6 万余名，心理咨询专业人员和心理工作者存在严重缺口。同时，社会心理服务装备行业市场潜力巨大，将是超千亿规模的市场。此外，近几年，社会矛盾纠纷多发，信访事件频发，特别是一些个人极端案（事）件，不仅涉及政治、经济、法律和社会等方面的问题，而且均与当事人性格极端、情绪失控等心理问题有关。要想有效解决心理行为问题引发的社会问题，从源头上化解矛盾纠纷，需要高度重视，积极引导民众建立和谐稳定的人际关系，培育健康向上的社会心态，从而改善其心理健康水平，不断提升人民群众安全感、幸福感、获得感。三是群众有诉求。共同富裕不仅是物质生活的富裕，更是精神生活的富裕。国家卫健委公布数据显示：截至 2021 年年底，全国登记在册的重性精神障碍患者达 660 万人。有关专家指出，如果做到早发现、早干预、早治疗，大约超过 70% 的精神障碍患者可能会被治愈。因此，随着生活水平的提高、观念的解放和健康意识的提升，民众越来越重视心理健康，对社会心理服务的诉求越来越高。

由此可见，我国社会心理服务体系建设刻不容缓。在三年的试点工作中，各地在推进社会心理服务体系建设的实际工作中，取得了一系列显著成效。例如，山东省青岛市城阳区打造社会心理服务体系建设先行区，并评选为全国优秀案例；山东省滨州市将社会心理服务与城市建设相融合，打造全国首个"心安城市"。当前，我们亟须深化、总结、提炼各试点地区好的经验做法，建立健全党委领导、部门负责、社会参与、全民共享的社会心理服务体系建设工作格局，形成一套可复制、可推广的长效化的工作机制或模式，由上到下、由点及面系统性、常态化推进社会心理服务体系建设，切实为广大人民群众提供可及的、基本的心理健康服务，提高全民身心健康水平，提升人民群众安全感、幸福感、获得感。

三、实践和具体做法

（一）体系化构建机制

要加强"顶格谋划、全面推进"，织密织牢社会心理服务网络，打造具有中国特色的社会心理服务体系，须做好以下几项工作。

（1）高位推动

成立"一组一办一专班"，建立联席会议制度。由各级党委政府主要领导兼任社会心理服务体系建设领导小组组长，党委政府分管领导同志兼任办公室主任，从其他相关部门抽调精干力量组成实体化运行的工作专班，统筹各成员单位、顶格协调、全面铺开、专班推进，负责牵头协调社会心理服务体系建设各项任务落地落实，拨付专项经费，组织和发动各部门、基层社区、专业机构和社会组织等多方力量，构建起党委领导、政府主导、部门参与、社会协同的发展格局。

（2）协调联动

一是采取分类别施策的方式，以统一规范为基础，以实现资源最优配置为目标，与各相关单位建立起调查研究、科普宣传、心理培训、心理咨询、心理危机干预和保障评估等多个维度的联动机制。二是以街道和社区党委为主体，上下联动、左右协调，构建责任体系，同时加强各部门、各单位的齐抓共管联动机制，确保各项工作有序推进。

（3）健全网络

一是坚持横向到边，在相关单位设立心理服务站（室），为广大干部、信访人提供精细化、个性化社会心理服务。例如，在社区卫生服务中心、信访大厅、民政局和妇联设立主题心理服务室，将社会心理服务融入各部门现有工作中，帮助民众预防心理疾病、维护身心健康及提升身心素养。二是坚持纵向到底，健全"省-市-区-街道-社区"五级社会心理服务体系建设，实现各级社会心理服务中心与同级综治中心、网格化中心、纠纷多元化解中心和公共法律服务中心等其他公共事务服务中心统筹协调、同步规范、一体运转。例如，山东省青岛市城阳区创新社区心理服务"1+1"网格服务模式，即每个社区配备1名社会心理服务专员和1名兼职心理咨询师，将其嵌入社区基层网格治理，从而实现社会心理服务广泛覆盖、触手可及、发挥实效。

（4）搭建平台

一是打造高端交流研讨平台。坚持用平台思维做发展乘法，加强与"三会一所"（中国心理学会、中国心理卫生协会、中国社会心理学会、中国科学院心理研究所）及国内知名院校交流合作，着力打造高端交流研讨平台。例如，山东省青岛市城阳区先后承办第二届、第三届中国社会心理服务高峰论坛和第一届、第二届中国心理咨询师职业发展大会，并已争取两个大会永久落户城阳。二是搭建医疗、教育、企业与社区四大系统融合平台。由医疗机构专业心理医生进驻社区心理服务站，不定期开展疑难案例分析研判；采取健康测评、入户访谈、问卷调查的方式，广泛收集和梳理学生、教师等人群的心理数据，并对其进行分析研究、认真剖析。同时，精准施策，组织专业机构开展课堂集中教学、面对面咨询辅导和一对一家庭教育等活动，构建"家、校、社"共育体系；企业为刑满释放者、精神疾病康复者和残疾人等特殊人群提供合适的就业岗位，举办心理关爱慈善活动等，形成医疗、教育、企业与社区协同联动、互融互通工作模式。

（二）标准化建设机制

要坚持标准引领，创建标准工作体系，为社会心理服务体系建设提供标准依据，提升社会心理服务体系建设规范化、精细化、制度化水平。

（1）统一部署

印发社会心理服务体系建设工作领导小组工作规则等文件，以进一步明确领导小组的组织架构、工作职责和议事规则，同时研究制定社会心理服务体系建设规划，明确路线图、任务书、时间表，打造社会治理现代化框架下的社会心理服务体系，从而保障当地社会心理服务体系建设工作有章可循，有规可依。例如，山东省青岛市城阳区根据全国试点工作方案要求，高质量推进"规定动作"，高标准做好"自选动作"，制定出台"五个一"系列政策文件，即一份以区委、区政府名义下发的实施意见，对社会心理服务体系建设的组织架构、目标任务、工作内容和经费保障等进行明确，作为指导性文件推动全区社会心理服务体系建设工作开展；一份三年目标规划，除国家和市试点工作要求的40多条规定指标外，新增近20条城阳区特色指标；一份年度工作方案，建立时间表、路线图、责任制，确保有序推进；一套规章制度，健全完善区、街道、社区三级社会心理服务中心功能职责、建设标准、管理制度和运行机制等；一份街道和部门工作清单，明确街道、部门重点工作任务，做到建有标准、做有成效、干有保障。

（2）统一管理

一是制定地方社会心理服务中心（站、室）建设管理运行规范。拟定地方、团体标准草案，编订各级服务中心（站、室）标准化运营及服务手册，其内容包括基本要求、服务对象、场地设置、运行管理、制度保障及工作评估等方面，形成标准化建设操作指南，让优质、公益的社会心理服务直达居民家门口。二是支持各行业各部门探索制定行业领域地方标准。例如，教育系统要规范运行区未成年人心理健康教育辅导中心，中小学校应加强心理辅导室建设，定期为学生和教师提供服务。同时，党政机关建立心理健康服务工作室运行管理机制，通过组织开展科普讲座、团体辅导等活动，引导广大干部职工学习心理健康知识，增强其心理健康意识，并将心理健康体检纳入干部职工健康体检范畴，加强心理疏导和人文关怀。此外，推动企事业单位建立心理健康服务室，持续为部门职工和管理者提供心理健康服务。

（3）统一培训

即明确遴选、分类、培训、考评和晋升等在内的一整套人才培育流程。一是按照"推选－面试－吸纳"流程，梳理基础人才，同时将其按照属地和工作方向进行分类培训。二是通过"集中培训＋观摩实习＋指导实践"的培训模式，结合理论与实际，学习理论知识、科普宣传教育、问题识别、人际交往、压力管理、精神康复和心理危机干预等几大版块的内容。三是定期检验培训对象的工作开展情况，对培训合格的学员予以评优优先，为其提供优惠政策保障，从而激励和引导专业人才将社会心理服务融入基层治理，提升社会治理水平。

（4）统一考核

将社会心理服务纳入年度考核内容，制定考核评估工作实施方案，明确各级各部门（单位）的职责任务，对其社会心理服务平台建设与管理工作进行考核评估，涵盖平台的设施建设、人员配备、工作部署、服务管理和主体测评等多个方面。对未建立机构、未落实心理服务机制的单位，取消评优资格，促使各级各部门（单位）共同联动做实社会心理服务，最终实现积极引导社会大众由"心安"到"平安"，上下筑牢"社会心理防线"。

（三）源头化治理机制

加大心理健康科普宣传力度，结合相关部门工作，将矛盾纠纷化解在源头，同时健全心理疏导和心理危机干预机制，帮助广大群众减轻心理压力，排解不良情绪，提升心理健康水平。

（1）打造心理宣传阵地

一是"进机关"，提高职工工作效率。组织心理咨询师、社会工作者和志愿者等人员走进机关，开展"快乐工作，幸福生活"等主题讲座，组织举办各类活动，为职工适时减压。二是"进乡村"，帮助邻里和谐共处。针对广大农民朋友的心理需求，采用其喜闻乐见的宣传形式，普及心理健康知识。三是"进学校"，促进师生共同成长。为每个学校配备专职或兼职心理教师，每个班级设立心理委员，充分发挥朋辈榜样作用，促进师生心理素质全面提升。四是"进医院"，维护患者身心健康。组织医务人员与患者开展心理关爱活动，缓解医务人员自身心理压力，同时对有心理问题的患者及时进行心理疏导。五是"进企业"，优化组织生产效能。深入企业开展专题讲座、团体辅导等活动，从而缓解员工心理压力，为管理人员减压赋能，推动企业高质量发展。六是"进监所"，改变人员认知思维。运用个体咨询和团体辅导相结合的方式，对监所的重点人员进行心理疏导，帮助其改变认知和思维方式，自觉接受教育改造。

（2）健全纠纷化解机制

一是建立预防筛查机制。将社会心理服务纳入网格化管理、矛盾纠纷化解和重点人员管控等工作，以有效促进社会和谐稳定。通过线上或线下调查、面对面访谈等方式，定期开展社会心理相关信息采集、排查摸底和测评等工作，了解并关注居民的心理健康状况，建立个人心理档案，进行分级分类管理，最大限度降低社会风险。二是建立心理帮扶机制。通过开设社会心理服务热线电话及线上咨询渠道，安排心理咨询师轮流坐班，及时解决求助者的心理困扰，并妥善保管咨询记录，为后续的研究统计做好准备。例如，山东省青岛市城阳区推出 3 条 24 小时免费心理援助热线，开通"阳光心理"线上援助服务平台，为广大居民提供专业的心理咨询和心理支持等服务，帮助广大居民舒心减压，筑牢"心"防线。三是建立疏导干预机制。对排查筛查出来的关注对象，按心理风险程度划分为低、中、高三个等级，落实三级防护措施，有针对性地提供科普宣传、心理疏导及转介治疗等服务。四是建立应急处置机制。危机发生前，要做好常态化心理危机干预培训、实战演练等工作，切实提高突发事件应急响应能力。危机发生时，要第一时间启动应急干预预案，实施干预联动机制，各部门迅速就位，协力化解危机，从而预防重大案（事）件的发生。五是建立事后保障机制。心理危机干预后，通过持续跟进服务，帮助当事人顺利复学或复工，恢复社会功能。同时，总结不同人群的心理需求及心理危机干预重点，形成服务样本，为后续工作顺利开展提供依据。

（3）实施精准服务机制

一是创新重点人群精细服务。充分利用公共服务设施，为相关人群提供心理辅导、情绪疏解和家庭关系调试等社会心理服务，建立健全重点人群数据库，有针对性地开展心理行为筛查、心理疏导及心理关爱等服务，打造针对孤独症儿童、孕产妇和老年人等重点人群的社会心理服务，实现心理健康全生命周期链条管理。同时，强化专业机构、行业协会、慈善组织、志愿者组织的协同作用，有针对性地开展重点人群心理健康教育和健康管理活动。例如，山东省青岛市城阳区关注各类重点人群心理健康状况，有针对性地开展心理行为筛查、心理疏导及心理关爱等服务，打造孤独症儿童"星语心愿"、孕产妇"快乐妈妈"、老年人"暖心晚霞"、低保对象"小桔灯"、残疾人"点亮微心愿"等社会心理服务品牌。二是探索特殊人群精准服务。针对服刑人员、刑满释放人员、社区矫正人员和吸毒人员等特殊人员，建立健全政府、社会和家庭"三位一体"的帮扶体系，为心理异常人员制定个性化心理矫正方案，如定期回访、个别谈话和心理疏导等，引导其培养自我认知，学习社会、生活技能，稳定自身情绪，促进其社会的功能恢复。针对严重精神障碍患者，完善医疗社会心理服务网络，可以建立精神卫生和基层卫生医疗机构对口帮扶制度，在各社区、乡村建立帮扶小组，由社区、乡村干部定期随访，提高居家患者社区康复参与率。

（四）全周期服务机制

倡导全周期服务理念，针对各年龄段人群的心理健康状况开展精细化服务，用"全周期管理"提升社会治理现代化水平。

（1）抓好婴幼儿心理健康源头防控工作

一是积极开展多视角、多渠道、多形式科普宣传，将更多资源和力量投入婴幼儿心理健康工作。创新实施家庭抚育项目，通过政府购买服务，重点为0～3岁育龄家庭量身定制托育服务。二是通过录制系列微课堂、成立宣讲团进行"点单式"宣讲，将心理健康宣传教育引入托育机构，构建全方位婴幼儿心理健康服务体系。

（2）抓好儿童心理健康早期干预工作

一是把握疾病干预的黄金期，开展儿童心理行为发育筛查干预，引导儿童及其家属用健康向上的心态面对未来的生活，提高儿童参与社会生活的能力。二是构建由基层医疗机构、医院儿童发育行为康复中心和特教学校等组成的儿童心理健康服务网络，每年举办亲子关系主题活动、关爱孤独症儿童主题活动，让社会心理服务走进幼儿园。

（3）抓好青少年心理健康成长塑形工作

一是发挥学校的主体作用。学校应以学生德、智、体、美、劳全方面培育为目的，同时强化心理辅导，开设心理健康课程和讲座，提高学生心理健康素养和水平。此外，学校应与社区和相关部门密切合作，对遭受欺凌、校园暴力、性侵犯等伤害的学生提供及时的法律援助和心理创伤干预。二是建立家校联系机制，学校可以通过家长会、家长群等方式联系学生家长，定期分享学生的表现。同时，学校还可以提供家庭教育指导，帮助家长了解如何更好地与孩子沟通、如何制定家规、如何关注孩子的学习和生活等。三是构建社会支持体系。社区在提供专业社会心理服务的同时，还可以充分利用自身资源，开展多样化文体活动，如心理情景剧、爱心公益活动和中秋晚会等，促进街坊邻居和睦相处，为青少年的健康成长创造良好的生活环境。政府和社会应提供更多的支持和资源，如设立心理健康基金、加强心理健康媒体宣传等，以向学生及其家庭提供更多的帮助和支持。

（4）抓好成年人心理健康疏导和维护工作

一是重点关注孕产妇心理健康服务，将孕产期抑郁症筛查纳入常规孕检和产后访视流程，为孕产妇建立一对一电子心理档案，开展心理健康指导，以增强孕产妇及其家属心理健康意识。二是开展机关企事业单位干部心理健康保障工作，组织机关企事业单位干部进行心理健康体检，为每名干部提供个人心理健康测评报告。举办心理休养活动，为基层一线干部及部分医护人员提供心理健康测评和心理疏导服务。三是邀请专职、兼职心理咨询师开展婚前心理辅导活动，并积极链接妇女联合会、人民法院和专业律师团队等社会资源，提供全面的心理、法律咨询和系统的婚姻家庭培训。同时，开展婚姻家庭讲座，分析婚姻家庭矛盾调解案例，推广普及婚姻家庭政策与知识，提升区域居民婚姻家庭幸福指数。

（5）抓好老年人心理健康关心和关爱工作

一是进一步推进阿尔茨海默病防治特色服务工作，引导全民形成关注阿尔茨海默病、支持和参与防治工作的社会氛围。二是结合老年人心理特点，创新开展老年人心理关爱活动，如创新开展老年人撰写人生传记、心理专家结对子等活动，提升老年人心理健康水平。三是结合养老反诈工作，借助大众媒体，长期循环面向社会进行广泛宣传，指导老年人及其家属进行心理健康调适及有效预防诈骗，呼吁社会关注老年人的心理健康。四是持续为失独家庭开展有针对性的心理抚慰，探索开展临终关怀工作，对老年人病患提供心理关怀服务，提高其临终阶段的生活质量。

（五）信息化赋能机制

要充分利用互联网、云计算等信息化、数字化技术为社会心理服务事业赋能，为社会心理服务体系建设工作提质增效。

（1）构建心理智慧云系统

一是运行推广社会心理服务智慧云平台，丰富社会心理服务多场景应用，探索"互联网＋心理健康"新路径，促进线上、线下服务信息融合，推动与智慧云平台互联互通、共享应用，为制定社会心理服务政策、有针对性地开展社会心理服务和心理危机干预提供有力的数据支撑，实现当地用户心理健康"云端服务"，打造数字化社会心理服务大数据中心。二是加大社会心理服务网站、心理自助软件和社会心理服务小程序等研发和建设力度，并应用于各领域、各行业，由此向不同人群提供有针对性的服务。三是由精神专科医院、综合医院等医疗机构组成医疗联合体，通过信息技术、数字技术，实现医疗资源贯通、信息共享，为居民提供预约诊疗、远程医疗等便捷、快捷的服务，从而有效提高服务质量。四是建立健全社会心理服务管理信息数据安全保护机制，严格系统管理人员、设备规范化管理，加强采集、传输、储存和使用等各环节安全管理措施，严防信息泄露。

（2）推进媒体深度融合

综合运用融媒体，线上、线下相结合，开展常态化、持久性科普宣传，推动心理宣传全覆盖，全面提升公众精神卫生和心理健康素养。一是运用官方微信公众号、视频号、广播电台和报社专栏等多媒体平台，线上、线下相结合，以直播、专家云讲堂和云义诊等多种形式开启云端心理守护。结合社会及国家热点事件，如每年固定传统节假日及符合社会主义核心价值观的社会事件，开展主题日系列活动，凝聚文化力量。二是打造线上影像矩阵，拍摄公益社会心理服务微电影、小动画和心理慕课等视频，普及心理健康、亲子关系、家庭教育和人际交往等知识。

（六）品牌化引领机制

要总结提炼各地社会心理服务体系建设试点工作经验，打造具有当地特色的社会心理服务品牌。

（1）搭建学术研讨平台

坚持用平台思维做发展乘法，加强与"三会一所"及国内知名院校交流合作，积极争取承办全国性质的社会心理服务高端论坛、学术沙龙，加强全省、全国心理学研究的学术创新和交流，打造心理学理论研究前沿，着力提升社会心理服务体系建设影响力。

（2）打造当地品牌集群

一是发挥典型正面引领，进一步总结提炼和宣传推广当地在推进社会心理服务体系建设理论研究、实践应用和产业发展等方面的经验做法，以宣传片、微电影和风采锦集等形式呈现并打造社会心理服务工作品牌，辐射带动各级各有关部门积极参与品牌创建工作。二是加强"品牌集群"创建，实行"一街道一品牌""一部门一品牌"，推动各领域、各行业针对服务对象创建特色社会心理服务品牌，支持社会心理服务企业、组织、机构打造行业知名社会心理服务品牌，凝聚各级各领域社会心理服务工作成果，形成社会心理服务"品牌集群"，推动社会心理服务体系建设呈现百花齐放的良好生态。

（七）产业化发展机制

要坚持事业、产业双轮驱动，推动公益事业与社会心理服务产业齐头并进，助力当地经济发展和社会治理产业升级、动能转换。

（1）构建心理健康产业先行区

一是实行党委政府引导推动、企业主体投资建设的开发模式，启动心理健康产业园建设，制定社会心理服务产业发展政策，统筹运用项目用地、产业扶持、企业融资和人才奖励等优惠政策，加大对社会心理服务产业发展的政策扶持。二是引进、培育具有国内外知名度的"名展、名馆、名企、名业、名会"，打造集"产、学、研、用、金、孵、展"全链条、一体化的社会心理服务体系建设和心理健康产业示范教育基地，引进更多社会心理服务企业、高水平研究机构，吸引更多社会心理服务人才，全面搭建社会心理服务产业发展平台，从而研发生产心理学科普、智能应用和 VR 体验装备等多系列心理装备，在学校、社区及企业心理工作站进行配备，创造经济效益。例如，山东省青岛市城阳区大力推进"心智谷"国家级心理健康产业园建设，成立以区委、区政府主要领导挂帅的"心智谷"建设领导小组，组建"心智谷"项目专班，制定完善"心智谷"项目建设规划。

（2）打造专业人才集聚地

一是通过政府购买服务及与高校院所合作，建立健全社会心理服务专家智库和专业团队，并进行规范管理。鼓励专家、社会工作者和广大志愿者等踊跃参与社会心理服务体系建设工作，并制定相关政策给予保障。二是各街道、各部门以社会心理服务体系建设的工作内容为导向，每年制订适合本单位的心理健康培训计划。三是持续开展领导干部专业研修班、社会心理服务专员培训班、心理健康服务能力提升培训班和基层队伍综合能力训练营等多层次培训班，针对社会心理服务工作者开展社会心理服务知识和技能培训，提升心理素养和社会心理服务工作能力，培训社会心理服务专员、网格员。

（3）培育社会组织孵化谷

一是坚持"政府为主导、企业为主体、学术为支撑、促进产业发展"的工作思路，着力发挥群团组织和社会组织在社会治理中的作用。鼓励社会组织成立协会，研究制定社会心理服务行业发展标准和服务规范，增强组织发展活力，建立心理咨询师培训、督导成长机制。二是建设专业孤独症儿童和家长特殊教育机构，支持推动成立心理咨询师事务所、社会心理服务协会和精神卫生协会等，促进社会心理服务机构专业化、规范化、梯队化发展。三是探索优化心理服务类社会组织登记程序，促进心理服务类社会组织有序发展。

（4）发展志愿服务生力军

一是各街道、各部门要面向社会广泛招募心理健康服务志愿者，组建社会心理志愿服务队伍，创新"志愿者积分制"等培养模式，每月定期和不定期开展心理科普宣传、心理援助和团体辅导等志愿服务活动；各志愿服务队要定期开展业务培训，提高基层社会心理服务专业化水平。二是支持相关部门的心理志愿服务队伍发展，加强心理志愿服务队伍专业化、规范化、制度化建设，通过线上、线下方式服务民众，缓解人们的心理焦虑和压力。三是鼓励社会组织、社会心理咨询机构和企事业单位的志愿者参与社会心理健康服务。

（八）制度化保障机制

对党委政府及各部门而言，需建立健全体制机制，形成合理、合适、科学的制度文件，利用制度优势促进社会心理服务体系建设走深走实。

（1）优化体制设计

目前，运用"政法＋卫健"双牵头的工作模式，政法委充分发挥党的指导、协调作用，统筹各部门力量：卫健委充分发挥职能部门的专业化优势，协同各部门各单位为社会心理服务建设提供专业知识、人才保障等，以确保社会心理服务体系建设的有序开展。随着中央社会工作部的成立，社会心理服务体系有望为中央社会工作部以社会治理现代化助推中国式现代化建设提供实践借鉴。

（2）发挥保障功能

即从人、财、物、机构、机制层面入手，为社会心理服务体系建设工作保驾护航。一是加强人才队伍建设。充分整合社会工作者、心理咨询师、心理治疗师和精神科医生等人员，建立健全各相关从业者的专业标准、职业伦理、业务边界和执业资质等法律法规，重视和发挥专业协会的管理与社会舆论的监督作用。二是强化财政资金保障。各街道、各部门要根据工作部署和要求，将社会心理服务体系建设工作经费纳入财政预算并予以保障。同时，鼓励各街道各部门建立多元化资金筹措机制，开拓公益性服务的筹资渠道。三是完善软硬件设施，即织密体系网络，在各地成立社会心理服务中心（室、站）并配齐相关设备和设施，开通线上平台，以点带面，提高覆盖面积，拓展服务渠道。四是创办特色服务机构。结合当地特色和文化，创办专业机构，并与各部门、各单位、各社区等密切联系。针对不同的服务对象，提供个性化社会心理服务，加强与相关企业的合作，共同研发信息化云平台并输送至各个领域。五是完善社会心理服务体系建设工作机制。总结经验，相互借鉴，不断提炼并更新具有可推广性、科学性、实效性的工作机制，如上文提到的体系化构建机制、标准化建设机制、源头化治理机制和全周期服务机制等。

（九）法治化建设机制

社会心理服务体系要重视法治化建设，其既承载了党和国家实现社会治理现代化的理想，也寄托了人民群众实现身心健康的美好期待，事关国泰民安。在法治化建设机制中，党委各部门、政府各部门、自治组织、社会团体的职能定位和行为规范应尽可能清晰界定，人、财、物等各种资源的布局及其调配流程应尽可能规范，社会成员心理危机的应急响应机制应尽可能完备，对社会心态趋势性变化的研判应尽可能及时和科学，等等。所有这些都需要在制度或法律的规范下才能得到更好的解决。以山东省滨州市为例，2023 年 4 月 4 日，滨州市委政法委组织召开《滨州市社会心理服务条例》（以下简称《条例》）立法论证会，会上相关领导就《条例》的内容提出了指导性意见和建议。同年 5 月 14 日，《条例》公开征求意见，具体划分为立法目的、适用范围、名词解释、工作原则、部门职责和宣传引导等 24 条，围绕社会心理服务"是什么""谁来做""怎么做"三个问题进行全方位的解答，并明确规定了各部门、各单位的违法责任，为体系建设工作提供了基础性法律制度框架，为地方社会心理服务法治化建设树立了榜样。

四、展望未来

近年来，我国社会心理服务体系建设取得了显著的成就，为推动共同富裕目标的实现奠定了坚实的基础。在实际工作中，必须坚持政治性、科学性、可复制性、实效性等原则，循序渐进推进社会心理服务体系建设。未来，各级党委政府仍需要从以下几个方面持续完善社会心理服务体系建设工作。

1. 加强顶层设计

政府应成立专家委员会，制定社会心理服务行业规范性文件，同时各部门、各单位需深刻认识并重视社会心理服务体系建设的作用和意义，建立健全各部门、各行业心理服务网络、搭建基层心理服务平台、鼓励培育社会化的心理服务机构、加强医疗机构心理服务能力，从而推进社会心理服务体系建设走深走实。

2. 提升服务品牌

在进一步总结、提炼和推进社会心理服务体系建设理论研究、实践应用和产业发展等方面的经验做法的基础上，继续宣传推广当地特色社会心理服务品牌，形成社会心理服务"品牌集群"。

3. 加快标准建设

即加快形成社会心理服务体系标准，打造具有科学性、实效性及可复制的社会心理服务体系建设模式，同时加强各地区各领域相互间的交流学习，进一步总结提炼相关标准规范，提升社会心理服务体系标准化建设水平。

4. 强化信息支撑

运行推广社会心理服务智慧云平台，丰富社会心理服务多场景应用，探索"互联网＋心理健康"新路径，促进线上、线下服务信息融合，为各部门信息共享、有效联动提供平台，为制定社会心理服务政策、有针对性地开展社会心理服务和心理危机干预提供数据支撑，实现当地用户心理健康"云端服务"。

5. 强化服务队伍

即建立健全社会心理服务工作者人才队伍培养体系。持续举办社会心理服务专员培训等多层次培训班，开展社会心理服务知识和技能培训，建立专职和兼职结合的社会心理服务工作队伍，并且积极招才引智，对专家智库进行规范化管理，打造专业人才集聚地。

6. 助推产业发展

围绕以产业发展推动事业持续开展的思路，探索推动社会心理服务企业、组织发展的方式、方法，研究出台产业规划、政策支持等一系列措施，广泛吸引多元力量，充分激发市场活力，培育壮大社会心理服务企业和社会组织，通过发展社会心理服务产业促进社会心理服务事业长期开展，实现社会心理服务体系建设长远发展。

第十章

社会心理服务体系产业化现状与高质量发展

10

一、概述

本章从社会心理服务体系建设及其相关产业的高质量发展出发，介绍其背景和产业发展概况等，指出当前产业发展过程中存在服务观念有待转变、社会心理服务的理念尚未得到充分传播、胜任社会心理服务产业的专业人才紧缺、社会心理服务在公共服务领域的发展基础尚待完善、社会心理服务的标准化程度有待提升及社会心理服务产业建设资源未得到充分利用等问题。为了激发产业发展的内在驱动力，我们应通过强化理念传播、提高服务标准化程度、提升服务职能化、完善国家行政保障、全面赋能幸福产业、平衡市场需求和社会需求，以及科技驱动服务创新七个切入路径，全面推进社会心理服务产业建设工作。

我们要立足既有社会心理服务产业生态的雏形，前瞻其未来在顶层设计、基础研究及应用拓展方向的长期可持续发展。

二、背景

在经济发展进入新常态后，培育并发展社会心理服务产业既是助力实现"健康中国"的重要路径，也是我国全面进入高质量发展阶段的一个重要突破口。

社会心理服务体系建设及其相关产业的发展是由我国当前发展阶段及其经济基础决定的。一是我国发展初期凭借较低的劳动力成本、原材料等比较优势获得经济的快速发展，在要素禀赋结构升级与公共禀赋结构升级的不断循环累积下，我国已具备了由初步心理建设阶段向更高端的社会心态培育和社会心理服务产业发展的条件；二是社会主要矛盾已经发生新的变化，居民对精神文明建设的需求度更高，也更看重心理健康和对幸福的感受。

作为国家社会心态软实力建构的战略性基础与价值取向，社会心理服务体系建设在宏观层面所凸显的公共利益和公共伦理诉求，不仅是经济发展的陀螺仪，更是平安中国、健康中国、幸福中国的重要根基；由中观群际社会层面，通过社会心理服务体系建设和相关产业生态的发展联动可以更为准确地把握社会心态的走势；再进一步聚焦微观个体，在以社区为单位的网格化治理下，能够更好地为居民预防心理问题、减少心理疾病提供心理支撑。

总而言之，作为社会心理服务体系中最具活力的因子，社会心理服务产业是社会投资的重要形式，能够显著提高民众心理素质、改进人力资源质量及维护公共福利，从而通过生产结构的升级助益经济增长、社会财富增加及社会公平。同时，依托社会治理这一重要场域和载体，社会心理服务产业将通过构建各发展载体间的心理联系、激发建设主体的心理动力，为营造合理有序、高质量发展的社会环境奠定心理基础、激发内在动力。

三、产业概况及高质量发展

（一）产业概况

经济发展水平的急剧攀升和社会的加速变革持续影响我国居民的心理状态，社会心理需求逐渐成为大众关注的焦点之一。自 21 世纪初，国家逐渐注重心理疏导问题，并且提出了更为系统的社会心理服务体系建设，经过近 20 年的改革实践，我国已经在人才队伍、工作机制和体系建设等方面积累了宝贵经验。

基于国内外普遍的理论研究和政策实践，利用社会心理服务体系和心理行为推论来辅助公共政策的制定与执行在政产学研界已达成共识。当前，社会心理服务产业正通过多种方式向市场化、专业化发展：一方面越来越多的企业和机构开始提供心理咨询和治疗服务，为市场提供了丰富的选择；另一方面越来越多的复合型专业人才加入这一产业中，极大提升了服务的专业化水平。

社会心理服务产业主要指同促进、调节、保持社会心理健康有关的、拥有相应体量的信息传播、服务提供及产品制造等各行业统称，具体又可区分为社会心理服务产品的制造经营及社会心理健康服务的提供。当前社会心理服务产业仍处于发展的初级阶段，它的主导技术、产品形态、市场需求、配套产业和商业模式等都处于培育时期，尚未稳定成型，但是其已经具有了一定的产业生态雏形。尤其是信息技术与社会心理服务体系的结合，正在推动着社会心理服务产业蓬勃发展。

从概念属性的视角看，社会心理服务产业基于一个基础性的价值目标，广泛联合了涉及服务业和制造业的相关产业。统筹国际产业实践经验，社会心理服务产业是以服务业为主产业属性，主要具备四个特点：一是依赖公共政策的引导和支持，而不仅仅是市场的竞争；二是作为幸福产业的一部分，它的发展将直接影响居民的幸福感；三是社会心理服务的多元化供给不仅影响个体的生活质量，还会影响社会经济成本；四是该产业建设依赖于知识服务的创新，科技创新、政策引导和国家保障将是推动产业发展的关键因素。

（二）社会心理服务产业的高质量发展

将高质量发展的内涵与要义赋予社会心理产业，其高质量发展意指在专业、有效、安全且满足社会心理服务需求的产品与服务的供给基础上，不断提升服务质量、拓展服务范围、保障服务安全、促进心理健康。社会心理服务产业的高质量发展不仅关注经济效益，更强调社会效益和人的全面发展。

社会心理服务产业高质量发展的关键特征有如下内容。

1. 专业化水平

社会心理服务产业的高质量发展要求从业者在系统的培训与实践后，具备高水平的专业知识、技能与扎实的心理学基础，能够为客户提供科学、有效的心理咨询和治疗服务。

2. 服务质量

高质量的服务必须以客户需求为导向，注重个性化、细致化的服务，尊重客户的权益和隐私，以提高客户满意度为目标，不断优化服务过程。

3. 创新与科研

社会心理服务工作者应不断创新服务模式、工具和方法，借助科学研究来提升服务的效果和专业性。

4. 社会影响力

高质量发展的社会心理服务产业应该具备积极的社会影响力。在促进心理健康、预防和减少心理问题的发生及提升社会整体心理素质的基础上，助力社会和谐稳定和个人幸福感的提升。

5. 法律规范与道德伦理

要遵循相关法律法规，保护客户权益，确保服务的安全性和合法性。社会心理服务从业者应具备良好的职业道德，遵循伦理规范。

6. 全面发展

高质量发展的社会心理服务产业不仅关注治疗，更关注心理健康的全面提升。它应该包括心理教育、心理预防和心理咨询等多方面内容，以满足不同人群和群体的多层次需求。

四、社会心理服务产业发展面临的挑战

（一）心理健康服务观念有待转变

尽管党的十九大报告明确提出，要将心理健康服务的重点转移到培育积极的社会心态上，但是纵观我国社会心理服务产业的现实境况，仍然存在较为陈旧的心理健康服务观念，即重点诊断治疗心理不健康或存在问题的个体，尚未有针对性地帮助并解决全社会面临的普遍性社会心理问题。这一问题具体表现在设施设备建设、人才培养、工作机制导向三个方面。

从设施设备建设来看，侧重于服务个人心理问题矫正与治疗的心理健康服务机构的建设。例如，各级各类学校中的心理咨询服务中心，由政府、社会、企事业单位提供的精神科门诊、心理咨询与治疗、心理援助和心理健康教育等。这些机构或部门无论在资源配备还是在服务内容上，都着眼于个体心理健康的服务与矫治，偏离社会心理服务的内涵。

从人才培养来看，侧重于个体心理疏导、心理问题诊断与治疗人才培养。相关工作人员在校接受的大部分学科专业知识侧重于心理健康方面的维护与指导，涉及心理咨询、心理辅导、心理疾病的矫正与治疗等，缺乏体系化的社会心理服务知识培养，导致社会心理服务相关人员存在理论知识空白的问题，这与社会心理服务的现实工作需求相差甚远。

从工作机制导向来看，侧重于关注个体或群体心理健康层面的机制构建。社会心态预警机制、心理疏导机制及残障人士保障机制等是对特殊人群开展心理矫正与心理治疗的服务，属于关注个体心理健康层面。个别地区服务普通民众的生命全程计划，服务学生的心理疏导工程也都属于关注个体心理健康层面的行动。而对如何从整体上缓解社会焦虑、改善失衡社会价值观等社会心理和社会心态问题均较少关注。

（二）社会心理服务的理念尚未得到充分的传播

社会心理服务作为针对个体、群体与社会层面的各类问题形成的全方位、全周期、多元化的社会支持系统，近年来虽然得到了快速的发展，但它的核心理念在社会各个层面尚未得到广泛和深入的传播与认知。

1. 社会认知局限

尽管心理健康问题逐渐受到公众关注，但大部分人对心理健康的理解还停留在"心理疾病"的阶段，很少有人认识到每个人都可能因日常生活压力、人际关系等问题需要社会心理服务的支持。

2. 文化障碍

在传统文化中，许多人认为谈论心理问题是懦弱的表现或感到羞耻。因此，即使面对压力或困境，很多人也选择沉默或寻找非专业的途径来解决。

3. 信息传播不均

尽管有许多心理健康的宣传活动和教育项目，但它们的传播范围和深度仍然有限，特别是在农村和偏远地区。

4. 缺乏专业传播人员

社会心理服务的理念需要通过合适的渠道和方式传达给公众。然而，目前缺乏能够有效传播心理健康知识和理念的专业人员。这不仅包括心理健康专家，还包括能够将心理学原理和实践与大众传媒相结合的传媒专业人士。这一缺口限制了心理健康理念在社会各个层面的推广，造成了理念传播的瓶颈。

5. 缺乏持续性教育与培训

对公众来说，心理健康教育不应该是一次性的。社区、学校和其他组织需要提供持续性的教育和培训，以帮助人们更好地理解并应对心理健康问题。

（三）胜任社会心理服务产业的专业人才紧缺

社会心理服务产业的培育和发展是一个庞大的系统工程，对社会心理服务从业者的专业性要求较高。社会心理服务体系需要由深谙心理学、社会工作等专业知识的人员队伍协同建构，我国现有的心理学专业从业人员紧缺，这会在一定程度上阻碍社会心理服务产业的建设步伐及其专业化发展进程。

具体来看，我国社会心理服务产业人才紧缺的原因主要体现在以下几个方面：一是我国当前只有具备个体心理咨询能力的人才储备，这些人才缺乏应对和处理普遍性、群体性的宏观社会心理问题的技能；二是在政府平台工作的专业人员，包括专职人员、兼职人员及志愿服务工作者，往往只经过短期培训便上岗参与服务活动，导致专业资质不够、技能水平不高这一问题凸显；三是心理学专业就业范围受限，缺乏社会心理服务的对口专业及就业岗位，致使专业人才流入其他行业。

（四）社会心理服务在公共服务领域的发展基础尚待完善

社会心理服务在公共服务领域的发展涉及整个社会心理服务体系的建设、普及和运作，以及相关的政策和资源配置，同时也伴随着一系列相关问题。

1. 公众认知度不高

尽管心理健康的重要性日益受到关注，但许多公众仍对此缺乏足够的认识。社会心理服务很大程度上还被视为一项"辅助"或"非必需"的服务，而非基本的公共服务。

2. 资源配置不均

在城市和乡村、不同地区之间，社会心理服务的资源配置存在显著差异。部分地区的居民可以便捷、高效地获得高质量的社会心理服务，而相对落后地区的居民则可能较少甚至完全未曾接触到相关服务。

3. 服务体系不健全

当前，公共社会心理服务仍然是一个相对分散的领域。缺乏统一和规范的社会心理服务体系导致服务提供者之间的协同效应受限，这对形成连贯、高效的服务网络构成了障碍。

4. 政策引导不足

尽管一些地方政府已经开始为社会心理服务提供支持，但在全国范围内，相关政策仍不完善，导致其在资源配置、资金支持和服务提供方面的不确定性。

5. 培训和专业发展受限

目前，社会心理服务从业者在具体工作中仍然面临许多挑战，如缺乏持续的专业培训、发展机会有限及工作压力大等。

（五）社会心理服务的标准化程度有待提升

随着社会和经济的发展，人们对心理健康的需求和关注逐渐增加。然而，社会心理服务在标准化方面仍然面临着挑战，尤其是在服务提供、服务效果和服务管理等方面存在不一致性和差异性。

1. 服务内容与流程的多样性

社会心理服务包括从咨询、评估到治疗等多个领域。由于各机构和从业者对这些内容和流程有不同的理解与实践，导致服务存在一定的碎片化和不一致性。

2. 缺乏统一的评估和认证制度

虽然某些地区和组织已经制定了相应的社会心理服务标准，但在全国范围内仍然缺乏统一和公认的评估与认证制度。这意味着消费者在选择服务时可能面临风险。

3. 培训和研究标准不统一

目前，社会心理服务从业者的培训和研究仍存在较大的差异，缺乏统一的培训标准可能导致服务质量参差不齐。

4.服务结果的评估与反馈机制不足

部分机构在提供服务后，缺乏对服务效果的持续评估和反馈，使服务的效果和价值难以获得准确评判。

5.技术和方法的更新与标准化之间的矛盾

心理健康领域的技术和方法在不断更新和进步。然而，标准化的制定和实施仍需要时间，这可能导致新技术和方法在实际应用中受限。

（六）社会心理服务产业建设资源未得到充分利用

社会心理服务产业的融合创新发展，即基于全方位资源融合，结合社会治理现代化推进工作，瞄准重点人群的社会心理服务需求，汇集多部门资源，融合心理学、教育学、社会工作、运动学和脑科学等方面专家资源，打造新型心理产品和服务体系，为社会治理现代化和安全稳定贡献力量。

该产业体系主要包括医学、教育、社会三大主体，医学和教育上的资源不断被开发和利用，但社会上的各种资源没有得到充分的整合与利用。社会心理服务互联网平台机制不健全、线上服务平台网络辐射狭窄等问题，造成社会心理服务产业的建设资源无法得到充分利用。与此同时，各地相关部门，以及心理学相关学会、协会等社会组织在社会心理服务资源统筹上缺少统一管理，存在重复建设、浪费资源的现象。相关责任没有分权下放至各部门，一定程度上造成资源的不合理分配，降低了社会资源的整合度与资源利用率。对社会心理服务产业建设而言，社会上的各种资源尚存挖掘空间。

五、推动社会心理服务产业高质量发展

作为典型的第四产业，社会心理服务产业如同教育、卫生保健、社会福利和环境保护等相关行业和组织，致力于提供服务以满足社会公共需求，它的发展对社会的经济、文化、教育、公共健康和幸福感都将产生深远影响。在信息化和知识化的驱动下，我们应从七个方面推动社会心理服务高质量发展。

（一）强化理念传播

社会心理服务的重要性在当今社会日益凸显，但与此同时，大众对于心理健康的正确认知和理解仍然不足。因此，要真正做到全社会的心理健康促进，必须加强社会心理服务理念的传播和普及。

1. 社会心理服务理念传播的必要性

一是心理健康的普遍性。当今社会竞争激烈，人们的各种压力骤增，每个人都或多或少面临一些心理问题。从小孩到老人，无论哪个年龄段，心理问题都可能出现。二是错觉的存在。很多人认为心理问题是"疯狂"的象征，或者认为讨论它是一种软弱的表现。这种错觉阻止了很多需要帮助的人获得援助。三是社会责任。党和国家高度重视物质文明与精神文明建设，我们有责任为所有人提供关于心理健康的知识和服务。

2. 借助多元化传媒渠道

一是社交媒体。随着数字化的不断发展，越来越多的年轻人依赖于社交媒体获取信息。借助平台如微信、微博和抖音等，我们可以定制心理健康内容，使其更具有吸引力。二是电视和广播。这些传统媒体仍然在某些年龄段和地区产生巨大的影响力。通过制定专题节目、广告和连续剧，可以触及更多的群体。三是线下活动。通过实地讲座、研讨会和心理健康日等活动为人们提供了与心理健康专家面对面沟通、交流的机会，可以更直接地解答疑问和传播理念。

3. 合作与联动

要加强不同主体的合作联动。

一是学校。与各级学校合作，在课堂中引入心理健康教育，帮助学生了解自己的情感和心理需求。二是企业。鼓励企业为员工提供心理健康培训和咨询服务，创造健康的工作环境。三是社区。社区是联系居民的纽带，可以在社区中心开展心理健康活动，为居民提供心理健康资源。

4. 评估与反馈

为了确保传播策略的有效性，必须进行持续的评估，如使用问卷调查、访谈和数据分析等评估方法。收集的反馈不仅可以反映（评估）当前策略的效果，还可以为未来策略的修订提供指导。

5. 持续创新与发展

一是热点追踪。结合社会热点和话题，以及新兴科技（如虚拟现实、人工智能等），为心理健康传播增添新元素和新活力。二是文化融合。结合当地文化和传统，使心理健康传播更具有针对性和可接受性。

6. 培育专业传播人员

落实专门的培训和选拔机制，培养具有心理学背景的专业传播人员。同时加强与专业心理机构的合作，引入更多专业人士参与心理健康的传播工作。

强化社会心理服务理念的传播是一项系统工程，需要各方共同努力和合作。通过多元化的传播渠道、合作联动、评估反馈和持续创新，不断增强公众的心理健康意识，以创造心理健康的社会环境。

（二）提高服务标准化程度

服务标准化是社会心理服务不可忽视的一环，特别是在社会心理服务日益成为一项重要的公共服务时。目前，社会心理服务的标准化程度尚不足够，需要在多个方面进行加强。

1. 标准化的重要性与意义

一是统一标准。通过建立统一的服务标准，确保服务的专业性和一致性，增强服务的可信赖度和可预见性。二是提高效率。通过标准化，可以减少重复劳动，提高工作效率和服务质量。三是保护权益。标准化有助于保护消费者权益，让消费者知道他们可以期望的服务水平和质量。

2. 加强法规和政策支持

一是制定标准。在政府的主导下，专家和行业组织共同制定与完善社会心理服务标准。二是实施监管。建立专门的监管机构或机制，监督和指导服务提供者的实施情况，确保服务标准得到执行。

3. 建立培训和认证机制

一是提供培训。针对社会心理服务相关工作人员，提供标准化服务培训，确保其具备必要的职业素养和技能。二是实施认证。建立社会心理服务机构和个人的认证机制，确保服务提供者达到一定的标准化水平。

4. 加强科技支撑

一是数字化平台。利用现代信息技术，建立社会心理服务的数字化平台，方便相关人员查询、学习和执行服务标准。二是大数据分析。对社会心理服务的提供情况进行实时监控和分析，及时发现问题并进行调整。

5. 加强社会合作

一是行业协会合作。与社会心理服务行业协会紧密合作，共同推动服务标准化工作的落实。二是与学校合作。在教育体系内加强社会心理服务标准化的培训和教育。

6. 提高公众参与度

一是公众咨询。在标准制定过程中，提高公众参与度，确保标准符合社会需求。二是消费者教育。通过教育和传播，让消费者理解和认识到标准化服务的重要性，强化消费者对标准化服务的需求。

7. 持续改进和创新

一是定期审查。对现有服务标准进行定期审查和修订，以适应社会和技术的变化。二是创新推动。在确保基本标准的同时，鼓励创新和优化，推动服务的不断进步。

加强社会心理服务的标准化不仅是提高服务质量和效率的关键，更是保障消费者权益和推动整个行业健康发展的必要手段。这就需要政府、行业、学校、消费者和社会的共同努力和合作，以构建一个标准化、专业化的社会心理服务体系。

（三）提升服务职能化

社会心理服务产业正在向更加职能化的方向发展。它不仅提供心理治疗和咨询，也包括推广心理健康知识、提升公众对心理健康重要性的认识，以及推动心理健康在社区中的普及。这需要该产业实施一些策略，使其具有更强的公共服务意识和职能。

一是加强教育和培训。为社会心理服务提供者提供专业和持续的教育与培训，是提升其公共服务意识和职能的关键。这可以通过提供关于公共服务理念、公共健康知识和多元文化敏感性等方面的培训来实现。二是提升专业素质。社会心理服务提供者需要具备扎实的心理学知识和技能，以便提供高质量的服务，这需要他们定期了解最新的科研成果和技术方法。三是开展社区服务。社区是社会心理服务最重要的服务场所。通过开展社区服务，如提供心理健康讲座、开展心理咨询活动等，社会心理服务提供者可以增强自身公共服务意识。四是与公共机构合作。通过与政府部门、学校、医疗机构和非政府组织等公共机构合作，可以提升社会心理服务提供者的公共服务职能化水平，以满足更多人的心理健康需求。五是制定和实施专业标准和指南。理解并遵从专业标准和指南可以确保社会心理服务提供者的服务质量，加深其对公共服务理念的理解。

以上策略的实施需要社会心理服务产业的整体努力，以及政府、教育机构等其他相关组织的支持。只有通过全社会的共同努力，才能实现社会心理服务相关从业者公共服务意识的提升。

（四）完善国家行政保障

随着心理健康问题的关注度持续提升，国家开始更多地通过政策和法规来保障社会心理服务的提供。这可能表现为提供更多的资金支持，提升社会心理服务提供者的专业素质，以及通过政策引导推动产业发展。

一是在推动社会心理服务产业发展的过程中，政策引导和支持的体现包括以下几个方面。二是资金支持。提供直接的资金支持，如设立特定的基金，支持社会心理服务产业的创新，或者通过税收优惠等方式间接鼓励社会心理服务产业的发展。三是专业素质提升。通过制定和实施专业培训与资质认证标准，提升社会心理服务提供者的专业素质。同时，政府也可以设立专门的项目和基金，支持社会心理服务提供者的进修和专业发展。四是法规保障。通过制定和实施相关法律法规，保障社会心理服务的提供。这包括为社会心理服务提供者提供合法的服务范围和责任，以及保障服务接受者的权益。五是政策引导。通过政策引导，推动社会心理服务的发展。例如，政府可以制定相关政策，鼓励学校、企业和医疗机构等组织提供社会心理服务，或者推动社会心理服务在全社会的普及。

科技创新支持。通过政策引导和资金支持，推动科技在社会心理服务中的应用和创新。例如，政府可以支持研发和应用数字化技术、人工智能和大数据等新技术，提升社会心理服务的效率和效果。

（五）全面赋能幸福产业

社会心理服务产业正在全面赋能幸福产业。心理健康服务不仅直接提高个体的心理健康水平，也为提升整个社会的幸福感提供了支持。这可能体现在推动工作场所的心理健康，提升学生的学习和生活满意度，以及改善社区的社会支持和社区凝聚力等方面。

社会心理服务产业能够全面赋能幸福产业的主要方式是通过提供全方位、多层次、全周期的心理服务，构建社会支持系统，从而促进心理健康意识，提高个体和社会的整体幸福感。以下是社会心理服务如何与健康、教育、文化、体育、养老、旅行六大幸福产业内容相融合。

一是健康。社会心理服务可以通过提供心理咨询和治疗，提升个体的心理健康水平，从而提高其整体健康状况。此外，社会心理服务还可以通过增强公众的心理健康意识，促进更健康的生活方式。二是教育。社会心理服务可以在学校中提供心理咨询，帮助学生处理学习和生活中的压力。此外，社会心理服务也可以通过教育推广心理健康知识，帮助学生形成积极的心理态度。三是文化。社会心理服务可以通过提供心理咨询和治疗，帮助个体处理文化差异带来的压力和冲突，从而提升他们的文化参与度和满意度。四是体育。社会心理服务可以通过提供运动心理咨询，帮助运动员提升他们的竞技表现和心理韧性。此外，社会心理服务也可以通过推广运动的心理健康效益，促进更多人参与体育活动。五是养老。社会心理服务可以通过提供心理咨询和治疗，帮助老年人处理老龄化带来的压力和挑战，从而提升他们的生活满意度。此外，社会心理服务也可以通过推广积极老龄化的心理策略，帮助社会构建更友好的老龄环境。六是旅行。社会心理服务可以通过提供心理咨询和治疗，帮助个体处理旅行中可能遇到的压力和挑战，从而提升他们的旅行满意度。此外，社会心理服务也可以通过推广旅行的心理健康效益，促进更多人参与旅行活动。

以上六个方面是社会心理服务产业如何全面赋能幸福产业的具体实践。这种赋能不仅提高了个体的心理健康水平和幸福感，也为社会的整体幸福感提供了支持。

（六）平衡市场需求和社会需求

党的十八届三中全会提出，经济体制改革是全面深化改革的重点，核心问题是处理好政府和市场的关系，使市场平衡在资源配置中起决定性作用和更好发挥政府作用。这意味着社会心理服务产业既需要满足市场的需求，提供多元化、个性化的服务，又需要根据社会的需求和政策导向进行有计划的发展。

在平衡市场需求和社会需求的过程中，社会心理服务产业可以采取以下具体举措。

一是市场需求分析。产业需要对市场的需求进行深入的分析，包括对市场规模、消费者需求、服务类型和价格等方面进行研究。这可以帮助产业更好地理解市场，以提供符合市场需求的多元化、个性化的服务。二是社会需求评估。产业发展需要对社会需求进行评估，包括对社会心理问题的研究，了解社会心理服务的需求，以及对政策方向的理解。这可以帮助产业根据社会需求和政策导向，进行有计划的发展。三是服务创新。产业需要不断进行服务创新，以满足市场的变化和社会的需求。这可以通过开发新的服务类型、提升服务质量和引入科学技术工具等方式实现。四是与政府合作。产业需要与政府紧密合作，获得政策支持和资源支持。这可以通过参与政策制定、申请政府资助和合作开展公共服务项目等方式实现。五是制订长期发展计划。产业需要制订长期发展计划，根据市场和社会的变化，调整和优化服务。这需要产业具有前瞻性的视角，对未来的发展趋势有深入的理解。

通过以上举措，社会心理服务产业可以在满足市场需求和社会需求之间找到平衡，实现持续、稳定的发展。

（七）科技驱动服务创新

社会心理服务产业正在利用科技实现服务的创新。数字化技术、人工智能和大数据等科学技术工具的应用，可以提升服务的效率和效果，也可以扩大服务的覆盖范围。

科技正在深刻改变着社会心理服务产业。以下是一些可能的科技驱动服务创新的方向。

一是远程咨询服务。数字化技术让远程咨询变成现实。例如，视频会议工具可以让心理专家和患者在不同地点进行咨询，这大大增加了服务的可及性。二是人工智能辅助诊断。人工智能可以用来辅助诊断和治疗。例如，人工智能可以通过分析患者的语言和面部表情，帮助心理专家更准确地评估患者的心理状况。三是大数据分析。大数据可以用来预测和防治心理健康问题。例如，通过分析社交媒体上的数据，可以提前发现心理健康问题的迹象，及时进行干预。四是虚拟现实治疗。虚拟现实可以用来模拟各种场景，帮助患者在安全的环境中处理心理问题。例如，虚拟现实可以用来治疗恐怖症和创伤后应激障碍。五是移动应用。可以提供实时的心理支持。例如，有些应用可以提供情绪管理和冥想练习等工具，帮助用户改善心理健康状况。六是在线教育和培训。在线平台可以提供各种心理健康的教育和培训资源，帮助增强和提升公众的心理健康意识和技能。

以上各项创新都可以帮助社会心理服务产业提升服务的效率和效果，扩大服务的覆盖范围，满足更多人的心理健康需求。

总体来说，以上七个着力点是社会心理服务产业实现高质量发展的关键驱动力，它的现状和未来发展趋势充分展现了这一产业的活力和潜力。社会心理服务产业不仅在推动产业自身的发展，也在积极回应社会需求、贡献社会价值，它的高质量发展不仅影响着产业的内部变革，也预示着产业对社会和个体幸福的影响将会越来越大，从而提升社会整体幸福感。

六、展望未来

立足既有社会心理服务产业生态雏形，社会心理服务产业的顶层设计、基础研究及应用拓展将在持续完善中不断开拓创新。

1. 各级政府要制定更有力的政策，以加速社会心理服务产业的发展

一方面结合国家"十四五"强调的发展重点与 2035 年远景目标，继续优化社会心理服务体系顶层设计，聚焦社会心理服务产业的前沿技术应用，出台更具有前瞻性的发展规划、指导意见等政策法规；另一方面制定更为"下沉"的产业发展政策，构建与社会心理服务产业基础及资源禀赋相适应的产业政策环境，围绕未来发展的趋势及细分赛道，搭建分层级、分区域的下沉式体制机制，进一步细化操作层面的实施方案、行动计划等。

2.基础研究与融合创新将催生社会心理服务产业发展的新方向

随着基础研究逐步夯实产业发展基础、应用技术创新持续增强融合发展的深度，以及以元宇宙、物联网和数字技术等变革的加速演进，社会心理服务产业有望实现发展路径的新模式、新突破。

与此同时，社会心理服务产业在未来发展中仍需重点关注如下几个问题：一是地方布局仍需突破"散、乱、小"的格局。部分地区对社会心理服务产业的内涵边界、区域统筹等缺乏全局和趋势性把握，应着重关注该产业发展的成长性特征。二是产融资本创新能力不足将成为社会心理服务产业发展的重要瓶颈。处于基础研究和原始创新阶段的社会心理服务产业，既存在产融资本短平快、新型产品少的发展困境，又存在创新能力相对不足的问题，致使其难以获得满足产业长期可持续发展所需的资本投入。

参考文献

第一章

1. 赵君，王灿平，李真军.高校心理健康教育长效机制的构建［J］.沈阳师范大学学报：社会科学版，2015，39（2）：3.

2. 陈伟辉.对高职大学生心理危机及干预实施方法的思考［J］.新西部月刊，2007,（12）：257-258.

3. 雷鸣.高校心理建设体系的构建与实施路径［N］.中国社会科学报，2022-11-17（5）.

第二章

1. 刘军君.公务员职业心理健康问题研究［D］.吉林财经大学［2023-08-06］.

2. 蔡艺芃，张锐.以中国式现代化全面推进中华民族伟大复兴［N］.中国纪检监察报，2023-08-07（1）.

3. 吕红娟.加强领导干部心理健康服务体系建设［J］.中国党政干部论坛，2019（1）：14.

4. 谭黎明.做政治信仰坚定的共产党人［J］.科学与财富，2019,（4）：135.

5. 康志慧.疗愈景观空间［J］.建筑工程技术与设计，2015,（34）：591.

6. 雷昊.基于组织行为学视角的员工工作满意度调查与研究［J］.企业改革与管理，2023（6）：83-85.

7. 金玉斌.企业心理问题的解决之道［J］.中国印刷，2003,（11）：2-7.

8. 曾光.企业员工心理服务在安全管理中的应用及前景［J］.安全、健康和环境，2010,（8）：41-42.

第四章

1. 孟可强，王丽，李旺等.构建乡村社会心理服务体系助力乡村振兴战略［J］.中国科学院院刊，2023，38（03）：444-454.

2. 刘江涛.脱贫攻坚与乡村振兴的有效衔接路径［J］.乡村科技，2020,（24）：40-41.

3. 郭洪福.春风化雨赋能"心"健康——江西省于都县社会心理服务体系建设试点的实践与成效

［J］.人口与健康，2022（01）：31-33.

4. 石兰月.农村留守儿童关爱服务：成效、问题与对策［J］.河南师范大学学报：哲学社会科学版，2016，43（3）：91-95.

5. 陈雪峰.心理服务助推全面脱贫和乡村振兴［J］.中国科学院院刊，2020，35（10）：8.

6. 周芮，闫洪丰，李康震.我国社会心理服务体系的基本构成探析［J］.残疾人研究，2019（4）：33-44.

7. 汤杨旸.优秀乡土文化的传承与发展——基于乡村振兴战略视角［J］.农村经济与科技，2020，（13）：3.

8. 孟可强，王丽，李旺，等.构建乡村社会心理服务体系助力乡村振兴战略［J］.中国科学院院刊，2023，38（3）：11.

9. 李静，强健.民族地区社会心理服务的困境及优化［J］.民族学刊，2021，12（5）：41-49.

10. 杨积堂，李新娥，李斌等.城乡社区社会心理服务体系与保障机制构建［J］.社会治理，2022（6）：59-66.

11. 王凤姿.新型社会治理格局下我国城市社区心理服务体系构建［J］.牡丹江教育学院学报，2019（12）：75-77.

12. 任怀民.信访实践札记之四人民信访有"六度"［J］.民生周刊，2020（4）：3.

13. 中华医学会健康管理学分会.《中国城镇居民心理健康白皮书》［M］.北京：人民出版社，2018.

14. 桑标.当代儿童发展心理学［M］.上海：上海教育出版社，2003.

15. 桑标.当代儿童发展心理学［M］.上海：上海教育出版社，2003.

16. 张海霞，梁金霞.社区心理健康服务体系的策略探讨［J］.就业与保障，2023（3）：76-78.

第五章

1. 陈建.社会心理服务体系构建视角下的公安调解研究［D］.中国人民公安大学，2020.

2. 乔扬.新时代公安工作群众路线发展、挑战与对策研究［D］.中国人民公安大学，2021.

第六章

1. 周芮，闫洪丰，李康震.我国社会心理服务体系的基本构成探析［J］.残疾人研究，2019（4）：12.

2. 中国心理学会临床心理学注册工作委员会标准制定工作组.中国心理学会临床与咨询心理学工作伦理守则［J］.心理学报，2018，50（11）：1314-1322.

3. 宝华，刘军纳，朱维水.社会治理从心开始［J］.长安，2018（1）：31-32.

4. 孙福兵.新冠疫情心理危机干预的经验及启示［J］.晋城职业技术学院学报，2023，16（2）：59-62.

5. 林颖，蒋俊杰.从心理疏导到社会心理服务：我国社会治理体系的重大创新［J］.上海行政学院学报，2019，20（4）：74-82.

第七章

1. 樊富珉，张秀琴，张英俊．团体辅导与危机心理干预［M］．北京：机械工业出版社，2021.23.

第九章

1. 周鹏宇．在社会治理创新中加强社会心理服务体系建设［J］．中共山西省委党校学报，2019（6）：84-88.

2. 史占彪，祝卓宏，闫洪丰．"心理科学与文化建设"研讨会纪要［J］．心理科学进展，2012，20（4）：475-476.

3. 王兴皓．领导干部心理压力及其缓解问题研究［D］．长沙：湖南大学，2011.

4. 马恩祥．基层人员心理服务能力质量提升正当时［J］．医师在线，2021（1）：6-8.

5. 戴大新．夯实应对突发公共卫生事件的基层基础［J］．江南论坛，2020（11）：4-6.

6. 余正江．以"四个全面"统领推进平安法治黄石建设［J］．楚天法治，2015（11）：56-56.

7. 余敏．未成年被害人保护机制探析［J］．人民检察，2015（11）：29-32.

8. 李玉红．产后抑郁危险因素筛查及国内外干预研究述评［J］．中国全科医学，2020（3）：266-271.

9. 彭淑颖．我国社区心理卫生服务形式、问题及对策分析［J］．世界最新医学信息文摘（连续型电子期刊），2019（18）：24-25.